Die arzneimittelgesetzliche Regelung der Mitwirkung von Ethik-Kommissionen im Licht der Berufsfreiheit der freien Ethik-Kommissionen und der Forschungsfreiheit des Arztes

Europäische Hochschulschriften
Publications Universitaires Européennes
European University Studies

Reihe II
Rechtswissenschaft

Série II Series II
Droit
Law

Bd./Vol. 4281

PETER LANG
Frankfurt am Main · Berlin · Bern · Bruxelles · New York · Oxford · Wien

Christine Alber-Malchow

Die arzneimittelgesetzliche Regelung der Mitwirkung von Ethik-Kommissionen im Licht der Berufsfreiheit der freien Ethik-Kommissionen und der Forschungsfreiheit des Arztes

PETER LANG
Europäischer Verlag der Wissenschaften

Bibliografische Information Der Deutschen Bibliothek
Die Deutsche Bibliothek verzeichnet diese Publikation in der Deutschen Nationalbibliografie; detaillierte bibliografische Daten sind im Internet über <http://dnb.ddb.de> abrufbar.

Zugl.: Saarbrücken, Univ., Diss., 2004

D 291
ISSN 0531-7312
ISBN 3-631-54665-3

www.peterlang.de

» Der Mensch lebt und besteht nur eine kleine Zeit,
und alle Welt vergehet mit ihrer Herrlichkeit.
Es ist nur Einer ewig an allen Enden,
und wir in Seinen Händen. «

Matthias Claudius

In memoriam Gerhard

Inhaltsverzeichnis

A. Einführung 1

I. Überblick 1

II. Problemstellung und Gang der Untersuchung 7

B. Eingriffe in den grundrechtlichen Schutzbereich von Art. 12 Abs. 1 GG und Art. 5 Abs. 3 GG 11

I. Eingriff in das Grundrecht der freien Ethik-Kommissionen aus Art. 12 Abs. 1 GG durch die Vorschrift des § 40 Abs. 1 S. 2 AMG 11

1. Der Schutzbereich des Art. 12 Abs. 1 GG und die Grundrechtsberechtigung der freien Ethik-Kommissionen 12

2. Durch Monopolstellung der öffentlich-rechtlichen Ethik-Kommissionen herbeigeführte Grundrechtsbeeinträchtigung 14

3. Rechtliches oder faktisches Verwaltungsmonopol? 15

4. Grundrechtsrelevanz der mittelbar-faktischen Beeinträchtigung 16

a) Reichweite des grundrechtlichen Schutzes nach dem klassischen und nach dem modernen Eingriffsbegriff 17

b) Zurechenbarkeit 20

aa) Bestimmung des Eingriffs-Subjekts – Bundesgesetzgeber oder Landesgesetzgeber – durch Auslegung der Formulierung „nach Landesrecht gebildet“ 21

(1) Wortlaut 22

(2) Entstehungsgeschichte und historischer Kontext 27

(3) Systematik 36

(4) Sinn und Zweck 39

(5) Ergebnis der Auslegung 40

bb) Objektiv berufsregelnde Tendenz des § 40 Abs. 1 S. 2 AMG 44

5. Ergebnis 45

II. Eingriff in das Grundrecht des Arztes aus Art. 5 Abs. 3 GG durch die Vorschrift des § 40 Abs. 1 S. 2 i.V.m. S. 3 AMG 45

1. Der Schutzbereich des Art. 5 Abs. 3 GG 46

a) Klinische Arzneimittelprüfungen allgemein 47

b) An Hochschulkliniken durchgeführte Arzneimittelprüfungen 50

c) Versuche mit Menschen unter eigenmächtiger Inanspruchnahme fremder Rechte 51

d) Ergebnis 55

2. Eingriff durch Behinderung des Forschungsvorhabens 55

3. Eingriff durch Verbot und Verhinderung des Forschungsvorhabens 57

a) Das vorläufige („präventive") Verbot der Durchführung klinischer Arzneimittelprüfungen mit „Billigungsvorbehalt" 61

b) Die endgültige Undurchführbarkeit der Arzneimittelprüfung als Rechtsfolge des bundesoberbehördlichen Widerspruchs 63

c) Ergebnis zu 3. 64

4. Ergebnis zu II. 65

III. Eingriff in das Grundrecht des Arztes aus Art. 5 Abs. 3 GG durch das ablehnende Votum der Ethik-Kommission 65

1. Rechtlicher Eingriff durch Verwaltungsakt? 65

a) Das Votum der Ethik-Kommission als hoheitliche Maßnahme einer Behörde auf dem Gebiet des öffentlichen Rechts 66

b) Regelung mit unmittelbarer Außenwirkung 68

aa) Die Voten der zuarbeitenden Ethik-Kommissionen im Rahmen multizentrischer Studien 69

bb) Das Votum der für den Leiter der klinischen Prüfung zuständigen Ethik-Kommission 69

(1) Die Rechtsfolge „endgültige Unzulässigkeit der klinischen Prüfung" 70

(a) Ablehnendes Votum gekoppelt mit bundesoberbehördlichem Widerspruch 70

(b) Ablehnendes Votum ohne bundesoberbehördlichen Widerspruch 71

(c) Ergebnis 71

(2) Die Rechtsfolge „Widerspruchsbefugnis des Bundesinstituts für Arzneimittel und Medizinprodukte" 72

(a) Regelungsgehalt 76

(aa) Rechtsfolgenauslösung in Form des „Setzens" der Rechtsfolge 77

(bb) Rechtsfolgenauslösung im Wege des Ausspruchs der Rechtsfolge 77

(cc) Rechtsfolgenauslösung in Gestalt der Aktualisierung einer Rechtsfolge durch Rechtsanwendung 78

(dd) Ergebnis zu (a) 86

(b) Außenwirkung 87

(c) Ergebnis zu (2) 91

c) Ergebnis zu 1. 94

2. Mittelbar-faktischer Eingriff durch schlichtes Verwaltungshandeln? 94

a) Mittelbar-faktische Wirkungen des Kommissionsvotums 95

b) Die mittelbar-faktische Wirkung als grundrechtsrelevanter Eingriff 99

c) Ergebnis 102

IV. Eingriff in das Grundrecht des Arztes aus Art. 5 Abs. 3 GG durch den bundesoberbehördlichen Widerspruch 102

1. Die Rechtsnatur des bundesoberbehördlichen Widerspruchs 102

2. Die Rechtsnatur des bundesoberbehördlichen Widerspruchsverzichts 107

V. Ergebnis 110

C. Verfassungsrechtliche Beurteilung der Eingriffe 111

I. Der Eingriff in die Berufsfreiheit 111

1. Vorbehalt des Gesetzes, Parlamentsvorbehalt 111

2. Beachtung des Verhältnismäßigkeitsprinzips 112

a) Eingriff in die Berufswahl oder in die Berufsausübung? 112

b) Rechtmäßigkeitsanforderungen gemäß der Stufenlehre 114

II. Die Eingriffe in die Forschungsfreiheit 128

1. Schranken der Forschungsfreiheit: Zur Begrenzung des Art. 5 Abs. 3 GG geeignete Rechte 129

a) Kollidierende Grundrechte Dritter: Rechte der Probanden und Patienten 131

b) Anderer Rechtswert mit Verfassungsrang: Die objektive Dimension des Grundrechts aus Art. 5 Abs. 3 GG als eigenständiger verfassungsrechtlicher Titel zur Einschränkung der Wissenschaftsfreiheit 132

aa) Der objektive Gehalt der Forschungsfreiheit und seine Titelfunktion 132

bb) Ethik-Kommissionen im Lichte des objektiven Gehalts der Forschungsfreiheit 133

(1) Entstehungsgeschichte der Ethik-Kommissionen 134

(2) Kontrollmaßstab der Ethik-Kommissionen 137

cc) Die objektive Dimension der Wissenschaftsfreiheit als verfassungsrechtliche Grundlage ethischer und rechtlicher Selbstkontrolle? 138

c) Ergebnis 139

2. Weitere Voraussetzungen 140

a) Vorbehalt des Gesetzes, Parlamentsvorbehalt, Wesentlichkeitstheorie 141

aa) Der Eingriff durch § 40 Abs. 1 S. 2 AMG 143

bb) Der Eingriff durch das ablehnende Kommissionsvotum: § 40 Abs. 1 S. 2 AMG und das Landesrecht als Rechtsgrundlage für das ablehnende Kommissionsvotum 144

(1) Vorbehalt des Gesetzes 144

(2) Parlamentsvorbehalt im Sinne der Wesentlichkeitslehre: Aspekt der Regelungsebene 144

(3) Parlamentsvorbehalt im Sinne der Wesentlichkeitslehre: Aspekt der Regelungsdichte 145

(a) Die Rechtsprechung des Bundesverfassungsgerichts: Facharztbeschluß und Numerus-Clausus-Urteil 148

(b) Übertragbarkeit der Rechtsprechung auf Art. 5 Abs. 3 GG 150

(c) Anwendung der Rechtsprechung auf die Mitwirkung von Ethik-Kommissionen 151 cc) Der Eingriff durch den bundesoberbehördlichen Widerspruch: § 40 Abs. 1 S. 3 AMG als Ermächtigungsgrundlage für den bundesoberbehördlichen Widerspruch 157

dd) Ergebnis 158

b) Beachtung des Verhältnismäßigkeitsprinzips 158

aa) Geeignetheit der Eingriffe durch § 40 Abs. 1 S. 2 i.V.m. S. 3 AMG 160

bb) Erforderlichkeit der Eingriffe durch § 40 Abs.1 S. 2 i.V.m. S. 3 AMG 160

(1) Bloße Beratung durch die Ethik-Kommission 161

(2) Einstufiges Genehmigungsverfahren 162

(3) „Modifiziertes" zweistufiges Genehmigungsverfahren 163

(4) Der im Entwurf des zwölften Gesetzes zur Änderung des Arzneimittelgesetzes vorgesehene Kontrollmechanismus 165

(5) Einbeziehung der freien Ethik-Kommissionen in den Kreis der zur Abgabe rechtserheblicher Voten berechtigten Ethik-Kommissionen 167

(6) Ergebnis 171

cc) Verhältnismäßigkeit i.e.S. 171

dd) Ergebnis 172

c) Wesensgehaltsgarantie 172

III. Ergebnis 173

D. Gesamtergebnis und Ausblick 174

Abkürzungsverzeichnis

A.A.	Anderer Ansicht
Abb.	Abbildung
ABl. EG	Amtsblatt der Europäischen Gemeinschaften
Abs.	Absatz
a.E.	am Ende
AktG	Aktiengesetz
AMG	Arzneimittelgesetz
Anh.	Anhang
Anm.	Anmerkung
AöR	Archiv des öffentlichen Rechts
ARSP	Archiv für Rechts- und Sozialphilosophie
AtG	Atomgesetz
Az.	Aktenzeichen
BAnz.	Bundesanzeiger
Bad.-Württ.	Baden-Württemberg
bad.-württ.	baden-württembergisch
bayer.	bayerisch
BayVBl.	Bayerische Verwaltungsblätter
BayVGH	Bayerischer Verwaltungsgerichtshof
BBodSchG	Bundes-Bodenschutzgesetz
bericht.	berichtigt
BGB	Bürgerliches Gesetzbuch
BGBl.	Bundesgesetzblatt
BImSchG	Bundesimmissionsschutzgesetz
BMBF	Bundesministerium für Bildung und Forschung
BNatSchG	Bundesnaturschutzgesetz
BPI	Bundesverband der pharmazeutischen Industrie
Brem. GBl.	Gesetzblatt der Freien Hansestadt Bremen

BR-Drs.	Bundesratsdrucksache
bspw.	beispielsweise
BT-Drs.	Bundestagsdrucksache
Buchst.	Buchstabe
BVerfG	Bundesverfassungsgericht
BVerfGE	Entscheidungen des Bundesverfassungsgerichts
BVerwG	Bundesverwaltungsgericht
BVerwGE	Entscheidungen des Bundesverwaltungsgerichts
bzw.	beziehungsweise
DFG	Deutsche Forschungsgemeinschaft
d.h.	das heißt
DMW	Deutsche Medizinische Wochenschrift
DÖV	Die öffentliche Verwaltung
Dt. Ärztebl.	Deutsches Ärzteblatt
DVBl.	Deutsches Verwaltungsblatt
engl.	englisch
Erg.-Lfg.	Ergänzungslieferung
Erl.	Erläuterung
ESVGH	Entscheidungssammlung des Hessischen Verwaltungsgerichtshofs und des Verwaltungsgerichtshofs Baden-Württemberg mit Entscheidungen der Staatsgerichtshöfe beider Länder
et al.	et alii
etc.	et cetera
Ethik Med	Ethik in der Medizin (Zeitschrift)
franz.	französisch
GaststättG	Gaststättengesetz
GenTG	Gentechnikgesetz
GewArchiv	Gewerbearchiv
ggf.	gegebenenfalls
ggü.	gegenüber
GmbHG	Gesetz betreffend die Gesellschaften mit beschränkter Haftung

hamburg.	hamburgisch
HeilBerG	Heilberufsgesetz
HKG	Kammergesetz für die Heilberufe
HRG	Hochschulrahmengesetz
Hrsg.	Herausgeber
HS	Halbsatz
i.e.	id est
i.e.S.	im engen Sinn
i.V.m.	in Verbindung mit
JA	Juristische Arbeitsblätter
JuS	Juristische Schulung
JZ	Juristenzeitung
KammerG	Kammergesetz
KGHB-LSA	Gesetz über die Kammern für Heilberufe Sachsen-Anhalt
KritV	Kritische Vierteljahresschrift für Gesetzgebung und Rechtswissenschaft
LBG	Landesbeamtengesetz
LV	Landesverfassung
MBO	Musterberufsordnung
Meckl.-Vorp.	Mecklenburg-Vorpommern
MedKlinik	Medizinische Klinik (Zeitschrift)
MedR	Medizinrecht (Zeitschrift)
MPG	Medizinproduktegesetz
MPG-ÄndG	Gesetz zur Änderung des Medizinproduktegesetzes
MPR	MedizinProdukteRecht (Zeitschrift)
n.F.	neue Fassung
Niedersachs.	Niedersachsen
niedersächs.	niedersächsisch
NJW	Neue Juristische Wochenschrift
nordrh.-westf.	nordrhein-westfälisch
Nr.	Nummer

NVwZ	Neue Zeitschrift für Verwaltungsrecht
NW	Nordrhein-Westfalen
NWVBl.	Nordrhein-Westfälische Verwaltungsblätter
OVG	Oberverwaltungsgericht
PaßG	Paßgesetz
Pharm.Ind.	Die pharmazeutische Industrie (Zeitschrift)
PharmR	Pharma Recht (Zeitschrift)
rheinl.-pfälz.	rheinland-pfälzisch
RiA	Recht im Amt
Rn.	Randnummer
RöV	Röntgenverordnung
RWTH	Rheinisch-Westfälische Technische Hochschule
S.	Satz
saarl.	saarländisch
SächsHKaG	Sächsisches Heilberufekammergesetz
schlesw.-holst.	schleswig-holsteinisch
sow. ers.	soweit ersichtlich
SGb	Die Sozialgerichtsbarkeit
SHKG	Saarländisches Heilberufekammergesetz
StrlSchV	Strahlenschutzverordnung
StVG	Straßenverkehrsgesetz
StZG	Stammzellgesetz
TFG	Transfusionsgesetz
Thür.	Thüringen bzw. Thüringer
TierSchG	Tierschutzgesetz
TPG	Transplantationsgesetz
TÜV	Technischer Überwachungsverein
u.a.	unter anderem
UniG	Universitätsgesetz
UTR	Jahrbuch des Umwelt- und Technikrechts

VA	Verwaltungsakt
VerfGH	Verfassungsgerichtshof
VersR	Versicherungsrecht
VerwArchiv	Verwaltungsarchiv
VG	Verwaltungsgericht
VGH	Verwaltungsgerichtshof
vgl.	vergleiche
Vorb.	Vorbemerkung
VR	Verwaltungsrundschau
WissR	Wissenschaftsrecht
z.B.	zum Beispiel
ZHR	Zeitschrift für das gesamte Handels- und Wirtschaftsrecht
Ziff.	Ziffer
ZRP	Zeitschrift für Rechtspolitik
z.T.	zum Teil

A. Einführung

I. Überblick

Seit nahezu drei Jahrzehnten sind Ethik-Kommissionen als eine Art Kontrollinstrument im Rahmen medizinischer Forschungsvorhaben an Menschen etabliert. Ihre Entstehung verdanken sie der auf der 29. Generalversammlung des Weltärztebundes am 10. Oktober 1975 in Tokio verabschiedeten Revidierten Fassung der Deklaration von Helsinki[1], in der unter der Rubrik „Allgemeine Grundsätze" u.a. folgendes gefordert wird: „Die Planung und Durchführung eines jeden Versuches am Menschen sollte eindeutig in einem Versuchsprotokoll niedergelegt werden; dieses sollte einem besonders berufenen unabhängigen Ausschuß zur Beratung, Stellungnahme und Orientierung zugeleitet werden."

Bei den Ethik-Kommissionen handelt es sich um interdisziplinär besetzte Gremien, deren Aufgabe es ist, medizinische Forschung am Menschen zu kontrollieren und zu diesem Zweck humanmedizinische Forschungsvorhaben bereits im Vorfeld ihrer Durchführung unter – zumindest auch – ethischen Aspekten zu begutachten[2]. In der vom Europäischen Parlament und dem Rat der Europäischen Union im April 2001 erlassenen Richtlinie zur Angleichung der Rechts- und Verwaltungsvorschriften der Mitgliedstaaten über die Anwendung der guten klinischen Praxis bei der Durchführung von klinischen Prüfungen mit Humanarzneimitteln[3] wird die Ethik-Kommission definiert als ein unabhängiges Gremium in einem Mitgliedstaat, das sich aus im Gesundheitswesen und in nichtmedizinischen Bereichen tätigen Personen zusammen-

1 BAnz. Nr. 152 vom 14. August 1976. Zur jüngsten Revision dieser Deklaration siehe unten C.II.1.b)bb)(1), S. 134 ff. (135).

2 Ähnlich die Definition von *Illhardt* in: *Eser* (Hrsg.), Lexikon Medizin–Ethik–Recht, S. 314 ff. (314), derzufolge es sich bei medizinischen Ethik-Kommissionen um „multidisziplinär arbeitende, d.h. aus Vertretern der Medizin, Jurisprudenz, Geisteswissenschaften und Laienschaft zusammengesetzte Gremien zur Beratung in medizinischen Handlungskonflikten" handelt.

3 Richtlinie 2001/20/EG des Europäischen Parlaments und des Rates vom 4. April 2001, ABl. EG Nr. L 121 vom 01.05.2001, S. 34 ff. Die Umsetzung der Richtlinie in nationales Recht – gemäß Art. 22 Abs. 1 der Richtlinie haben die Mitgliedstaaten bis zum 1. Mai 2003 der Umsetzung der Richtlinie dienende Rechts- und Verwaltungsvorschriften zu erlassen und diese spätestens ab dem 1. Mai 2004 anzuwenden – ist Ziel des Entwurfes eines Zwölften Gesetzes zur Änderung des Arzneimittelgesetzes (BT-Drs. 15/2109, Internet-Veröffentlichung unter www.bmgs.bund.de/download/gesetze/entwuerfe/AenderungArzneimittelgesetz.pdf; zur Stellungnahme des Bundesrates und zur Gegenäußerung der Bundesregierung siehe BT-Drs. 15/2360, zum Entwurf allgemein siehe *Korzilius*, Dt. Ärztebl. 2004, S. A 309 f., sowie *Saame*, PharmR 2003, S. 184 ff.). Auf die im vorliegenden Kontext interessierenden Änderungen durch die 12. AMG-Novelle wird noch eingegangen, siehe insbesondere unten C.II.2.b)bb)(4), S. 165 ff. sowie D., S. 174 ff.

setzt und dessen Aufgabe es ist, den Schutz der Rechte, die Sicherheit und das Wohlergehen von an einer klinischen Prüfung teilnehmenden Personen zu sichern und diesbezüglich Vertrauen der Öffentlichkeit zu schaffen, indem es unter anderem zu dem Prüfplan, der Eignung der Prüfer und der Angemessenheit der Einrichtungen Stellung nimmt (Art. 2 Buchst.k der Richtlinie).

In der Bundesrepublik Deutschland bestehen Forschungsvorhaben begutachtende Ethik-Kommissionen[4] an den Ärztekammern[5] und den medizinischen Fakultäten der Universitäten. Parallel zu diesen öffentlich-rechtlichen Ethik-Kommissionen haben sich unternehmenseigene und private Ethik-Kommissionen etabliert. Das Bild dieser privaten Ethik-Kommissionen ist uneinheitlich: Hierzu zählen einerseits die an pharmazeutischen und anderen Unternehmen der Industrie bestehenden Ethik-Kommissionen in freier Trägerschaft, andererseits aber auch eigenständige und unabhängige Ethik-Kommissionen[6], die weder einer Ärztekammer oder medizinischen Fakultät noch einem Unternehmen angegliedert sind.

---

4 Unter der Rubrik „Ethik-Kommission" agieren neben den sich mit der Begutachtung von Forschungsvorhaben befassenden Ethik-Kommissionen – der Sache nach „Forschungskommissionen" (vgl. *Deutsch* in: Festschrift für Bydlinski, S. 105 ff. [105 u. 106]) – auch Ethik-Kommissionen an Krankenhäusern. Sie werden mit Fragen der biomedizinischen Forschung am Menschen indes nur ausnahmsweise befaßt, nämlich dann, wenn der Träger eines Krankenhauses sich Aufschluß darüber verschaffen will, ob ein von einer „Forschungs-Ethikkommission" beratenes Forschungsvorhaben an der betreffenden Klinik unter Berücksichtigung der vorhandenen personellen und apparativen Ausstattung sachgerecht und ethisch vertretbar durchgeführt werden kann (*Doppelfeld*, Jahrbuch, S. 121 ff. [122]). Zu den Ethik-Kommissionen in der Politik siehe *Taupitz*, JZ 2003, S. 815 ff.

5 Eine Sonderstellung nimmt die „Zentrale Kommission zur Wahrung ethischer Grundsätze in der Medizin und ihren Grenzgebieten (Zentrale Ethikkommission)" bei der Bundesärztekammer ein (Internet-Adresse: www.zentrale-ethikkommission.de). Ihre Hauptaufgabe ist es, Stellungnahmen zu ethischen Fragen im Zusammenhang mit dem Fortschritt in der Medizin und ihren Grenzgebieten sowie zur ärztlichen Berufsausübung abzugeben (siehe im einzelnen *Pichlmaier/Wiesing* in: *Wiesing* (Hrsg.), Die Ethik-Kommissionen, S. 142 ff.).

6 Gemäß der regelmäßig aktualisierten Liste der beim Bundesinstitut für Arzneimittel und Medizinprodukte registrierten Ethik-Kommissionen (auf den Internetseiten dieser Behörde veröffentlicht unter www.bfarm.de/de/Medizinprodukte/klin_ethik/ethik/index.php?more=ethikkom.php) bestehen in der Bundesrepublik als freie Ethik-Kommissionen die „Freiburger Ethik-Kommission International" (FEKI), die „International Medical & Dental Ethics Commission" (imdec) mit Sitz in Freiburg, sowie die Ethik-Kommission am Institut für angewandte Ethik e.V. mit Sitz in Grünstadt/Pfalz. Die aktuelle Verfahrensordnung der Freiburger Ethik-Kommission International ist im Internet veröffentlicht unter www.feki.com/d/satzung/index.html, die der International Medical & Dental Ethics Commission unter www.imdec.org/ProceduralRules.htm.

Allen diesen Ethik-Kommissionen ist gemein, daß sie den Arzt über die mit seinem Forschungsprojekt einhergehenden medizinischen, rechtlichen und ethischen Fragestellungen beraten, um einerseits und in erster Linie Probanden und Patienten vor gefährlicher Forschung, andererseits aber auch den forschenden Arzt selbst und mit ihm die hinter ihm stehende Forschungseinrichtung vor der Durchführung rechtlich und ethisch bedenklicher Forschungsvorhaben zu bewahren[7]. Die Tätigkeit der öffentlich-rechtlichen Kommissionen, zunächst auf rein standesrechtlicher Basis, hat inzwischen eine Erweiterung ihrer rechtlichen Grundlagen erfahren, da neben das ärztliche Standesrecht[8] nun auch Vorschriften in bundesrechtlichen[9] und landesrechtlichen[10] Parlamentsgesetzen sowie bundesrechtlichen Rechtsverordnungen[11] getreten sind. Auch auf der Ebene des europäischen Gemeinschaftsrechts existieren Bestimmungen über Ethik-Kommissionen in mehreren Richtlinien[12] und als „soft law"[13].

---

7 *Deutsch*, VersR 1999, S. 1 ff. (4); *Laufs*, Arztrecht, Rn. 687.

8 Siehe zu dessen Entwicklung unten C.II.1.b)bb)(1), S. 134 ff.

9 Die Mitwirkung von Ethik-Kommissionen ist explizit vorgesehen in § 40 Abs. 1 des Arzneimittelgesetzes (Gesetz über den Verkehr mit Arzneimitteln in der Fassung der Bekanntmachung vom 11. Dezember 1998, BGBl. 1998 I, S. 3585 ff., Internet-Veröffentlichung unter http://bundesrecht.juris.de/bundesrecht/amg_1976), in § 20 Abs. 7 u. 8 des Medizinproduktegesetzes (Gesetz über Medizinprodukte in der Fassung der Bekanntmachung vom 7. August 2002, BGBl. 2002 I, S. 3146 ff., Internet-Veröffentlichung unter www.medizintechnikportal.de/gesetze/mpg1.pdf; zum 2. MPG-ÄndG vom 13. Dezember 2001 [BGBl. 2001 I, S. 3586 ff.] siehe *Gassner*, NJW 2002, S.863 ff.), und in § 8 Abs. 2 des Transfusionsgesetzes (Gesetz zur Regelung des Transfusionswesens vom 1. Juli 1998, BGBl. 1998 I, S. 1752 ff., Internet-Veröffentlichung unter www.bmgs.bund.de/download/gesetze/blutprodukte/transfu/trans.pdf).

10 Regelungen über Ethik-Kommissionen finden sich – abgesehen von Bayern und Sachsen (dazu noch im einzelnen unter Punkt C.II.2.a)bb)(3), S. 145 ff.) – in allen Kammer- bzw. Heilberufsgesetzen der Bundesländer (abgedruckt bei *Schiwy*, Arzneimittelgesetz, Band IV [Bad.-Württ. bis Meckl.-Vorp.] und Band V [Niedersachs. bis Thür.]).

11 So in §§ 24 Abs. 1 Nr. 2, 92 der Strahlenschutzverordnung (Verordnung über den Schutz vor Schäden durch ionisierende Strahlen vom 20. Juli 2001, BGBl. 2001 I, S. 1714 ff., Internet-Veröffentlichung unter www.umwelt-online.de/recht/energie/strahlen/ssv_ges.htm), und in §§ 28 b Abs.1 Nr.2, 28 g der Röntgenverordnung vom 30. April 2003 (BGBl. 2003 I, S. 605 ff., Internet-Veröffentlichung unter www.umwelt-online.de/recht/energie/strahlen/rov_ges.htm).

12 Neben der o.g. (S. 1, Fn. 3) Richtlinie etwa in Teil 4 Punkt B.1.2. des Anhangs der Richtlinie 91/507/EWG der Kommission vom 19. Juli 1991 zur Änderung des Anhangs der Richtlinie 75/318/EWG des Rates vom 20. Mai 1975 zur Angleichung der Rechts- und Verwaltungsvorschriften der Mitgliedstaaten über die analytischen, toxikologisch-pharmakologischen und ärztlichen oder klinischen Vorschriften und Nachweise über Versuche mit Arzneimitteln, ABl. EG Nr. L 270 vom 26.09.1991, S. 32 ff., sowie in Art. 15 der Richtlinie 93/42/EWG des Rates vom 14. Juni 1993 über Medizinprodukte, ABl. EG Nr. L 169 vom 02./12.07.1993, S. 1 ff.

13 Hierzu zählt die im Juli 1990 vom Ausschuß für Arzneispezialitäten verabschiedete EG-Leitlinie „Gute klinische Praxis für die klinische Prüfung von Arzneimitteln in der Europäischen

Da Aufgabe der Ethik-Kommissionen die präklinische Kontrolle medizinischer Forschung am Menschen ist, sind Tätigkeitsfelder der Ethik-Kommissionen wissenschaftliche Forschungsprojekte auf sämtlichen Gebieten der Medizin. Um welche Versuche es sich hierbei im einzelnen handelt, läßt sich nur zum Teil aus (berufs) rechtlichen Bestimmungen ermitteln, im übrigen ist die tatsächliche Praxis entscheidend. Letztlich stellen alle Forschungsfelder, auf denen sich heute medizinischer Fortschritt vollzieht, potentielle Gegenstandsbereiche der Tätigkeit von Ethik-Kommissionen dar[14].

Ein spezielles und daher besonders hervorzuhebendes Tätigkeitsfeld von Ethik-Kommissionen sind Tierversuche (§§ 7 ff. TierSchG[15]). Das Tierschutzgesetz nennt diese Kommissionen zwar nicht explizit Ethik-Kommissionen. Der Sache nach handelt es sich bei diesen, in Abgrenzung zur Ethik-Kommission in der humanmedizinischen Forschung am besten als „Tierversuchs-Ethikkommissionen" bezeichneten Einrichtungen[16] jedoch um nichts anderes als Ethik-Kommissionen, da sie die Frage der „ethischen Vertretbarkeit" des Tierversuches zum Gegenstand ihrer Begutachtung zu machen haben[17]. Abgesehen davon, daß die Durchführung eines Tierexperimentes andere inhaltliche Fragestellungen aufwirft als diejenige eines Forschungsvorhabens am Menschen, besteht ein wesentlicher Unterschied zwischen der Tierversuchs-Ethikkommission und der Ethik-Kommission in der humanmedizinischen Forschung darin, daß jene zum Forscher nicht direkt in Kontakt tritt. Ihre Aufgabe ist es viel-

---

Gemeinschaft" (EG-Dokument III/3976/88-EN-FINAL der EG-Kommission, abgedruckt bei *Sander*, Arzneimittelrecht Band 4, Anh. II/40 h). In ihr findet sich eine der o.g. Richtliniendefinition ähnliche Definition der Ethik-Kommission als „ein unabhängiges Gremium, dessen Verantwortlichkeit darin liegt, im Interesse der Öffentlichkeit den Schutz der Sicherheit, Integrität und der Menschenrechte der an einem Versuch teilnehmenden Personen sicherzustellen". Einen Überblick über die Europäisierung des Arzneimittelrechts gibt *Gassner* in: *Bottke/Möllers/Schmidt* (Hrsg)., Recht in Europa, S. 113 ff.

14 So auch *Altner* in: *Korff* (Hrsg.), Lexikon der Bioethik, Band 1, S. 682 ff. (682).

15 Tierschutzgesetz in der Fassung der Bekanntmachung vom 25. Mai 1998 (BGBl.1998 I, S. 1105 ff., bericht. BGBl. 1998 I, S. 1818, Internet-Veröffentlichung unter http://bundesrecht.juris.de/bundesrecht/tierschg).

16 Ausführlich zu den Tierversuchs-Ethikkommissionen *Agena*, Deutsches Tierärzteblatt 1988, S. 573 ff.; *Crowell* in: *Caspar/Koch* (Hrsg.), Tierschutz für Versuchstiere, S. 163 ff.; *Gruber* in: *Schöffl et al.* (Hrsg.), Forschung ohne Tierversuche 1995, S. 233 ff.; *Schröder*, Kommissionskontrolle, S. 86 ff.

17 Dies folgt aus § 15 Abs. 1 S. 2 i.V.m. §§ 8 Abs. 1, 7 Abs. 3 TierSchG (vgl. auch *Lippert*, MedR 2003, S. 451 ff. [453]).

mehr, die Behörde bei der Entscheidung über die Genehmigung eines Tierversuchs zu unterstützen (§ 15 Abs. 1 S. 2 TierSchG).

Innerhalb der humanmedizinischen Forschung nehmen die klinischen Prüfungen von Arzneimitteln[18] und Medizinprodukten[19] einen großen Raum ein. Die klinische Erprobung von Medizinprodukten bildet ein im Vergleich zur klinischen Arzneimittelprüfung noch junges Tätigkeitsfeld der Ethik-Kommissionen; ihr Haupttätigkeitsgebiet stellt unverändert die klinische Arzneimittelprüfung dar, da die ganz überwiegende Anzahl klinischer Prüfungen am Menschen Arzneimittel betrifft[20]. Ihnen liegt

---

18 Arzneimittel (Synonyme: Medikamente, Pharmaka) sind nach der Legaldefinition in § 2 Abs. 1 AMG „Stoffe und Zubereitungen aus Stoffen, die dazu bestimmt sind, durch Anwendung am oder im menschlichen oder tierischen Körper ...
(1) Krankheiten, Leiden, Körperschäden oder krankhafte Beschwerden zu heilen, zu lindern, zu verhüten oder zu erkennen,
(2) die Beschaffenheit den Zustand oder die Funktionen des Körpers oder seelischer Zustände erkennen zu lassen,
(3) vom menschlichen oder tierischen Körper erzeugte Wirkstoffe oder Körperflüssigkeiten zu ersetzen,
(4) Krankheitserreger, Parasiten oder körperfremde Stoffe abzuwehren, zu beseitigen oder unschädlich zu machen oder
(5) die Beschaffenheit, den Zustand oder die Funktionen des Körpers oder seelische Zustände zu beeinflussen."

19 Medizinprodukte sind Produkte, die weder typische Arzneimittel noch medizinische Geräte darstellen. Gemäß der Legaldefinition in § 3 Nr. 1 MPG handelt es sich um „alle einzeln oder miteinander verbunden verwendeten Instrumente, Apparate, Vorrichtungen, Stoffe und Zubereitungen aus Stoffen oder andere Gegenstände einschließlich der für ein einwandfreies Funktionieren des Medizinproduktes eingesetzten Software, die vom Hersteller zur Anwendung für Menschen mittels ihrer Funktion zum Zwecke
a) der Erkennung, Verhütung, Überwachung, Behandlung oder Linderung von Krankheiten,
b) der Erkennung, Überwachung, Behandlung, Linderung oder Kompensierung von Verletzungen oder Behinderungen,
c) der Untersuchung, der Ersetzung oder der Veränderung des anatomischen Aufbaus oder eines physiologischen Vorgangs oder
d) der Empfängnisregelung
zu dienen bestimmt sind und deren bestimmungsgemäße Hauptwirkung im oder am menschlichen Körper weder durch pharmakologisch oder immunologisch wirkende Mittel noch durch Metabolismus erreicht wird, deren Wirkungsweise aber durch solche Mittel unterstützt werden kann."

20 Daß die Begutachtungstätigkeit im Rahmen der Erprobung von Medizinprodukten im Vergleich zur Arzneimittelprüfung nur ein sehr kleines Tätigkeitsfeld der Ethik-Kommissionen darstellt, zeigen und belegen exemplarisch die von der Ethik-Kommission der medizinischen Fakultät der Universität Freiburg und der Ethik-Kommission der RWTH Aachen zu begutachtenden Versuche: Für die erstgenannte siehe die Aufstellung in *Tettenborn*, Profil und Effizienz einer Ethik-Kommission, S. 109 f.: Von 117 multizentrischen und 96 monozentrischen Studien ver-

regelmäßig ein Auftrag des an der Durchführung der Prüfung interessierten Pharma-Unternehmens zugrunde, der von dem Unternehmen vergütet wird[21].

Mit diesen Forschungsgebieten wird der weitaus größte Teil, keineswegs aber der gesamte Bereich der klinischen Forschung am Menschen erfaßt. Zu den verbleibenden Feldern der klinischen Forschung am geborenen Menschen[22] gehört etwa noch die Erprobung neuer chirurgischer Verfahren und Techniken bei der Neuland-Operation[23], und – soweit nicht schon von den vorstehenden Bereichen erfaßt – neuer diagnostischer und therapeutischer Methoden. Anträge an Ethik-Kommissionen auf Begutachtung von Forschungsvorhaben aus diesen verbleibenden Gebieten haben eher den Versuch begleitende Fragen zum Gegenstand. So betreffen Anträge auf Begutachtung eines Versuchs aus dem chirurgischen Bereich meistens keine eigentlichen chirurgischen Probleme, sondern beispielsweise Fragen der Schmerztherapie, der adjuvanten oder alternativen Therapie bei Tumorkranken, der Gabe von Antibiotika u.ä.[24], da hier die Behandlung auf Optimierung im Einzelfall gerichtet ist und daher ein schematisches Vorgehen in der Studie ausscheidet[25]. Außerdem ist die Erstoperation am Menschen regel-

---

schiedener Art nahmen die Arzneimittelstudien (85 bzw. 32) jeweils den größten Raum ein; nur 9 bzw. 6 Studien betrafen eine „Geräteprüfung“, also Versuche, die dem Anwendungsbereich des Medizinproduktegesetzes zuzurechnen sind. Für die letztgenannte siehe *Schiwy-Bochat/Althoff/Müller*, MedR 1997, S. 68 ff. (69): insgesamt 344 Arzneimittelstudien (davon 303 therapeutische u. 41 diagnostische) gegenüber nur 38 Gerätestudien.

21 *Lippert*, NJW 1992, S. 2338 f. (2338).

22 Ein spezielles Forschungsfeld stellt die Forschung an menschlichen Embryonen dar. Während das Embryonenschutzgesetz vom 13. Dezember 1990 (BGBl.1990 I, S. 2746 ff.) keine Bestimmungen über Ethik-Kommissionen enthält, ist in dem noch jungen Gesetz zur Sicherstellung des Embryonenschutzes im Zusammenhang mit Einfuhr und Verwendung menschlicher embryonaler Stammzellen (Stammzellgesetz) vom 28. Juni 2002 (BGBl. 2002 I, S. 2277 ff.) die Mitwirkung einer „Zentralen Ethik-Kommission für Stammzellenforschung“ vorgesehen (vgl. §§ 8 f. StZG). Aufgaben und Verfahrensweise sowie weitere Einzelheiten betreffend Tätigkeit und Mitglieder dieser Kommission sind in der Verordnung über die Zentrale Ethik-Kommission für Stammzellenforschung und über die zuständige Behörde nach dem Stammzellgesetz vom 18. Juli 2002 (BGBl. 2002 I, S. 2663 ff.) geregelt. Ferner findet sich in den an die Musterberufsordnung für Ärzte angelehnten Berufsordnungen der Landesärztekammern die Vorschrift, daß sich der Arzt vor der Forschung mit vitalen menschlichen Gameten und lebendem embryonalen Gewebe durch eine Ethik-Kommission beraten lassen muß (siehe statt vieler § 15 der Berufsordnung für die Ärzte Bayerns [im Internet unter: www.blaek.de] sowie § 15 der Berufsordnung der Sächsischen Landesärztekammer [im Internet unter: www.slaek.de/rech_fs.htm]).

23 Dazu *Herfarth* in: *Doerr/Jacob/Laufs* (Hrsg.), Recht und Ethik in der Medizin, S. 151 ff.

24 *Jahrmärker*, MedKlinik 1990, S. 672 ff. (675).

25 *Pfeiffer*, VersR 1991, S. 613 ff. (615).

mäßig ein Heilversuch[26], weil sich Experimente an gesunden Probanden wegen der Invasivität der Eingriffe verbieten[27]. Hier kann der verantwortliche Chirurg in gewissem Umfang selbst entscheiden, ob die Erstoperation ein reiner Behandlungsversuch im individuellen Fall oder zugleich „Forschungsbehandlung" ist und ob der Therapieversuch dementsprechend einer Ethik-Kommission vorgestellt werden muß oder nicht[28]. Gleichwohl darf nicht außer Acht gelassen werden, daß auch die Einführung neuer Behandlungsmethoden in der Chirurgie große Gefahren für den Patienten mit sich bringen kann und somit dasselbe Schutzbedürfnis auslöst wie die Teilnahme an klinischen Prüfungen von Arzneimitteln und Medizinprodukten[29].

II. Problemstellung und Gang der Untersuchung

Während die Ethik-Kommissionen in der Praxis der humanmedizinischen Forschung, zumindest in den gängigen humanmedizinischen Forschungsbereichen, ihren festen Platz gefunden haben, wirft ihre rechtliche Verankerung, insbesondere die rechtliche Regelung ihrer Mitwirkung auf dem Gebiet der klinischen Arzneimittelprüfung, verfassungsrechtliche Fragen auf.

Rechtsgrundlage für die klinische Prüfung von Arzneimitteln am Menschen ist das bundesrechtliche Arzneimittelgesetz[30], welches in seinem sechsten Abschnitt (Schutz des Menschen bei der Klinischen Prüfung) die Durchführung klinischer Arzneimittelstudien von bestimmten Voraussetzungen[31] abhängig macht. Anders als etwa das Tierschutzgesetz, welches für Versuche an Wirbeltieren ein Genehmigungsverfahren (§ 8 TierSchG) und für alle sonstigen Tierversuche ein Anzeigeverfahren (§ 8 a TierSchG) vorsieht, bedient sich das Arzneimittelgesetz eines Kontrollmechanismus, der in einem „Zusammenspiel" von Ethik-Kommission und Bundesinstitut für Arzneimittel und Medizinprodukte, der gemäß § 77 Abs. 1 AMG zuständigen Bundesoberbehörde, besteht[32].

---

26 Zur Unterscheidung zwischen Heilversuch und Humanexperiment siehe unten S. 48 f.

27 *Van den Daele/Müller-Salomon*, Kontrolle der Forschung, S. 85.

28 *Van den Daele/Müller-Salomon*, Kontrolle der Forschung, S. 85 f.

29 So zutreffend *Stock*, Probandenschutz, S. 39.

30 Siehe Fn. 9.

31 § 40 AMG: Allgemeine Voraussetzungen; § 41 AMG: Besondere Voraussetzungen.

32 Zu den nicht unwesentlichen Änderungen der §§ 40 ff. AMG durch das – derzeit noch als Entwurf vorliegende – zwölfte Gesetz zur Änderung des Arzneimittelgesetzes (BT-Drs. 15/2109 vom 01.12.2003, sowie im Internet unter www.bmgs.bund.de/download/gesetze/entwuerfe/AenderungArzneimittelgesetz.pdf) siehe unten D., S. 174 ff.

So bestimmt § 40 Abs. 1 AMG

in Satz 2: „Die klinische Prüfung eines Arzneimittels darf bei Menschen vorbehaltlich des Satzes 3 nur begonnen werden, wenn diese zuvor von einer nach Landesrecht gebildeten unabhängigen Ethik-Kommission zustimmend bewertet worden ist; Voraussetzung einer zustimmenden Bewertung ist die Beachtung der Vorschriften in Satz 1[33] Nr. 1 bis 5, 6, soweit sie die Unterlagen über die pharmakologisch-toxikologische Prüfung und den Prüfplan betrifft, sowie Nr. 7 und 8."

und in Satz 3: „Soweit keine zustimmende Bewertung der Ethik-Kommission vorliegt, darf mit der klinischen Prüfung erst begonnen werden, wenn die zuständige Bundesoberbehörde innerhalb von 60 Tagen nach Eingang der Unterlagen nach Satz 1 Nr. 6 nicht widersprochen hat."

Das in § 40 Abs. 1 S. 2 AMG für die klinische Prüfung von Arzneimitteln statuierte, unter dem Vorbehalt des Satzes 3 stehende Erfordernis der „zustimmenden Bewer-

---

33 § 40 Abs. 1 S. 1 AMG lautet: „Die klinische Prüfung eines Arzneimittels darf bei Menschen nur durchgeführt werden, wenn und solange

1. die Risiken, die mit ihr für die Person verbunden sind, bei der sie durchgeführt werden soll, gemessen an der voraussichtlichen Bedeutung des Arzneimittels für die Heilkunde, ärztlich vertretbar sind,

2. die Person, bei der sie durchgeführt werden soll, ihre Einwilligung hierzu erteilt hat, nachdem sie durch einen Arzt über Wesen, Bedeutung und Tragweite der klinischen Prüfung aufgeklärt worden ist, und mit dieser Einwilligung zugleich erklärt, daß sie mit der im Rahmen der klinischen Prüfung erfolgenden Aufzeichnung von Krankheitsdaten und ihrer Weitergabe zur Überprüfung an den Auftraggeber, an die zuständige Überwachungsbehörde oder die zuständige Bundesoberbehörde einverstanden ist,

3. die Person, bei der sie durchgeführt werden soll, nicht auf gerichtliche oder behördliche Anordnung in einer Anstalt untergebracht ist,

4. sie von einem Arzt geleitet wird, der mindestens eine zweijährige Erfahrung in der klinischen Prüfung von Arzneimitteln nachweisen kann,

5. eine dem jeweiligen Stand der wissenschaftlichen Erkenntnisse entsprechende pharmakologisch-toxikologische Prüfung durchgeführt worden ist,

6. die Unterlagen über die pharmakologisch-toxikologische Prüfung, der dem jeweiligen Stand der wissenschaftlichen Erkenntnisse entsprechende Prüfplan mit Angabe von Prüfern und Prüforten und das Votum der für den Leiter der klinischen Prüfung zuständigen Ethik-Kommission bei der zuständigen Bundesoberbehörde vorgelegt worden sind,

7. der Leiter der klinischen Prüfung durch einen für die pharmakologisch-toxikologische Prüfung verantwortlichen Wissenschaftler über die Ergebnisse der pharmakologisch-toxikologischen Prüfung und die voraussichtlich mit der klinischen Prüfung verbundenen Risiken informiert worden ist und

8. für den Fall, daß bei der Durchführung der klinischen Prüfung ein Mensch getötet oder der Körper oder die Gesundheit eines Menschen verletzt wird, eine Versicherung nach Maßgabe des Absatzes 3 besteht, die auch Leistungen gewährt, wenn kein anderer für den Schaden haftet."

tung“ einer „nach Landesrecht gebildeten“ Ethik-Kommission gibt Anlaß zu einer genaueren Untersuchung zunächst der Rechtsnorm selbst auf ihre Vereinbarkeit mit dem Grundrecht der privaten Ethik-Kommissionen aus Art. 12 Abs. 1 GG und dem Grundrecht des forschenden Arztes aus Art. 5 Abs. 3 GG.

So läßt die rechtliche Situation der freien Ethik-Kommissionen Zweifel an der Verfassungsmäßigkeit von § 40 Abs. 1 S. 2 AMG im Hinblick auf das in Art. 12 Abs. 1 GG gewährleistete Grundrecht der Berufsfreiheit aufkommen. Das Arzneimittelgesetz erkennt nur die Bewertungen derjenigen Ethik-Kommissionen, die nach Landesrecht gebildet worden sind, als rechtserheblich, d.h. rechtlich relevant an. Die arzneimittelgesetzliche Regelung in § 40 Abs. 1 S. 2 steht in dieser Hinsicht in auffälligem Unterschied zur Regelung in § 20 Abs. 7 MPG[34], welcher die Stellungnahme einer unabhängigen, interdisziplinär besetzten und beim Bundesinstitut für Arzneimittel und Medizinprodukte registrierten Ethik-Kommission genügen läßt[35]. Da landes-

---

34 Im Hinblick auf Ethik-Kommissionen ist in dem seit 1. Januar 2002 geltenden § 20 Abs. 7 und Abs. 8 MPG (vor dem 2. MPG-ÄndG war die Mitwirkung von Ethik-Kommissionen in dem dieser Vorschrift entsprechenden, allerdings leicht abweichend formulierten § 17 Abs. 6 und Abs. 7 MPG geregelt) bestimmt:

(7) Mit der klinischen Prüfung darf, soweit nichts anderes bestimmt ist, in Deutschland erst begonnen werden, nachdem die Anzeigen nach Absatz 6 Satz 1 erfolgt sind und eine zustimmende Stellungnahme einer unabhängigen und interdisziplinär besetzten sowie beim Bundesinstitut für Arzneimittel und Medizinprodukte registrierten Ethikkommission vorliegt. Bei multizentrischen Studien genügt ein Votum. Aus der Stellungnahme muß hervorgehen, daß die in Absatz 8 Satz 1 genannten Aspekte geprüft sind. Soweit eine zustimmende Stellungnahme einer Ethikkommission nicht vorliegt, kann mit der betreffenden klinischen Prüfung nach Ablauf einer Frist von 60 Tagen nach der Anzeige durch den Auftraggeber begonnen werden, es sei denn, die zuständige Behörde hat innerhalb dieser Frist eine auf Gründe der öffentlichen Gesundheit oder der öffentlichen Ordnung gestützte gegenteilige Entscheidung mitgeteilt.

(8) Die Ethikkommission hat die Aufgabe, den Prüfplan mit den erforderlichen Unterlagen, insbesondere nach ethischen und rechtlichen Gesichtspunkten, mit mindestens fünf Mitgliedern mündlich zu beraten und zu prüfen, ob die Voraussetzungen nach Absatz 1 Nr. 1 und 4 bis 9, Absatz 4 Nr. 1 bis 3 und Absatz 5 vorliegen. Eine Registrierung erfolgt nur, wenn in einer veröffentlichten Verfahrensordnung die Mitglieder, die aus medizinischen Sachverständigen und nicht medizinischen Mitgliedern bestehen und die erforderliche Fachkompetenz aufweisen, das Verfahren der Ethikkommission, die Anschrift und eine angemessene Vergütung aufgeführt sind.

35 Zur strittigen Frage, ob und in welchen Fällen sich aus dem ärztlichen Berufsrecht – entgegen der klaren Regelung des MPG – die Pflicht zur (additiven) Einschaltung einer öffentlich-rechtlichen Ethik-Kommission ergibt, siehe VGH Baden-Württemberg, MedR 2003, S. 109 ff. (113), VG Stuttgart, MedR 2002, S. 159 ff. (160), sowie im Schrifttum *Böse*, MedR 2002, S. 244 ff., *Dähne*, MedR 2003, S. 164 ff., *Deutsch*, NJW 2003, S. 949 f. u. NJW 2002, S. 491 f., *Graf*, NJW 2002, S. 1774 ff. u. MPR 2002, S. 77 ff., *Hill/Schmitt* (Hrsg.), WiKo, § 20 MPG, Rz.10 f.;

rechtliche Bestimmungen über die freien Ethik-Kommissionen nicht existieren und diese Kommissionen schon aus diesem Grund die Voraussetzung „nach Landesrecht gebildet" nicht erfüllen[36], entsprechen ihre Voten nicht den Anforderungen des § 40 Abs. 1 S. 2 AMG. Die rechtliche Bedeutungslosigkeit der Stellungnahmen der freien Ethik-Kommissionen auf dem Gebiet der Arzneimittelprüfung hat zur Folge, daß sich die forschenden Ärzte im Vorfeld klinischer Arzneimittelstudien nicht mehr an diese Kommissionen wenden[37] und sie dadurch einen weiten Bereich ihres ursprünglichen Tätigkeitsfeldes verlieren[38]. Hier stellt sich also die Problematik des mittelbar-faktischen Eingriffs in die Berufsfreiheit.

Aus der Sicht der in Art. 5 Abs. 3 GG verbürgten Forschungsfreiheit ist zu untersuchen, ob und inwieweit einerseits das Arzneimittelgesetz mit seinem alternativen Erfordernis *entweder* der zustimmenden Bewertung des Forschungsprojekts durch eine Ethik-Kommission *oder* des Unterbleibens eines bundesoberbehördlichen Widerspruchs, andererseits aber auch die ablehnende Bewertung der Ethik-Kommission

Schwarz/Wachenhausen in: *Anhalt/Dieners* (Hrsg), Handbuch des Medizinprodukterechts, Rn. 61 ff. (63 ff.); *Taupitz*, MPR 2003, S. 9 ff.

36 Eine andere, noch im einzelnen zu prüfende Frage ist, ob das Landesrecht gesetzliche Bestimmungen über die freien Ethik-Kommissionen vorsehen müßte und es sich bei den freien Ethik-Kommissionen *dann, wenn* sie einer solchen landesrechtlichen Regelung zugeführt wären, um im Sinne des § 40 Abs. 1 S. 2 AMG „nach Landesrecht gebildete" Ethik-Kommissionen handeln würde.

37 Den seit Inkrafttreten des novellierten § 40 AMG kontinuierlichen Rückgang der Anträge auf dem Gebiet der Arzneimittelprüfung läßt die von der Freiburger Ethik-Kommission geführte Statistik über (Neu-)Anträge auf Begutachtung klinischer Arzneimittelprüfungen erkennen (siehe Anlage auf S. 177). Laut einer Auskunft der Ethik-Kommission am Institut für klinische Pharmakologie in Grünstadt/Pfalz ist mit der fünften AMG-Novelle der Hauptauftraggeber dieser Kommission – das 1977 gegründete, auf dem Gebiet der Arzneimittelprüfung tätige Institut für klinische Pharmakologie (Internet-Adresse: www.ikp.de) – gleichsam „weggefallen", so daß die Tätigkeit dieser Kommission, da sie ausschließlich Begutachtungen auf dem Gebiet der Arzneimittelprüfung vornahm, infolge der arzneimittelgesetzlichen Regelung de facto zum Erliegen gekommen ist.

38 Vgl. VGH Baden-Württemberg, MedR 1998, S. 477 f. (477 [zum Sachverhalt]). Daß die Begutachtung von Arzneimittelprüfungen ursprünglich das Haupttätigkeitsfeld z.B. der Freiburger Ethik-Kommission war, ergibt sich auch aus der ersten Satzung dieser Kommission (veröffentlicht in Pharm.Ind. 46 [1984], S. 598 ff.), wo in der Präambel sogar ausschließlich von Arzneimittelstudien die Rede ist; es wird ferner ersichtlich aus den BPI-Hinweisen für die klinische Prüfung nach dem Medizinproduktegesetz vom Oktober 1994 (abgedruckt bei *Sander*, Arzneimittelrecht, Band 5, Anh. II/85 b), wo die Freiburger Ethik-Kommission ausdrücklich als eine im Bereich der klinischen Prüfung von Arzneimitteln tätige Ethik-Kommission genannt (und empfohlen) wird.

und der bundesoberbehördliche Widerspruch in die Forschungsfreiheit des Arztes eingreifen. Nach dem Gesetz berechtigt das zustimmende Kommissionsvotum den Arzt zur Durchführung der klinischen Prüfung, das ablehnende Kommissionsvotum hingegen eröffnet dem Bundesinstitut für Arzneimittel und Medizinprodukte die Möglichkeit, dem Vorhaben zu widersprechen. Widerspricht dieses, ist das Forschungsprojekt endgültig gescheitert. Widerspricht es nicht, so steht der Versuchsdurchführung rechtlich nichts mehr im Wege. Doch wie verhält es sich mit den indirekt verhaltenssteuernden Wirkungen des Kommissionsvotums? Von den Voten der Ethik-Kommissionen, die ein humanmedizinisches Forschungsvorhaben ablehnend bewerten, gehen nicht unerhebliche faktische Wirkungen aus. Es stellt sich damit ebenfalls die Frage des mittelbar-faktischen Eingriffs, hier in das vorbehaltlos gewährleistete Grundrecht der Forschungsfreiheit.

Nach der auf die Eingriffsprüfung folgenden verfassungsrechtlichen Beurteilung der festgestellten Eingriffe schließt ein kurzer Ausblick zur Neufassung der arzneimittelgesetzlichen Vorschrift – unter Berücksichtigung des Entwurfs des zwölften Gesetzes zur Änderung des Arzneimittelgesetzes – die Arbeit ab.

B. Eingriffe in den grundrechtlichen Schutzbereich von Art. 12 Abs. 1 GG und Art. 5 Abs. 3 GG

Die in § 40 Abs. 1 S. 2 i.V.m. S. 3 AMG enthaltene Regelung bezüglich der Mitwirkung von nach Landesrecht gebildeten Ethik-Kommissionen und zuständiger Bundesoberbehörde im Vorfeld der klinischen Prüfung von Arzneimitteln sowie die auf der Grundlage dieser Vorschrift ergehenden Akte der Exekutive könnten unter verschiedenen Aspekten in die Schutzbereiche von Art. 12 Abs. 1 GG und Art. 5 Abs. 3 GG eingreifen. Diese Eingriffsaspekte gilt es im folgenden herauszuarbeiten.

I. Eingriff in das Grundrecht der freien Ethik-Kommissionen aus Art. 12 Abs. 1 GG durch die Vorschrift des § 40 Abs. 1 S. 2 AMG

Die arzneimittelgesetzliche Bestimmung des § 40 Abs. 1 S. 2 verlangt für die Durchführung klinischer Arzneimittelprüfungen am Menschen, vorbehaltlich des Satzes 3, die zustimmende Bewertung des Forschungsvorhabens durch eine nach Landesrecht gebildete Ethik-Kommission. § 40 Abs. 1 S. 2 AMG beschränkt den Kreis der zur Abgabe rechtserheblicher Bewertungen befugten Ethik-Kommissionen also auf solche Kommissionen, die „nach Landesrecht gebildet“ worden sind. Dies bedeutet zum einen, daß es sich bei dem der zuständigen Bundesoberbehörde, dem Bundesinstitut für Arzneimittel und Medizinprodukte (§ 77 Abs. 1 AMG), gemäß § 40 Abs. 1 S. 1 Nr. 6 AMG vorzulegenden „Votum" um ein Votum einer nach Landesrecht gebildeten Ethik-Kommission handeln muß. Zum anderen ist das die bundesoberbehördliche Entscheidungsbefugnis als Rechtsfolge nach sich ziehende *Fehlen* einer zustimmenden Kommissionsbewertung im Sinne des § 40 Abs. 1 S. 3 AMG („soweit keine zustimmende Bewertung der Ethik-Kommission vorliegt") nur dann gegeben, wenn eine nach Landesrecht gebildete Ethik-Kommission das Forschungsvorhaben ablehnend bewertet hat, nicht aber, wenn eine solche Kommission bereits gar nicht um eine Begutachtung des Forschungsvorhabens ersucht wurde. Wird dem Bundesinstitut lediglich die Stellungnahme einer nicht nach Landesrecht gebildeten Ethik-Kommission vorgelegt, ist die Versuchsdurchführung von vornherein unzulässig, d.h. das Bundesinstitut wird ihr mit der Begründung widersprechen, die vorgelegten Unterlagen[39] seien unvollständig, da das Votum einer nach Landesrecht gebildeten Ethik-Kommission fehle[40].

Es ist daher zu prüfen, ob, wodurch und in welcher Weise die gesetzlich obligatorische Bewertung klinischer Arzneimittelstudien durch eine nach Landesrecht gebildete Ethik-Kommission möglicherweise in den Schutzbereich des Grundrechts der privaten Ethik-Kommissionen aus Art. 12 Abs. 1 GG eingreift.

1. Der Schutzbereich des Art. 12 Abs. 1 GG und die Grundrechtsberechtigung der freien Ethik-Kommissionen

Dem Schutzbereich des einheitlichen Grundrechts der Berufsfreiheit[41] liegt ein weiter Berufsbegriff zugrunde: Unter Beruf wird jede auf Dauer angelegte erlaubte Tä-

---

39 Zur näheren Bestimmung der nach § 40 Abs. 1 S. 1 Nr. 6 AMG vorzulegenden Unterlagen hat das Bundesinstitut für Arzneimittel und Medizinprodukte am 14. August 1997 die „2. Bekanntmachung zur klinischen Prüfung von Arzneimitteln am Menschen" veröffentlicht (BAnz. Nr. 234 a vom 13. Dezember 1997).

40 So eine Auskunft des Bundesinstituts für Arzneimittel und Medizinprodukte. Darauf, daß das Bundesinstitut in einem solchen Fall die Prüfungsunterlagen aus formellen Gründen als unvollständig zurückzuweisen hat, weist auch das OVG Berlin in seinem (sow. ers. unveröffentlichten) Beschluß vom 5. Oktober 1999 (Az.: OVG 5 N 18.99) hin.

41 Art. 12 Abs. 1 GG schützt zwar expressis verbis nicht die Freiheit des „Berufes", sondern die Freiheit der Wahl des Berufes, der Wahl des Arbeitsplatzes, der Wahl der Ausbildungsstätte sowie, da die Anordnung eines Regelungsvorbehaltes denknotwendig eine Freiheit als Bezugsobjekt voraussetzt, die Freiheit der Berufsausübung; das Bundesverfassungsgericht hat jedoch

tigkeit verstanden, welche der Schaffung oder dem Erhalt der eigenen Lebensgrundlage zu dienen bestimmt ist[42]. Da durch Art. 12 GG nicht nur Berufe, die sich in bestimmten, traditionellen oder sogar rechtlich fixierten Berufsbildern darstellen, sondern auch untypische Berufstätigkeiten geschützt werden[43], stellt auch die medizinische, rechtliche und ethische Begutachtung humanmedizinischer Forschungsvorhaben durch Ethik-Kommissionen eine durch Art. 12 Abs. 1 GG geschützte Tätigkeit dar[44].

Auch juristische Personen des Privatrechts können sich auf dieses Grundrecht berufen, sofern es seinem Wesen nach auf diese anwendbar ist (vgl. Art. 19 Abs. 3 GG), sofern also die fragliche Erwerbstätigkeit ihrer Art nach in gleicher Weise von einer juristischen wie von einer natürlichen Person ausgeübt werden kann[45]. Da die Begutachtung und Bewertung von Forschungsvorhaben ebenso gut juristische wie natürliche Personen vorzunehmen in der Lage sind und Schutzgut des Art. 12 Abs. 1 GG auch die Erwerbszwecken dienende freie unternehmerische Betätigung ist[46], sind die – heute meist in der Rechtsform einer juristischen Person des Privatrechts organisierten[47] – freien, Erwerbszwecke verfolgenden Ethik-Kommissionen daher ebenso grundrechtsberechtigt wie ihre einzelnen Mitglieder. Die Tätigkeit einer Ethik-Kommission fällt folglich in den Schutzbereich des Art. 12 Abs. 1 GG, und zwar unabhängig davon, ob die Mitglieder der Ethik-Kommission sie haupt- oder nebenberuflich[48] ausüben.

Art. 12 Abs. 1 GG schon früh (BVerfGE 7, S. 377 ff. [401 f.]) anders gelesen und ihm ein einheitliches Grundrecht der Berufsfreiheit entnommen.

42 Vgl. BVerfGE 7, S. 377 ff. (397); 54, S. 301 ff. (313); 68, S. 272 ff. (281); 78, S. 179 ff. (193); BVerfG, NJW 2002, S. 2621 ff. (2622); *Gubelt* in: *von Münch/Kunig* (Hrsg.), GG-Kommentar, Band 1, Art.12 Rn.8; *Siekmann/Duttge*, Grundrechte, Rn.578; *Stein/Frank*, Staatsrecht, S.361 f.

43 BVerfGE 7, S. 377 ff. (397); BVerfGE 78, S. 179 ff. (193); *Stein/Frank*, Staatsrecht, S. 361 f.

44 A.A. *Schreiber*, Transfusionsgesetz, S. 166 f.: Die Tätigkeit in einer Ethik-Kommission könne nicht als Beruf i.S.v. Art. 12 Abs. 1 GG angesehen werden, da es der Charakter der – in der Verwirklichung humanitärer Ziele bestehenden – Kommissionstätigkeit von vornherein ausschließe, diese Tätigkeit zum Zwecke des Erwerbs oder im Rahmen des wirtschaftlichen Wettbewerbs auszuüben.

45 Vgl. BVerfGE 21, S. 261 ff. (266); *Manssen*, Staatsrecht II, Rn. 597.

46 BVerwGE 87, S. 37 ff. (39).

47 So sind z.B. die Freiburger Ethik-Kommission International und die International Medical & Dental Ethics Commission in der Rechtsform einer GmbH organisiert.

48 Anders als ein bloßes Hobby trägt die nebenberufliche Tätigkeit zur Schaffung und Erhaltung der Lebensgrundlage immerhin bei, vgl. *Epping*, Grundrechte, Rn. 304; *Pieroth/Schlink*, Grund-

2. Durch Monopolstellung der öffentlich-rechtlichen Ethik-Kommissionen herbeigeführte Grundrechtsbeeinträchtigung

Aufgrund der Vorschrift des § 40 Abs. 1 S. 2 AMG – allein oder aber möglicherweise in Verbindung mit der Rechtslage in den Bundesländern, wie noch zu prüfen sein wird – sind die freien Ethik-Kommissionen als nicht „nach Landesrecht gebildete" Kommissionen von der Abgabe rechtlich relevanter Voten im Bereich der Arzneimittelerprobung ausgeschlossen. Zwar wird den nicht landesrechtlich gebildeten Ethik-Kommissionen die Begutachtung von Forschungsvorhaben im Arzneimittelbereich, d.h. die Begutachtungstätigkeit als solche, gesetzlich nicht untersagt. Die rechtliche Bedeutungslosigkeit der Ergebnisse ihrer Begutachtung, also ihrer – zustimmenden wie ablehnenden – Bewertungen hat aber mittelbar zur Folge, daß den Kommissionen an den Ärztekammern und Universitäten eine Monopolstellung bezüglich ihrer Beratungsaufgabe und der Erteilung von rechtsverbindlichen Stellungnahmen auf dem Gebiet der Arzneimittelprüfung erwächst. Da nämlich die freien Ethik-Kommissionen auf diesem Gebiet keine rechtlich relevanten Voten mehr abgeben können, werden sie kaum noch von einem Forscher zusätzlich zu den ohnehin einzuschaltenden öffentlich-rechtlichen Kommissionen um eine Begutachtung des Forschungsprojektes ersucht[49]. Dies nicht nur deshalb, weil die *zustimmende* Bewertung einer *freien* Ethik-Kommission den Arzt gemäß der arzneimittelgesetzlichen Rechtslage nicht zur Durchführung der Arzneimittelstudie berechtigt, sondern auch unter dem Gesichtspunkt, daß umgekehrt ebenso die *ablehnende* Bewertung einer *freien* Ethik-Kommission kein Votum ist, das dem Bundesinstitut die Möglichkeit einer Entscheidung eröffnet[50]. Nur ein ablehnendes Votum einer *nach Landesrecht gebildeten* Ethik-Kommission vermag vielmehr die Befugnis des Bundesinstituts, der Versuchsdurchführung nicht zu widersprechen, als Rechtsfolge nach sich zu ziehen. Es besteht somit zwar keine Verpflichtung des Arztes zur *ausschließlichen* Inanspruchnahme der öffentlich-rechtlichen Ethik-Kommissionen, doch ist die *Inanspruchnahme* dieser Einrichtungen *als solche* für die Versuchsdurchführung unumgänglich und damit für den Arzt obligatorisch.

---

rechte, Rn. 812; *Siekmann/Duttge*, Grundrechte, Rn. 578 m.w.N. in Fn. 1486; offenlassend BVerwGE 84, S. 194 ff. (197).

49 Siehe oben Fn. 37.

50 Aus dem Umstand, daß das Bundesinstitut bei Vorlage des Votums einer freien Ethik-Kommission der Versuchsdurchführung unter Hinweis auf die Unvollständigkeit der Antragsunterlagen widerspricht (siehe oben S. 12) folgt, daß es das Votum einer freien Ethik-Kommission – sei es zustimmend, sei es ablehnend – als ein „Nullum" wertet.

Da den freien Ethik-Kommissionen infolge dieses Umstandes ein großes und zentrales Anwendungsfeld ihrer Begutachtungstätigkeit[51] entgeht, ist in der arzneimittelgesetzlichen Beschränkung des Kreises der zur Abgabe rechtserheblicher Bewertungen berechtigten Ethik-Kommissionen auf diejenigen Kommissionen, die nach Landesrecht gebildet sind, eine Beeinträchtigung der Berufsfreiheit der freien Ethik-Kommissionen zu erblicken.

3. Rechtliches oder faktisches Verwaltungsmonopol?

Es stellt sich die Frage, ob es sich bei dem Verwaltungsmonopol der öffentlich-rechtlichen Ethik-Kommissionen auf dem Gebiet klinischer Arzneimittelprüfungen um ein rechtliches oder ein faktisches Monopol handelt.

Ein rechtliches Verwaltungsmonopol liegt dann vor, wenn einem Privaten eine bestimmte Tätigkeit rechtlich verboten wird oder wenn ein Anschluß- und Benutzungsgebot für eine öffentliche Einrichtung dergestalt festgelegt wird, daß ein Privater von der Ausübung einer entsprechenden Tätigkeit schlechthin ausgeschlossen wird[52]. Dies ist vorliegend nicht der Fall, weil die privaten Ethik-Kommissionen zum einen auf dem Gebiet der Erprobung von Medizinprodukten rechtserhebliche Voten abgeben können und zum anderen auch auf dem Gebiet der Arzneimittelprüfung nach wie vor um Stellungnahmen (ohne rechtliches Gewicht i.S.d. Arzneimittelgesetzes) ersucht werden können. Daß *letzteres* aber nicht mehr in nennenswertem Umfang der Fall ist, ist nicht eine unmittelbare, sondern eine mittelbare, durch das Verhalten der forschungswilligen Ärzte herbeigeführte Folge der rechtlichen Bedeutungslosigkeit der seitens der freien Kommissionen abgegebenen Bewertungen. Die durch das Arzneimittelgesetz geschaffene Situation, die sich dadurch auszeichnet, daß den freien Ethik-Kommissionen einerseits ihre Begutachtungstätigkeit rechtlich nicht untersagt,

---

51 Zum quantitativ überragenden Anteil klinischer Arzneimittelstudien an klinischen Prüfungen insgesamt siehe – am Beispiel der Ethik-Kommission der medizinischen Fakultät der Albert-Ludwigs-Universität Freiburg – *Tettenborn*, Profil und Effizienz einer Ethik-Kommission, S.109: 85 Arzneimittelstudien von insgesamt 117 multizentrischen Studien, und S.110: 32 Arzneimittelstudien von insgesamt 96 monozentrischen Studien, sowie – am Beispiel der Ethik-Kommission an der Medizinischen Fakultät der RWTH Aachen – *Schiwy-Bochat/Althoff/Müller*, MedR1997, S. 68 ff. (69 Abb. 2); vgl. auch *Freund*, MedR 2001, S. 65 ff. (66): Der „Löwenanteil“ liege bei den Arzneimittelprüfungen; *Lippert/Adler*, VersR 1993, S. 277 ff. (279): Medizinische Forschung vollziehe sich in großen Teilen im Arzneimittelsektor; *Pfeiffer*, VersR 1991, S. 613 ff. (615 u. 621), *Sobota*, AöR 121(1996), S.229 ff. (232 Fn.10); *Walter-Sack*, MedR 1997, S. 504 ff. (504).

52 *Papier* in: *Benda/Maihofer/Vogel* (Hrsg.), Handbuch des Verfassungsrechts, § 18 Rn. 40.

andererseits aber ihren Voten rechtlich ihre Relevanz genommen wird, hat also zur Entstehung eines faktischen Verwaltungsmonopols der bei den Landesärztekammern und medizinischen Fakultäten errichteten Ethik-Kommissionen geführt[53].

Faktische Verwaltungsmonopole berühren wie auch sonst alle faktischen Eingriffe nicht den (einfach)rechtlichen, sondern den tatsächlichen Status des betroffenen Grundrechtsträgers[54]. Vorliegend ist zwar insofern auch der (arzneimittel)rechtliche Status der nicht nach Landesrecht gebildeten Ethik-Kommissionen berührt, als deren Stellungnahmen eben im Unterschied zu den Bewertungen der landesrechtlich gebildeten Kommissionen keine *rechtliche* Relevanz im Bereich der Arzneimittelprüfung zukommt. Dies ändert aber nichts daran, daß der Eingriff in das Grundrecht aus Art.12 Abs.1 GG faktische und nicht rechtliche Qualität besitzt. Denn entscheidend ist das Kriterium, daß § 40 Abs.1 S. 2 AMG keinen Ausschluß der freien Ethik-Kommissionen von der Beratungstätigkeit als solcher verfügt. Am trefflichsten könnte wohl von einem rechtlich geschaffenen, durch Rechtsvorschrift begründeten faktischen Verwaltungsmonopol gesprochen werden.

4. Grundrechtsrelevanz der mittelbar-faktischen Beeinträchtigung

Mit der Feststellung der mittelbar-faktischen Beeinträchtigung allein steht noch nicht fest, daß diese Beeinträchtigung als ein grundrechtsrelevanter *Eingriff* zu qualifizieren ist. Um eine faktische und/oder mittelbare Grundrechtsbeeinträchtigung als einen grundrechtsrelevanten, der verfassungsrechtlichen Rechtfertigung bedürftigen *Eingriff* qualifizieren zu können, ist zum einen Voraussetzung, daß die Grundrechte überhaupt Schutz auch vor mittelbar-faktischen Beeinträchtigungen gewähren, und zum anderen, daß die mittelbar-faktische Wirkung von einem zurechenbaren Verhalten der öffentlichen Gewalt ausgeht.

53 Eine faktische Monopolbildung nehmen an: VGH Baden-Württemberg, ESVGH 46, S. 275 ff. (277) u. MedR 2003, S. 109 ff. (114): Ein im Bereich der Arzneimittelprüfung „kraft Bundesrechts bestehende(s) Monopol der öffentlich-rechtlichen Ethik-Kommissionen"; *Becker-Platen*, Die Kammern der freien Heilberufe, S. 168 f.; *Schenke*, NJW 1996, S. 745 ff. (746); ähnlich auch *Schorn*, Medizinprodukte-Recht, M 2-3 Rn. 32.

54 Vgl. *Roth*, Faktische Eingriffe in Freiheit und Eigentum, S. 227.

a) Reichweite des grundrechtlichen Schutzes nach dem klassischen und nach dem modernen Eingriffsbegriff

Nach ihrem ursprünglichen Verständnis boten die Grundrechte nur Schutz vor sogenannten klassischen Eingriffen[55]. Gemäß dem klassischen Eingriffsbegriff sind Kennzeichen eines Grundrechtseingriffs die Merkmale Finalität, Unmittelbarkeit, Rechtscharakter sowie Durchsetzbarkeit mittels Befehls und Zwangs[56]. Der klassische Eingriffsbegriff faßt den Grundrechtseingriff indes zu eng: Unter Berücksichtigung der Schutzfunktion des jeweiligen Grundrechts kann nämlich – je nach Art und Ausmaß – auch eine tatsächliche und mittelbare Betroffenheit des Grundrechtsträgers einen Grundrechtseingriff bedeuten[57]. Entscheidend ist nicht die Art und Weise der staatlichen Ingerenz in die Freiheitssphäre des Individuums, sondern die Tatsache, *daß* die Freiheitssphäre beschnitten wird[58]. Kommt es somit nicht auf die Form, sondern auf die Wirkung des Eingriffs an[59], so wäre es mit der Funktion der Grundrechte, bestimmte Freiheitsbereiche wirksam zu schützen und den einzelnen vor nicht verfassungsgemäßen Nachteilen zu bewahren, unvereinbar, den Grundrechtsschutz generell auf einen bestimmten Eingriffstyp zu begrenzen[60]; der Grundrechtsschutz ist vielmehr am Schutzgut und seiner Gefährdung und Beschränkung durch staatliche Maßnahmen zu orientieren[61].

Angesichts dieses Befundes wurde der klassische Eingriffsbegriff vornehmlich durch die Rechtsprechung des Bundesverwaltungsgerichts[62] umfassend erweitert[63]. Rich-

55 Vgl. BVerwGE 87, S. 37 ff. (41).

56 Siehe *Bleckmann/Eckhoff*, DVBl. 1988, S. 373 ff. (373 f.); *Pieroth/Schlink*, Grundrechte, Rn. 238; *Rüssel*, JA 1998, S. 406 ff. (406); *Sachs* in: *Sachs* (Hrsg.), GG-Kommentar, vor Art. 1 Rn. 78 ff. (80).

57 BVerwGE 87, S. 37 ff. (42); BVerwG, NJW 1985, S. 2774 ff. (2776); *Epping*, Grundrechte, Rn. 317.

58 *Ossenbühl*, Umweltpflege, S. 16; ähnlich *Eckhoff*, Der Grundrechtseingriff, S. 236: Maßgeblich müsse das Ergebnis, also das „Ob", das „Wie" und das „Wieviel" der Beeinträchtigung sein.

59 *Grupp*, ZHR 140 (1976), S. 367 ff. (389).

60 BVerwG, NJW 1985, S. 2774 ff. (2776).

61 *Ossenbühl*, Umweltpflege, S. 16.

62 BVerwGE 82, S. 76 ff.; 87, S. 37 ff.; 90, S. 112 ff.; BVerwG, NJW 1985, S. 2774 ff.

63 *Bleckmann*, Staatsrecht II, § 12 Rn. 40; *Pieroth/Schlink*, Grundrechte, Rn. 240; *Eckhoff*, Der Grundrechtseingriff, S. 228, spricht insoweit von einem „Verlust der bildhaften Eingriffsvorstellung".

tungweisend ist insoweit die sog. „Glykolwein-Entscheidung“[64], in der das Bundesverwaltungsgericht einen Eingriff in die durch Art. 12 Abs. 1 GG geschützte Freiheit der unternehmerischen Betätigung durch die seitens des Bundesgesundheitsministeriums veranlaßte Veröffentlichung einer Liste aller mit Diethylenglykol kontaminierten Weine unter Nennung des jeweiligen Abfüllers zwar im Ergebnis verneinte[65], ihn aber nicht bereits daran scheitern ließ, daß es der Listenveröffentlichung an sämtlichen für den „klassischen Eingriff“ charakteristischen Merkmalen fehlte: Bei der Listenveröffentlichung handelte es sich nicht um einen Rechtsakt[66] mit verbindlicher Anordnung, sondern um eine tatsächliche Informationshandlung und damit um eine faktische hoheitliche Maßnahme[67]. Auch waren die Wirkungen der Liste auf die beruflichen Betätigungsmöglichkeiten der Weinhändler nicht unmittelbar eingetreten, sondern durch die – allerdings auf die Liste zurückzuführende – freie Kaufentscheidung der Abnehmer und Kunden vermittelt worden[68]. Schließlich fehlte es auch an der Finalität des Eingriffs bei den Nachteilen, welche die Weinhändler beim Absatz ihrer nicht in der Liste aufgeführten Weine hinnehmen mußten, da der Verkauf dieser Weine nicht behindert werden sollte[69].

---

64 BVerwGE 87, S. 37 ff.; siehe hierzu *Lege*, DVBl. 1999, S. 569 ff.

65 Nach Auffassung des Bundesverwaltungsgerichts wird, wenn die beruflichen Entfaltungsmöglichkeiten eines Grundrechtsträgers durch öffentliche negative Äußerungen staatlicher Stellen über seine konkret angesprochene berufliche Betätigung nachhaltig eingeschränkt werden, der Schutzbereich des Art. 12 Abs.1 GG einerseits zwar *berührt* (BVerwGE 87, S. 37 ff. [S. 44]), andererseits aber durch die verfassungsmäßigen Befugnisse der Regierung – als kollidierendem Verfassungsrecht – von vornherein begrenzt (BVerwG, a.a.O., S. 45 ff.). Siehe insoweit auch BVerfGE 105, S. 252 ff. = NJW 2002, S. 2621 ff., das eine Beeinträchtigung des grundrechtlichen Gewährleistungsbereichs aus Art. 12 Abs. 1 GG durch marktbezogene Informationen des Staates ebenfalls verneint.

66 Unter Rechtsakten sind z.B. Gesetze, Rechtsverordnungen, Verwaltungsakte und gerichtliche Entscheidungen zu verstehen, siehe *Bleckmann*, Staatsrecht II, § 12 Rn. 36.

67 Um faktische hoheitliche Maßnahmen handelte es sich auch bei den an die Öffentlichkeit gerichteten Warnungen der Bundesregierung vor der Jugendsekte „Transzendentale Meditation“ (BVerwGE 82, S. 76 ff.) und bei der finanziellen Förderung eines Vereins, der das Ziel verfolgte, religiösen und ideologischen Mißbräuchen entgegenzutreten, durch die vor allem junge Menschen geistig und psychisch Schaden erleiden (BVerwGE 90, S. 112 ff.).

68 Auf diesen Umstand weist das Bundesverwaltungsgericht selbst ausdrücklich hin, siehe BVerwGE 87, S. 37 ff. (42). Am Merkmal der Unmittelbarkeit fehlte es ebenso im sog. Transparenzlistenfall (BVerwG, NJW 1985, S. 2774 ff.), siehe dazu noch unter B.III. 2.b), S. 99 ff.

69 BVerwGE 87, S. 37 ff. (43). Allerdings hält das Bundesverwaltungsgericht einen Eingriff in Art. 12 Abs. 1 GG noch nicht aufgrund der fehlenden berufsregelnden Tendenz der Listenveröffentlichung für ausgeschlossen. Das Gericht führt insoweit aus, daß der Schutz, den Art. 12 Abs. 1 GG bietet, unvollständig wäre, wenn an ihm nicht auch mit staatlicher Autorität vorgenommene Handlungen gemessen würden, die als nicht bezweckte, aber voraussehbare und in

Wurde mithin der klassische Eingriffsbegriff bezüglich aller seiner Kriterien erweitert, so ist folglich nach dem heute in Rechtsprechung und Lehre herrschenden modernen Eingriffsbegriff unter Eingriff jedes staatliche Handeln zu verstehen, das dem einzelnen ein Verhalten, das in den Schutzbereich eines Grundrechts fällt, ganz oder teilweise unmöglich macht, gleichgültig ob diese Wirkung final oder unbeabsichtigt, unmittelbar oder mittelbar, rechtlich oder tatsächlich, mit oder ohne Befehl und Zwang erfolgt[70]. Fehlt es einem Eingriff am imperativen Element und damit an der Durchsetzbarkeit mittels Befehls und Zwangs, so kommt ein faktischer Eingriff in Betracht. Erfolgt der Eingriff in die grundrechtlich geschützte Freiheit auf indirektem Wege, etwa durch Beeinflussung ihrer Rahmenbedingungen[71] oder durch ein sich an einen staatlichen Akt anschließendes Verhalten der Öffentlichkeit[72], so wird von einem mittelbaren Eingriff gesprochen[73]. Sind beide Kriterien verwirklicht, so ist auch der Terminus des „mittelbar-faktischen" Eingriffs gebräuchlich[74].

Gewähren die Grundrechte, da dem modernen Eingriffsbegriff zufolge auch der tatsächliche Status des betroffenen Grundrechtsträgers abwehrrechtlich geschützt ist, somit auch Schutz vor faktischen und mittelbaren Beeinträchtigungen[75], so kommt auch Art. 12 Abs. 1 GG als Maßstabsnorm nicht nur für solche Bestimmungen in Betracht, die sich gerade auf die berufliche Betätigung beziehen und diese unmittelbar zum Gegenstand haben; vielmehr kann der besondere Freiheitsraum, den das Grundrecht sichern möchte, auch durch Vorschriften berührt werden, welche infolge ihrer tatsächlichen Auswirkungen geeignet sind, die Berufsfreiheit zu beeinträchtigen[76]. Dies trifft auch auf Vorschriften zu, welche, ohne den Ausschluß Privater auf einem

---

Kauf genommene Nebenfolge eine schwerwiegende Beeinträchtigung der beruflichen Betätigungsfreiheit bewirken (BVerwGE 87, S. 37 ff. [43 f.]).

70 Siehe die in Fn. 62 genannte Rechtsprechung sowie *Pieroth/Schlink*, Grundrechte, Rn. 240; vgl. auch *Ossenbühl*, Umweltpflege, S. 15.

71 So, wenn bspw. die sinnvolle Ausübung eines Berufes dadurch unmöglich wird, daß aufgrund der Erhebung von Steuern oder Einfuhrzöllen der Vertrieb einer Ware im Inland unmöglich gemacht wird (*Bleckmann/Eckhoff*, DVBl. 1988, S. 373 ff. [378]).

72 So etwa im Falle der „Glykolwein-Entscheidung" (BVerwGE 87, S. 37 ff. [41]).

73 Vgl. *Discher*, JuS 1993, S. 463 ff. (464).

74 Siehe *Leidinger*, DÖV 1993, S. 925 ff. (928).

75 Siehe etwa BVerfGE 6, S. 273 ff. (277 f.); 66, S. 39 ff. (60); BVerwG, NJW 1985, S. 2774 ff. (2776); *Dreier* in: *Dreier* (Hrsg.), GG-Kommentar Band I, Vorb. Rn. 125; *Kästner*, AöR 123 (1998), S. 408 ff. (433 a.E.); *Roth*, Faktische Eingriffe in Freiheit und Eigentum, S. 227.

76 BVerfGE 13, S.181 ff. (185 f.); 46, S.120 ff.(137); 61, S.291 ff. (308); 82, S.209 ff. (223); VGH Baden-Württemberg, MedR 2003, S. 109 ff. (113); VG Stuttgart, MedR 2002, S. 159 ff. (160).

bestimmten beruflichen Gebiet direkt zu verfügen, dem Staat auf diesem Sektor indirekt eine Monopolstellung einräumen. Hier wäre nicht das Hinzutreten des Staates als Konkurrenten als solches ein Umstand, vor dem das Grundrecht des privaten Anbieters aus Art. 12 Abs. 1 GG Schutz gewährt[77]. Tritt der Staat aber dergestalt hinzu, daß hierdurch private wirtschaftliche Betätigung unmöglich gemacht oder unzumutbar eingeschränkt wird, dann ist der Schutzbereich des Art. 12 Abs. 1 GG tangiert[78]. Dieser Fall ist gegeben, wenn der Staat auf einem bestimmten Gebiet – rechtlich oder faktisch – eine Monopolstellung innehat. Sowohl rechtliche als auch faktische Monopole machen private wirtschaftliche Betätigung auf dem Gebiet, auf dem das Monopol besteht, unmöglich. Folglich gewährt das Grundrecht der Berufsfreiheit auch Schutz vor mittelbaren und faktischen Beeinträchtigungen[79] in Gestalt von faktischen Verwaltungsmonopolen[80].

b) Zurechenbarkeit

Weiter muß die faktisch-mittelbare Wirkung von einem zurechenbaren Verhalten der öffentlichen Gewalt ausgehen[81], was zumindest Kausalität des Verhaltens für die grundrechtsbeeinträchtigende Wirkung voraussetzt[82]. Für mittelbar-faktische Eingriffe in Art. 12 GG durch eine gesetzliche Bestimmung ist darüber hinaus eine objektiv berufsregelnde Tendenz der betreffenden Vorschrift erforderlich.

---

77 BVerwGE 39, S. 329 ff. (336); VGH Baden-Württemberg, MedR 2003, S. 109 ff. (113); generell gewährleistet Art. 12 GG keinen Schutz vor Einflüssen auf wettbewerbsbestimmende Faktoren, insbesondere wird von der grundrechtlichen Gewährleistung kein Anspruch auf Erfolg im Wettbewerb und auf Sicherung künftiger Erwerbsmöglichkeiten umfaßt, siehe BVerfG, NJW 2002, S. 2621 ff. (2622) m.w.N. („Glykolwein").

78 Vgl. BVerwG, NJW 1995, S. 2938 ff. (2938 f.); VG Stuttgart, MedR 2002, S. 159 ff. (161); *Epping*, Grundrechte, Rn. 312.

79 *Grupp*, ZHR 140 (1976), S. 367 ff. (390; 393); *Manssen* in: *von Mangoldt/Klein/Starck*, Bonner GG, Band 1, Art. 12 Abs. 1, Rn. 75; *Rüssel*, JA 1998, S.406 ff. (407); *Wieland* in: *Dreier* (Hrsg.), GG-Kommentar Band I, Art. 12 Rn. 85 ff.

80 *Manssen* in: *von Mangoldt/Klein/Starck*, Bonner GG, Band 1, Art. 12 Abs. 1, Rn. 77 u. 80; *Scholz* in: Festschrift für Sieg, S. 507 ff. (521), und in *Maunz/Dürig*, GG-Kommentar, Band 2, Art. 12 Rn. 408.

81 BVerfGE 66, S. 39 ff. (60); *Eckhoff*, Der Grundrechtseingriff, S. 285; *Epping*, Grundrechte, Rn. 319; *Kästner*, AöR 123 (1998), S. 434; *Pieroth/Schlink*, Grundrechte, Rn. 240; speziell mit Blick auf Art. 12 GG siehe *Rüssel*, JA 1998, S. 406 ff. (408).

82 BVerfGE 66, S. 39 ff. (60); *Eckhoff*, Der Grundrechtseingriff, S. 236 u. 278. Über darüber hinausgehende Anforderungen besteht noch weitgehend Unklarheit, siehe *Sachs* in: *Sachs* (Hrsg.), GG-Kommentar, vor Art. 1 Rn. 83; *Siekmann/Duttge*, Grundrechte, Rn. 172.

Angesichts des „Zusammenspiels" von Bundesrecht und Landesrecht erhebt sich im hier zu erörternden Zusammenhang zunächst die Frage, welche rechtliche Regelung oder Nichtregelung zur Entstehung des faktischen Verwaltungsmonopols der öffentlich-rechtlichen Ethik-Kommissionen geführt hat und damit für die Beeinträchtigung des Grundrechts der freien Ethik-Kommissionen aus Art. 12 Abs. 1 GG kausal geworden ist: die Vorschrift des § 40 Abs. 1 S. 2 AMG als solche oder aber das Unterlassen des Landesgesetzgebers, die freien Ethik-Kommissionen und ihre Tätigkeit einer gesetzlichen Regelung zuzuführen.

aa) Bestimmung des Eingriffs-Subjekts – Bundesgesetzgeber oder Landesgesetzgeber – durch Auslegung der Formulierung „nach Landesrecht gebildet"

Auf den ersten Blick scheint die Entstehung des faktischen Verwaltungsmonopols auf das Unterlassen des Landesgesetzgebers zurückzuführen zu sein. Denn in keinem Bundesland finden sich wie auch immer geartete gesetzliche Bestimmungen, durch welche auch die freien Ethik-Kommissionen erfaßt und ihre Tätigkeit rechtlichen Vorgaben unterworfen würde. Die Vorschrift des § 40 Abs. 1 S. 2 AMG verwehrt dem Landesgesetzgeber indes nicht, auch freie Ethik-Kommissionen einer rechtlichen Regelung zuzuführen. So wäre etwa denkbar, daß das Landesrecht im Wege eines „Gesetzes über die Ethik-Kommissionen in der humanmedizinischen Forschung" umfassende Vorgaben u.a. für die Zusammensetzung und Tätigkeit von Ethik-Kommissionen sowie das Verfahren vor diesen Gremien aufstellt, welche von sämtlichen Ethik-Kommissionen – öffentlich-rechtlichen und freien – zu beachten wären. Ein derartiges Ethikkommissions-Gesetz existiert jedoch in keinem Bundesland.

Eine andere Frage ist jedoch, ob dergestalt rechtlich geregelte, d.h. rechtlichen Vorgaben unterworfene freie Ethik-Kommissionen das Tatbestandsmerkmal „nach Landesrecht gebildet" im Sinne des § 40 Abs. 1 S. 2 AMG erfüllen würden. Da sich aus der Formulierung „nach Landesrecht gebildet" – im Unterschied zum Terminus „öffentlich-rechtlich" – auf den ersten Blick nicht eindeutig und zweifelsfrei ergibt, um welche Ethik-Kommissionen (die an den Ärztekammern errichteten, die bei den medizinischen Fakultäten bestehenden, die freien Ethik-Kommissionen) es sich hierbei handelt, gibt eine genaue Betrachtung des Wortlauts zu Zweifeln und zur Auslegung der Vorschrift Anlaß. Bei der Auslegung einer Rechtsnorm ist folgender Interpretationskanon zu berücksichtigen: Wortlaut, Entstehungsgeschichte, Systematik sowie Sinn und Zweck („telos") der Vorschrift[83].

<u>(1) Wortlaut</u>

Der Bundesgesetzgeber hat in § 40 Abs. 1 S. 2 AMG die Formulierung „nach Landesrecht *gebildete*" und nicht etwa „landesrechtlich *geregelte*" oder „landesrechtlichen Vorgaben entsprechende" Ethik-Kommissionen gewählt. Es fragt sich, wie der Begriff „gebildet" hier zu verstehen ist.

Mit dem Terminus „gebildet" wird die Organisationsbefugnis[84] des Staates – des Bundes und der Bundesländer – angesprochen. Die Organisationsbefugnis läßt sich unterteilen in die Organbildungsbefugnis, die Organerrichtungsbefugnis und die Organeinrichtungsbefugnis[85], wobei unter der Organbildungsbefugnis die Kompetenz zur abstrakten Bildung von Organen verstanden wird[86]. Bildung wiederum bezeichnet die abstrakte Anordnung, wonach Funktionssubjekte einer bestimmten Art grundsätzlich bestehen sollen[87].

Die Frage nach der Organisationsgewalt ist identisch mit der Frage, *wer* im Bereich der öffentlichen Verwaltung *wie* organisieren darf[88]. Im vorliegenden Zusammenhang der Interpretation des in § 40 Abs. 1 S. 2 AMG verwandten Begriffes „nach Landesrecht gebildet" ist zunächst das „Wie" von Interesse, d.h. konkret die Frage, in welcher Rechtsform Einrichtungen durch das Landesrecht gebildet werden können und vorliegend mit Blick auf die Ethik-Kommissionen tatsächlich gebildet worden sind.

---

83 Vgl. BVerfGE 11, S. 126 ff. (130); *Achterberg*, Allgemeines Verwaltungsrecht, § 17 Rn. 10 ff.; *Schmalz*, VR 1981, S. 95 ff. (95).

84 Geläufig ist auch der gleichbedeutende Begriff der Organisationsgewalt (siehe zum Worturspung *Traumann*, Die Organisationsgewalt im Bereich der bundeseigenen Verwaltung, S. 18 ff.).

85 *Achterberg*, Allgemeines Verwaltungsrecht, § 13 Rn. 6.

86 *Achterberg*, Allgemeines Verwaltungsrecht, § 13 Rn. 7. Demgegenüber bezeichnet die Organerrichtungsbefugnis die Kompetenz zur konkreten Bildung eines Organs und die Organeinrichtungsbefugnis die Kompetenz, die errichteten Organe persönlich und sächlich auszustatten (*Achterberg*, a.a.O., § 13 Rn. 8 u. 9).

87 *Böckenförde*, Organisationsgewalt, S. 49; *Chotjewitz*, Die Organisationsgewalt, S. 12; *Schmidt-de Caluwe*, JA 1993, S. 77-86, 115-119, 143-145 (116).

88 *Giemulla/Jaworsky/Müller-Uri*, Verwaltungsrecht, Rn. 116.

Was zunächst die an den Ärztekammern und medizinischen Fakultäten bestehenden Ethik-Kommissionen betrifft, so haben die Länder in ihren Kammer- oder Heilberufsgesetzen die Bildung bzw. Errichtung von Ethik-Kommissionen bei den Ärztekammern und medizinischen Fakultäten ausdrücklich bestimmt[89]. Da die Errichtung dieser Ethik-Kommissionen also auf der Grundlage landesrechtlicher Normen erfolgt ist oder diese Kommissionen, soweit sie schon aufgrund von Satzungsrecht an den Ärztekammern und Universitäten bestanden, durch diese Normen auf eine parlamentsgesetzliche Grundlage gestellt wurden, handelt es sich bei ihnen zweifellos um landesrechtlich gebildete – und, da sie durch einen öffentlich-rechtlichen Kreationsakt entstanden sind, um öffentlich-rechtliche – Ethik-Kommissionen. Die bei den Ärztekammern und medizinischen Fakultäten errichteten Ethik-Kommissionen stellen folglich „nach Landesrecht gebildete" Ethik-Kommissionen im Sinne des § 40 Abs. 1 S. 2 AMG dar.

Die Organisationsgewalt des Staates ist indes nicht lediglich auf die Errichtung öffentlich-rechtlicher Verwaltungsträger beschränkt; vielmehr kann sich die öffentliche Hand auch privatrechtlicher Organisationsformen zur Erfüllung ihrer Verwaltungsaufgaben bedienen[90]. Zwar sprechen weder das Grundgesetz noch die einzelnen Landesverfassungen in ihren Bestimmungen über die Verwaltung (vgl. Art. 83 ff. GG einerseits[91] sowie bspw. Art. 77 nordrh.-westf. LV, Art. 112 ff. saarl. LV, Art. 82 ff. sächs. LV, Art. 90 ff. Thür. LV andererseits) die Ausübung öffentlicher Gewalt durch private Verwaltungsträger an. Aus der bloßen Nichterwähnung privatrechtlicher Verwaltungsformen in diesen Verfassungsbestimmungen kann jedoch nicht geschlossen werden, daß das Phänomen der privatrechtsförmigen Verwaltung unzulässig wäre[92]. Aus dem systematischen Zusammenhang der Art. 83 ff. GG insbesondere

89 Die Terminologie ist, was die Begriffe „Bildung", „Errichtung" und „Einrichtung" betrifft, selbst innerhalb ein und desselben Gesetzeswerkes nicht immer einheitlich, vgl. etwa einerseits § 7 Abs. 1 HeilBerG Meckl.-Vorp.: „Die Kammern können Kommissionen *einrichten*, die die Kammermitglieder (...) beraten, und andererseits § 32 Ziff. 3 desselben Gesetzes: „Die Kammermitglieder (...) haben insbesondere die Pflicht, die Beratung der bei der Kammer oder den Fakultäten der Hochschule *gebildeten* Ethikkommission (...) in Anspruch zu nehmen" (*Hervorhebungen* durch die Verfasserin).

90 Im wesentlichen durch Beteiligung (z.B. Gründung einer privatrechtlichen Organisation) oder durch externe Einflußsicherung, siehe dazu im einzelnen *Ehlers*, Verwaltung in Privatrechtsform, S. 7 ff.

91 Eine Ausnahme stellen insoweit nur die erst in jüngster Zeit neu eingefügten Bestimmungen der Art. 87 d I 2, 87 e III und 87 f II 1 GG dar.

92 Vgl. (mit Blick auf die Normen des Grundgesetzes) *Ehlers*, Verwaltung in Privatrechtsform, S. 115 ff.; *Kisker/Höfling*, Fälle zum Staatsorganisationsrecht, S. 132 f.; *Steiner*, Öffentliche

mit Art. 30 GG sowie Art. 70 ff. GG folgt, daß die Art. 83 ff. GG in erster Linie die Verwaltungszuständigkeiten zwischen Bund und Ländern aufteilen und nicht eine abschließende Festlegung auf bestimmte Organisationstypen bezwecken[93], im Hinblick auf die Art und Weise der Erfüllung von Verwaltungsaufgaben also indifferent sind[94]. Ebensowenig steht Art. 20 Abs. 2 GG einer privatrechtsförmigen Verwaltung entgegen. Der dort normierte Gewaltenteilungsgrundsatz trifft keine Aussage über die interne Ordnung der einzelnen Gewalten[95] und damit auch nicht über die Organisationsform der Exekutive[96]. Eine Verletzung von Art. 20 Abs. 2 GG wäre erst dann anzunehmen, wenn von einer selbständigen Gewalt nicht mehr gesprochen werden könnte, weil der wesentlichste Teil ihrer Aufgaben privaten Trägern übertragen worden wäre[97]. Auch der Funktionsvorbehalt zugunsten des öffentlichen Dienstes (Art. 33 Abs. 4 GG) untersagt lediglich die Übertragung hoheitsrechtlicher Befugnisse „als ständige Aufgabe“ auf Private. Aufgrund ihrer flexiblen Gestaltung („in der Regel“) bewirkt diese Vorschrift jedenfalls keine starre organisationsrechtliche Bindung[98]. Nach alledem existiert – abgesehen von den nicht privatisierungsfähigen klassischen Staatsaufgaben[99] – kein verfassungsrechtliches Verbot einer privatrechtsförmigen Verwaltung. Der Staat[100] ist daher in der Wahl der Organisationsform und der Handlungsform frei[101].

Kraft ihrer Organisationsgewalt könnten die Länder also auch die Gründung einer privatrechtlich organisierten Ethik-Kommission in eigener Regie betreiben oder sich

Verwaltung durch Private, S. 257 f.; speziell für die privatrechtlich organisierte Bundesverwaltung *Pieroth* in: *Jarass/Pieroth*, Grundgesetz, Art. 87 Rn. 15; zu den Landesverfassungen *Ehlers*, a.a.O., S. 113 Fn. 21 u. S. 155.

93 *Ehlers*, Verwaltung in Privatrechtsform, S. 116; ähnlich auch *Peine*, DÖV 1997, S. 353 ff. (356).

94 Vgl. *Däubler*, Privatisierung als Rechtsproblem, S. 72 f.; *Peine*, DÖV 1997, S. 353 ff. (356).

95 *Däubler*, Privatisierung als Rechtsproblem, S. 78.

96 *Peine*, DÖV 1997, S. 353 ff. (356).

97 *Däubler*, Privatisierung als Rechtsproblem, S. 78.

98 *Ehlers*, Verwaltung in Privatrechtsform, S. 123;

99 Hierzu zählen bspw. die Selbstorganisation des Staates, der Selbstschutz des Staates im Inneren und nach außen, die Gefahrenvorsorge, der Justizgewähranspruch und seine Durchsetzung im Wege der Zwangsvollstreckung, siehe *Peine*, DÖV 1997, S. 353 ff. (355).

100 Im Regelfalle steht die Organisationsgewalt der Exekutive zu; wird durch Schaffen neuer Verwaltungsträger in Rechte von Bürgern eingegriffen, so ist ein förmliches Gesetz erforderlich, vgl. *Chotjewitz*, Organisationsgewalt, S. 40 f.; *Giemulla/Jaworsky/Müller-Uri*, Verwaltungsrecht, Rn. 116.

101 Mit Blick auf die Handlungsform ausdrücklich VerfGH NW, NWVBl. 1992, S. 14 ff. (15).

an der Gründung privatrechtlicher Ethik-Kommissionen beteiligen[102]. Allerdings stellt sich die Frage, ob auf diese Weise ins Leben gerufene Ethik-Kommissionen „nach Landesrecht" gebildete Kommissionen wären. Anders als juristische Personen des öffentlichen Rechts entstehen juristische Personen des Privatrechts gerade nicht durch einen (öffentlich-rechtlichen) Rechts- bzw. Kreationsakt, sondern beruhen auf einem (privatrechtlichen) Gründungsakt, der seine Wurzeln in der Privatautonomie hat[103]. Je nach gewählter Rechtsform (z.B. eingetragener Verein, Aktiengesellschaft, Gesellschaft mit beschränkter Haftung) richtet sich die Entstehung der jeweiligen privatrechtlichen Vereinigung nach den einschlägigen *Bundesgesetzen* (z.B. BGB; AktG; GmbHG). Daraus folgt, daß es sich bei Ethik-Kommissionen, die als juristische Personen des Privatrechts durch Gesellschaftsvertrag und anschließender Eintragung ins Handelsregister gegründet[104] würden, auch dann, wenn die Länder hieran beteiligt wären, nicht um im Wege des *Landesrechts* errichtete Kommissionen handeln würde und könnte.

Mithin ist es nicht der Begriff „gebildet", aus dem – bei einer isolierten Betrachtung dieses Begriffes – folgt, daß nur öffentlich-rechtliche Ethik-Kommissionen erfaßt werden sollten. Vielmehr ergibt sich dies aus der Kombination mit dem Begriff „Landesrecht". Nach *Landesrecht* gebildet können nur öffentlich-rechtliche Kommissionen sein. Hätte der Bundesgesetzgeber auch an die Möglichkeit der Gründung privatrechtlich organisierter Ethik-Kommissionen durch die Länder gedacht und deren Voten im Rahmen der Arzneimittelprüfung anerkennen wollen, so hätte er in § 40 Abs. 1 S. 2 AMG etwa formulieren müssen: „von einer durch das Land gebildeten Ethik-Kommission".

Wären aber schon durch die Länder gegründete oder unter Beteiligung der Länder zustandegekommene privatrechtsförmige Ethik-Kommissionen (zwar durch die *Länder* gebildete, aber) nicht nach Landes*recht* gebildete, so muß dies umso mehr für die bereits bestehenden freien Ethik-Kommissionen gelten: Sie sind – als „freie" Kom-

---

102 Zu den verschiedenen Möglichkeiten der Gründung (Gründung in eigener Regie, Gründung in Zusammenarbeit mit gleichberechtigten Privatpersonen) im einzelnen siehe *Ehlers*, Verwaltung in Privatrechtsform, S. 7 ff.

103 *Stern*, Staatsrecht III/1, § 71 I 5, S. 1083.

104 Gemäß §§ 41 Abs. 1 AktG, 11 Abs. 1 GmbHG entstehen Aktiengesellschaft und Gesellschaft mit beschränkter Haftung „als solche", d.h. als juristische Personen noch nicht allein durch den Abschluß des Gesellschaftsvertrages, sondern erst mit ihrer – insoweit konstitutiv wirkenden – Eintragung ins Handelsregister (siehe zu den Entstehungsvoraussetzungen im einzelnen *Kraft/ Kreutz*, Gesellschaftsrecht, S. 40 ff.).

missionen – ohne Beteiligung der Länder gegründet worden, ja jenseits jeglicher staatlicher Einflußnahme entstanden, und daher keine Verwaltungsträger des Landes, geschweige denn „nach Landes*recht* gebildete" Ethik-Kommissionen.

Als keine landesrechtlich gebildeten Ethik-Kommissionen könnten die freien Kommissionen daher das Tatbestandsmerkmal „nach Landesrecht gebildet" überhaupt nur dann erfüllen, wenn der Begriff „gebildet" einer weiten Auslegung in der Bedeutung von „geregelt" zugänglich ist, wenn die Formulierung „nach Landesrecht gebildet" also auch in dem Sinne verstanden werden könnte, daß damit den Ländern die Schaffung eines gesetzlichen Rahmens für die Tätigkeit von Ethik-Kommissionen – öffentlich-rechtlichen wie freien – aufgegeben ist.

Dies ist indes nicht der Fall: Während etwa Formulierungen wie „nach Landesrecht *gebildete*", „nach Landesrecht *errichtete*" oder auch „nach Landesrecht *eingerichtete*" Ethik-Kommissionen auf der einen Seite[105] sowie bspw. „landesrechtlich *geregelte*", „nach Landesrecht *anerkannte*" („*zugelassene*"/„*tätige*") oder auch „landesrechtlichen Vorgaben entsprechende" Ethik-Kommissionen auf der anderen Seite durchaus als jeweils synonymische Formulierungen betrachtet werden könnten, kann bei einer vergleichenden Betrachtung der ersten synonymischen Gruppe mit der zweiten synonymischen Gruppe nicht mehr von einer bloß anderen (und damit austauschbaren) Wortwahl gesprochen werden. Vielmehr kommt ihnen auch eine andere Bedeutung, ein anderer Sinngehalt – nämlich der erstgenannten Gruppe ein organisationsrechtlicher Sinn – zu. Zielen Formulierungen wie „nach Landesrecht geregelt" und ihre synonymischen Wendungen darauf ab, für die Tätigkeit von Ethik-Kommissionen (sowie weitere wesentliche Faktoren wie etwa Aufgabe, Zusammensetzung und Verfahren dieser Gremien) einen rechtlichen Rahmen abzustecken, ihre Tätigkeit in den Grenzen gesetzlicher Vor- und Maßgaben verlaufen zu lassen und ihr damit im weitesten Sinne gleichsam ein rechtliches Gewand „überzuziehen", so hat demgegenüber die Formulierung „nach Landesrecht gebildet" diese Zielrichtung allenfalls mittelbar im Auge. Im unmittelbaren Vordergrund steht die (organisatorische) Bildung des Verwaltungsträgers als solche, mögen dann freilich auch – mehr oder weniger detaillierte – rechtliche Regelungen bezüglich der Tätigkeit des Ver-

105 Zwar haben die Begriffe „gebildet", „errichtet" und „eingerichtet" in der organisationsrechtlichen Terminologie durchaus unterschiedliche Bedeutung (siehe oben S. 22), doch können sie im Einzelfall auch in einem weiten, die anderen Begriffsinhalte umfassenden Sinne gebraucht werden, wie etwa im Falle des Art. 84 Abs. 1 GG, wonach den Ländern die „Einrichtung" der Behörden obliegt, worunter auch die Errichtung zu verstehen ist (vgl. *Trute* in: *von Mangoldt/Klein/Starck*, Bonner GG, Band 3, Art. 84 Rn. 8).

waltungsträgers mit dieser Bildung zwangsläufig einhergehen[106]. Ein Verständnis der Formulierung „nach Landesrecht gebildet“ im Sinne von „landesrechtlich geregelt“ oder vergleichbarer Formulierungen ist folglich vom Wortsinn her nicht gedeckt.

Die grammatische Auslegung des Passus „nach Landesrecht gebildet“ führt nach alledem zu dem Ergebnis, daß zwar die an den Ärztekammern und medizinischen Fakultäten errichteten Ethik-Kommissionen, nicht aber die freien Ethik-Kommissionen die Eigenschaft des landesrechtlichen Gebildetseins und damit das gesetzliche Tatbestandsmerkmal „nach Landesrecht gebildet“ erfüllen.

(2) Entstehungsgeschichte und historischer Kontext

Die Auslegung der Formulierung „nach Landesrecht gebildet“ im Sinne von „öffentlich-rechtlich“ wird insbesondere auch durch die Gesetzgebungsgeschichte der durch das fünfte Gesetz zur Änderung des Arzneimittelgesetzes[107] novellierten Vorschrift des § 40 AMG gestützt. Im Rahmen dieses Gesetzgebungsverfahrens hatten Bundestag und Bundesrat unterschiedliche Fassungen des § 40 AMG ausgearbeitet. Aufgrund der Beschlußempfehlung des Ausschusses für Gesundheit[108] hatte der Bundestag zunächst einen Gesetzentwurf in der – der Fassung des (damals geltenden) § 17 Abs. 6 MPG[109] ähnelnden – Ausschußfassung angenommen[110], welche die Einfügung folgender Nummer 1 a in § 40 Abs. 1 S. 1 AMG vorsah:

§ 40 Abs. 1: Die klinische Prüfung eines Arzneimittels darf bei Menschen nur durchgeführt werden, wenn und solange (...)

„1 a) das schriftliche Votum einer unabhängigen, interdisziplinär besetzten und bei der zuständigen Bundesoberbehörde registrierten Ethik-Kommission vor-

106 So beschränken sich die Vorschriften in den meisten Kammer- und Heilberufsgesetzen auch nicht darauf, zu bestimmen, daß Ethik-Kommissionen errichtet werden, sondern legen zugleich – wenn auch zumeist nicht in hinreichend bestimmter Weise – deren Aufgaben, Zusammensetzung und Verfahren fest (siehe z.B. § 5 a des rheinl.-pfälz. HeilBerG in Abs. 1 S. 2: „Die Ethikkommission berät die Kammermitglieder über ethische und rechtliche Fragestellungen“ und in Abs. 2: „Die Ethikkommission besteht aus vier ärztlichen und drei nichtärztlichen Mitgliedern; ein Mitglied muß die Befähigung zum Richteramt haben“).

107 Vom 9. August 1994, BGBl. 1994 I, S. 2071 ff. (Bekanntmachung der Neufassung des Arzneimittelgesetzes vom 19. Oktober 1994: BGBl. 1994 I, S. 3018 ff.). Zur Gesetzgebungsgeschichte ausführlich *Deutsch*, NJW 1994, S. 2381 ff., und *Pfeiffer*, VersR 1994, S. 1377 ff.

108 BT-Drs. 12/7554, S. 19.

109 Seit Inkrafttreten des 2. MPG-ÄndG am 1. Januar 2002: § 20 Abs. 7 u. 8 MPG.

110 Siehe den stenographischen Bericht der 228. Sitzung am 19.05.1994, S. 19778.

liegt, die den Prüfungsplan mit den erforderlichen Unterlagen, insbesondere nach ethischen und rechtlichen Gesichtspunkten mit mindestens fünf Mitgliedern mündlich beraten hat; eine Registrierung erfolgt nur, wenn in einer veröffentlichten Verfahrensordnung die Mitglieder, die aus medizinischen Sachverständigen und nichtmedizinischen Mitgliedern bestehen und die erforderliche Fachkompetenz aufweisen, das Verfahren der Ethik-Kommission, die Anschrift und eine angemessene Vergütung aufgeführt sind; bei multizentrischen Studien genügt ein Votum."

Der Bundesrat hatte demgegenüber vorgeschlagen, in § 40 Abs. 1 AMG nach Satz 1 folgenden Satz 2 anzufügen[111]:

> „Die klinische Prüfung eines Arzneimittels darf bei Menschen nur begonnen werden, wenn diese zuvor von einer nach Landesrecht gebildeten unabhängigen Ethik-Kommission befürwortend bewertet worden ist; Voraussetzung einer befürwortenden Bewertung ist die Einhaltung der Bedingungen in Satz 01 und 1."

Gesetz geworden ist schließlich die Beschlußempfehlung des Vermittlungsausschusses[112] mit einer Fassung des § 40 AMG, der seiner heute noch geltenden Fassung[113] weitestgehend entspricht.

Angesichts der Tatsache, daß ursprünglich eine der im Medizinproduktegesetz enthaltenen Bestimmung vergleichbare Fassung des § 40 Abs. 1 AMG vorlag, bei der auch die (Stellungnahmen der) freien Kommissionen eindeutig erfaßt worden wären, schließlich aber doch eine Fassung Gesetz geworden ist, die nur die Voten „nach Landesrecht gebildeter" Ethik-Kommissionen anerkennt, stellt sich die Frage, ob Bundesrat und schließlich auch Bundestag die freien Kommissionen von der Abgabe rechtserheblicher Bewertungen ausschließen wollten oder eine andere Absicht verfolgten.

So wäre zum einen denkbar, daß die gesetzgebenden Organe die Landeszuständigkeit gewahrt sehen wollten, und zum anderen, daß der Bundesgesetzgeber die Länder zur Bildung von Ethik-Kommissionen verpflichten wollte.

---

111 BT-Drs. 12/6480, S. 30, u. BR-Drs. 565/93, S. 16.

112 BT-Drs. 12/7996; zur Abstimmung hierüber siehe den stenographischen Bericht der 238. Sitzung am 30.06.1994, S. 21038 f.

113 Eine weitere Änderung erfuhr die Bestimmung des § 40 AMG (in Abs.1 S.1) erst wieder durch die achte Novelle zum Arzneimittelgesetz vom 7. September 1998 (BGBl. 1998 I, S. 2649 ff.), siehe hierzu auch Fn. 233. Zu den Änderungen, welche die Vorschrift durch das 12. Gesetz zur Änderung des Arzneimittelgesetzes erfahren wird, siehe unten D., S. 174 ff. (176).

Die Absicht der Wahrung der Landeszuständigkeit liegt dann nahe, wenn es des Zusatzes „nach Landesrecht gebildet" zur Wahrung der Landeszuständigkeit bedurfte. Bei dieser Frage ist allerdings zu unterscheiden, worauf sich die Landeszuständigkeit möglicherweise beziehen sollte: Auf die Bildung der Ethik-Kommissionen oder aber auf die Regelung der Tätigkeit (Aufgaben, Zusammensetzung und Verfahren) der Ethik-Kommissionen.

Für die Wahrung der Landeszuständigkeit im Hinblick auf die *Bildung* von Ethik-Kommissionen bedurfte es eines Zusatzes wie „nach Landesrecht gebildet" nicht, da den Ländern die Befugnis zur Bildung von Ethik-Kommissionen durch ein Bundesgesetz gar nicht entzogen werden konnte und könnte. Dies folgt aus der eigenen Staatlichkeit der Länder, zu deren Kern auch die Organisationsgewalt gehört: Die Errichtung von Verwaltungsträgern, wozu auch die Ethik-Kommissionen zu zählen sind, ist Teil der Staatsorganisation; diese steht – für das Staatsgebiet des jeweiligen Bundeslandes – in der natürlichen Zuständigkeit des Landes, so daß der Bundesgesetzgeber hier ausgeschlossen ist[114].

Selbst wenn man die Errichtung von Ethik-Kommissionen nicht von diesem Kern erfaßt sähe, so folgte dies doch aus der grundgesetzlichen Kompetenzordnung: Gemäß der „für die bundesstaatliche Struktur unserer Verfassungsordnung grundlegende(n) Vorschrift"[115] des Art. 30 GG ist die Ausübung der staatlichen Befugnisse und die Erfüllung der staatlichen Aufgaben grundsätzlich Sache der Länder, und zwar unabhängig davon, ob Mittel des öffentlichen oder des privaten Rechts verwendet werden[116]. Dieser in Art. 30 GG niedergelegte Grundsatz wird für die Bereiche Gesetzgebung und Verwaltung in den Art. 70 ff. GG und Art. 83 ff. GG konkretisiert.

Zwar ist vorliegend die Mitwirkung von Ethik-Kommissionen im bundesrechtlichen Arzneimittelgesetz verankert worden. Auch hierdurch wurde indes keine Bundeszuständigkeit für die *Bildung* von Ethik-Kommissionen begründet. Zur Regelung der Voraussetzungen für die klinische Arzneimittelprüfung am Menschen einschließlich der Mitwirkung von Ethik-Kommissionen auf diesem Gebiet war der Bundesgesetz-

114 *Schmidt-Bleibtreu/Klein*, GG-Kommentar, Art. 70 Rn. 12; siehe auch BVerfGE 34, S. 9 ff. (20): „Die Länder im Bundesstaat sind nur dann Staaten, wenn ihnen ein Kern eigener Aufgaben als »Hausgut« unentziehbar verbleibt. Was immer im einzelnen dazugehören mag, jedenfalls muß dem Land die freie Bestimmung über seine Organisation (...) verbleiben."

115 BVerfGE 12, S. 205 ff. (244).

116 BVerfGE 12, S. 205 ff. (244; 246).

geber gemäß Art. 74 Abs. 1 Nr. 19 GG („Verkehr mit Arzneien") befugt[117]. Im Bereich der konkurrierenden Gesetzgebung haben die Länder die Kompetenz zur Gesetzgebung, solange *und soweit* der Bund von seiner Gesetzgebungszuständigkeit nicht durch Gesetz Gebrauch gemacht hat (Art. 72 Abs. 1 GG). Soweit bundesgesetzlich also lediglich das Erfordernis der *Mitwirkung* einer Ethik-Kommission im Rahmen der Arzneimittelprüfung bestimmt ist, entfaltet das Bundesrecht schon aufgrund der grundgesetzlichen Kompetenzverteilung im Bereich der konkurrierenden Gesetzgebung mangels eines „Überschneidungsbereiches" keine Sperrwirkung für landesrechtliche Normen, welche die Bildung und Errichtung von Ethik-Kommissionen bestimmen.

Die Wahrung der Landeszuständigkeit für die *Bildung* von Ethik-Kommissionen erforderte nach alledem die Aufnahme des Passus „nach Landesrecht gebildet" in die Vorschrift des § 40 Abs. 1 S. 2 AMG nicht.

Bundesrat und Bundestag könnte es mit der fraglichen Formulierung jedoch um die Wahrung der Landeszuständigkeit für die *Schaffung eines gesetzlichen Rahmens* für die Tätigkeit von Ethik-Kommissionen, also für ihre Aufgaben, ihre Zusammensetzung und ihr Verfahren, gegangen sein. Allerdings verwundert es dann, warum nicht eine Formulierung, welche dieser Absicht auch tatsächlich Rechnung getragen hätte, in § 40 Abs. 1 S. 2 AMG Eingang gefunden hat. Die in einem solchen Fall übliche gesetzliche Regelungstechnik besteht darin, daß in einer gesonderten Bestimmung der Landesgesetzgeber zur Rechtsetzung ermächtigt wird[118]. Demzufolge hätte bei einer Intention der gesetzgebenden Organe, die Landeszuständigkeit für die Schaffung eines gesetzlichen Rahmens für die Ethik-Kommissionen sicherzustellen, eine Formulierung nahegelegen, die im Anschluß an die Normierung des grundsätzlichen Erfordernisses der zustimmenden Bewertung einer – an dieser Stelle noch nicht näher definierten – Ethik-Kommission („von einer Ethik-Kommission zustimmend bewertet") in einem eigenen nachfolgenden Absatz oder Satz etwa bestimmt hätte: „Aufgaben, Zusammensetzung und Verfahren der Ethik-Kommissionen werden

117 Selbst wenn man in den Bestimmungen über die obligatorische Einschaltung von Ethik-Kommissionen im Rahmen der Durchführung klinischer Arzneimittelstudien eine prinzipiell der Gesetzgebungskompetenz der Länder zuzuordnende standesrechtliche Berufsausübungsregelung erblickte, folgte jedenfalls aus dem Aspekt des Sachzusammenhangs die Zuständigkeit des Bundes für eine abschließende Normierung der Voraussetzungen für die Zulassung von Arzneimitteln, vgl. *Schenke*, NJW 1991, S. 2313 ff. (2317).

118 Dies kann in einem eigenen Paragraphen (so z.B. § 21 BBodSchG: „Landesrechtliche Regelungen") oder einem eigenen Absatz oder Satz (so z.B. § 12 Abs. 4 S. 1 BNatSchG) erfolgen.

durch das Landesrecht geregelt", oder: „Das Nähere, insbesondere zur Zusammensetzung und zum Verfahren der Kommissionen, bestimmt das Landesrecht"[119]. Der Umstand, daß eine solche oder vergleichbare Formulierung nicht gewählt wurde, zeigt deutlich, daß der Bundesrat nicht die Sicherung der Landeszuständigkeit zum Erlaß eines gesetzlichen Rahmens für die Tätigkeit von Ethik-Kommissionen beabsichtigte[120].

Eine derartige Absicht (gerade auf Seiten) des Bundesrates unterstellt, stellt sich im übrigen zugleich die Frage, warum die einzelnen Bundesländer nicht schon lange *vor* der arzneimittelgesetzlichen Verankerung von Ethik-Kommissionen parlamentsgesetzliche Bestimmungen über Ethik-Kommissionen erlassen haben, ja erstaunt vielmehr die genau gegenteilige Tatsache, daß im Zeitpunkt der fünften Novellierung des Arzneimittelgesetzes im Jahre 1994 – trotz der weit über zehnjährigen Existenz sowohl öffentlich-rechtlicher als auch freier Ethik-Kommissionen – in keinem einzigen Bundesland ein Ethikkommissions-Gesetz existierte, welches einen rechtlichen Rahmen für die Tätigkeit sowohl der bei den Ärztekammern und medizinischen Fakultäten bestehenden als auch der freien Ethik-Kommissionen geschaffen hätte. Dieses Auseinanderfallen von tatsächlicher Rechtslage (keine Existenz von Ethikkommissions-Gesetzen) und unterstellter Absicht (Wahrung der Landeszuständigkeit für den Erlaß von Ethikkommissions-Gesetzen) erhellt, daß es den gesetzgebenden Organen eben nicht primär um die Wahrung einer Zuständigkeit der Länder zur umfassenden parlamentsgesetzlichen Regelung der Tätigkeit von sowohl öffentlich-rechtlichen als auch freien Ethik-Kommissionen, sondern vornehmlich um den Ausschluß der freien Ethik-Kommissionen ging[121].

---

119 Vgl. insoweit etwa § 8 Abs. 3 des Gesetzes über die Spende, Entnahme und Übertragung von Organen (Transplantationsgesetz) vom 5. November 1997 (BGBl. 1997 I, S. 2631 ff.). Die wesentlichen Passagen (Satz 2 und Satz 4) lauten auszugsweise wie folgt: „Weitere Voraussetzung ist, daß die nach Landesrecht zuständige Kommission gutachtlich dazu Stellung genommen hat, ob (...). Das Nähere, insbesondere zur Zusammensetzung der Kommission, zum Verfahren und zur Finanzierung, wird durch Landesrecht bestimmt".

120 Unklar und ambivalent insoweit *Deutsch*, NJW 1994, S. 2381 ff. (2382), wenn er einerseits sagt: „Der Bundesrat wollte offensichtlich die Landeszuständigkeit gewahrt wissen", an diese Aussage aber unmittelbar anknüpft: „Sein Text bezieht sich auf die an Medizinischen Fakultäten, Medizinischen Hochschulen und Großkrankenhäusern sowie Ärztekammern gebildeten öffentlich-rechtlichen Ethik-Kommissionen".

121 Vgl. *Sträter*, PharmR 1997, S. 337 ff. (339): „Die Bundesländer wollten (...) verhindern, daß sogenannte freie Ethikkommissionen die Aufgaben der Ethikkommissionen der Ärztekammern übernehmen." Da im übrigen bis zum heutigen Tage in keinem Bundesland ein – auch freie Ethik-Kommissionen miteinschließendes – Ethikkommissions-Gesetz existiert, kann daraus wohl nur die Schlußfolgerung gezogen werden, daß die Länder die Bestimmung des § 40

Im Hinblick auf den Gesichtspunkt „Wahrung der Landeszuständigkeit“ ist ja auch folgendes zu bedenken: Landeszuständigkeit bedeutet Zuständigkeit der Bundesländer im Gegensatz zur Zuständigkeit des Bundes. Landeszuständigkeit bedeutet hingegen nicht, daß Einrichtungen, die sich *jenseits* der Zuständigkeit von Bund oder Ländern etabliert haben, nicht in rechtlich relevanter Weise agieren dürfen. Dementsprechend war für die Wahrung der Landeszuständigkeit der Ausschluß der freien Ethik-Kommissionen weder geeignet noch notwendig. Die Landeszuständigkeit konnte vielmehr schon allein über die Nichtbegründung einer *Bundeszuständigkeit* für die Errichtung von Ethik-Kommissionen und/oder für ins Detail gehende Regelungen betreffend ihre Ausgestaltung (also u.a. Aufgaben, Zusammensetzung und Verfahren der Kommissionen) erreicht werden[122].

Dies belegt in anschaulicher Weise die Vorschrift des § 20 Abs. 7 u. 8 (vor dem 2. MPG-ÄndG[123]: § 17 Abs. 7) MPG, welche mit ihrer Registrierungslösung die freien Ethik-Kommissionen in den Kreis der zur Abgabe rechtlich relevanter Stellungnahmen berechtigten Kommissionen aufnimmt, dabei aber die Landeszuständigkeit insofern unberührt läßt, als sie weder den Ländern ihre Zuständigkeit zur Errichtung von Ethik-Kommissionen nimmt (weil nicht nehmen kann) noch die nach Landesrecht gebildeten Ethik-Kommissionen von der Abgabe rechtlich relevanter Voten ausschließt. Diese sind lediglich denselben Bedingungen unterworfen wie die freien Kommissionen, d.h. im Rahmen des Medizinproduktegesetzes zur Abgabe von Voten berechtigt, sofern sie ihrerseits die Voraussetzungen des § 20 Abs. 7 u. 8 MPG erfüllen.

Abs. 1 S. 2 AMG in dem hier verstandenen Sinne dahin verstehen, daß die freien Ethik-Kommissionen ohnehin – selbst bei einer landesrechtlichen Regelung – nicht unter das Tatbestandsmerkmal „nach Landesrecht gebildet“ subsumiert werden könnten, so daß sie aus diesem Grund vom Erlaß von Ethikkommissions-Gesetzen Abstand nehmen.

122 Daraus folgt, daß selbst dann, wenn in § 40 Abs. 1 S. 2 AMG oder anderen bundesgesetzlichen Vorschriften etwa die Voraussetzung aufgestellt würde, daß eine „nach *Bundesrecht* gebildete Ethik-Kommission“ das Forschungsprojekt zustimmend bewertet haben müßte, dies lediglich bedeutete, daß eben nur eine nach bundesrechtlichen Vorschriften gebildete Ethik-Kommission zur Abgabe rechtserheblicher Voten im Rahmen der klinischen Prüfung berechtigt wäre. Auch eine solche Bestimmung nähme den Ländern indes keineswegs die Befugnis, die Bildung von Ethik-Kommissionen bei den Ärztekammern und medizinischen Fakultäten in ihren Kammer- und Heilberufsgesetzen anzuordnen. Diese Kommissionen wären dann lediglich nicht zur Abgabe von rechtserheblichen Stellungnahmen im Rahmen des bundesgesetzlich geregelten Bereiches berechtigt.

123 Siehe hierzu oben S. 3 Fn. 9 u. S. 9 Fn. 34.

Wäre somit der Wahrung der Landeszuständigkeit schon durch die schlichte Nichtbegründung einer Bundeszuständigkeit Rechnung getragen worden, so schießt die arzneimittelgesetzliche Maßgabe, daß die zustimmende Bewertung einer nach Landesrecht gebildeten Ethik-Kommission vorliegen muß, über dieses Ziel hinaus. Denn mit dieser Bestimmung wird nicht die Landeszuständigkeit gesichert, sondern es werden die freien Ethik-Kommissionen von der rechtserheblichen Mitwirkung auf dem Gebiet der Arzneimittelprüfung ausgeschlossen. Die Landes-„Zuständigkeit" konnte und durfte aber nicht im Wege der Begründung einer Monopolstellung der landesrechtlich gebildeten Ethik-Kommissonen, also in der Form „gewahrt" werden, daß nur durch landesrechtliche Bestimmungen ins Leben gerufene Ethik-Kommissionen in rechtlich relevanter Weise auf dem Gebiet der Arzneimittelprüfung mitwirken dürfen[124].

Selbst wenn es aber Bund und Ländern ihrer Intention nach nur um die Wahrung der – sowohl unter dem Aspekt der Bildung von Ethik-Kommissionen als auch unter dem Gesichtspunkt der Regelung ihrer Tätigkeit ohnehin bestehenden – Landeszuständigkeit gegangen sein sollte und sie aus diesem Grund eine deklaratorische Klarstellung derselben für angezeigt hielten, so hätte dies auf anderem Wege als in der tatsächlich erfolgten Form geschehen können und auch müssen. Denn in der konkreten Fassung des § 40 Abs. 1 S. 2 AMG beschränkt sich der Regelungsgehalt des Tatbestandsmerkmals „nach Landesrecht gebildet" gerade nicht auf die Bekräftigung der Landeszuständigkeit. Vielmehr werden, indem dieses Tatbestandsmerkmal zugleich ein Qualifikationsmerkmal, eine tatbestandliche Voraussetzung darstellt, welche Ethik-Kommissionen ihrer Eigenschaft nach von Gesetzes wegen erfüllen müssen, um rechtlich relevante Voten abgeben zu können, alle nicht im Wege des Landesrechts zustandegekommene, also alle nicht unter das arzneimittelgesetzliche Tatbestandsmerkmal „subsumierbare" Ethik-Kommissionen von der Abgabe rechtserheblicher Stellungnahmen ausgeschlossen. Hätte der Bundesgesetzgeber – das gesetzgeberische Ziel der Wahrung bzw. Klarstellung der Landeszuständigkeit für Bildung und Regelung der Ethik-Kommissionen unterstellt – jedenfalls *auch* der Einbeziehung der freien Ethik-Kommissionen Rechnung tragen wollen, so hätte lediglich der Terminus „von einer nach Landesrecht gebildeten" um einen auch die freien

124 So aber explizit *Deutsch*, VersR 1995, S. 121 ff. (122): Der Bundesrat hatte offenbar die Absicht, mit der Landeszuständigkeit die an den Ärztekammern, Medizinischen Fakultäten und Großkrankenhäusern bereits bestehenden („gebildeten") öffentlich-rechtlichen Ethik-Kommissionen auch im Arzneimittelgesetz zu verankern.

Kommissionen eindeutig erfassenden Zusatz wie z.B. „oder einer (bei der zuständigen Behörde registrierten) freien Ethik-Kommission" ergänzt zu werden brauchen[125]. Eine Interpretation des Tatbestandsmerkmals „nach Landesrecht gebildet" in dem Sinne, daß mit diesem Passus lediglich die Landeszuständigkeit gewahrt werden sollte, scheidet, da sich der Regelungsgehalt dieser Formulierung nicht auf dieses Ziel beschränkt, nach alledem aus.

Es wäre jedoch noch denkbar, daß der Bundesgesetzgeber die Länder zur Bildung von Ethik-Kommissionen *verpflichten* wollte. Dann wäre der Zusatz „nach Landesrecht gebildet" als Gesetzgebungs*auftrag* an die Länder zu verstehen. Gegen eine solche Auslegung spricht indes der – neben der sog. genetischen Interpretation unter dem Auslegungskriterium der im weitesten Sinne „historischen" Interpretation[126] heranzuziehende und zu berücksichtigende – historische Kontext, d.h. die Rechtslage, die der Bundesgesetzgeber bei Erlaß der fünften AMG-Novelle vorgefunden hat, und die sich dadurch auszeichnete, daß aufgrund der an die Musterberufsordnung für Ärzte angelehnten ärztlichen Berufsordnungen der Länder Ethik-Kommissionen an den Ärztekammern bereits gebildet waren[127]. Um die Existenz und Praxis dieser Ethik-Kommissionen wußte der Gesetzgeber der fünften AMG-Novelle[128], denn er war durch die Bundesregierung über die Auswirkungen des Zweiten Gesetzes zur Änderung des Arzneimittelgesetzes unter Einbeziehung der Erfahrungen mit dem Dritten

125 Es könnte auch ausführlicher bestimmt werden: „(...) durch eine nach Landesrecht gebildete oder eine freie Ethik-Kommission zustimmend bewertet worden ist. Eine freie Ethik-Kommission muß, um Bewertungen nach Satz 1 abgeben zu können, bei der zuständigen Behörde registriert sein. Eine Registrierung erfolgt nur, wenn (...)."

126 Während sich die genetische Interpretation mit der Entstehungsgeschichte einer Norm befaßt, stellt die historische Auslegung auf die geschichtliche Entwicklung des Norminhalts ab, vgl. *Achterberg*, Allgemeines Verwaltungsrecht, § 17 Rn. 13-15; *Deckert*, JA 1994, S. 412 ff. (415 f).

127 Die obligatorische Mitwirkung von Ethik-Kommissionen im Rahmen klinischer Versuche am Menschen war bereits 1988 in der Musterberufsordnung für Ärzte festgelegt worden (siehe hierzu im einzelnen S. 135 f.).

128 Für die Zeit *vor* der fünften AMG-Novelle folgert *di Fabio*, Risikoentscheidungen im Rechtsstaat, S. 221, aus dem Wissen des Novellengesetzgebers (i.e. der Gesetzgeber der vorhergehenden AMG-Novellen) um die Praxis der Ethik-Kommissionen, daß dieser gerade wegen dieser Praxis ein staatliches Überwachungsverfahren nicht für notwendig hielt. Für die Interpretation der Formulierung „nach Landesrecht gebildet" in der durch die fünfte AMG-Novelle geänderten Bestimmung des § 40 Abs. 1 AMG ist das Wissensmoment ebenfalls aufschlußreich. Der Gesetzgeber der fünften AMG-Novelle wußte um die Existenz öffentlich-rechtlicher (bei den Ärztekammern und medizinischen Fakultäten gebildeter) *und* freier Ethik-Kommissionen, und verankerte lediglich eine der beiden Gruppen in § 40 Abs. 1 S. 2 AMG.

und Vierten Änderungsgesetz (AMG-Erfahrungsbericht 1993)[129] unterrichtet worden. In diesem Bericht heißt es u.a.: „Die Einschaltung von Ethik-Kommissionen vor Durchführung der klinischen Prüfung und die Organisation der Ethik-Kommissionen richtet sich überwiegend nach Satzungsrecht der Ärztekammern der Bundesländer. Forderungen der Länder nach bundesrechtlicher Verankerung von Ethik-Kommissionen hält die Bundesregierung nicht für zwingend, weil diese *bereits landesrechtlich verankert*[130] sind."

Daraus folgt, daß der in § 40 Abs. 1 S. 2 AMG enthaltene Passus „nach Landesrecht gebildet" – ungeachtet seiner Auslegung im übrigen – nicht als Gesetzgebungs*auftrag*, d.h. als Ermächtigung an den parlamentarischen Landesgesetzgeber zu verstehen ist, sondern als Verweis[131] auf eine schon bestehende (und nicht erst zu schaffende) und zudem offenbar für verfassungsgemäß befundene[132] Rechtslage.

Ein Verständnis der Formulierung „nach Landesrecht gebildet" im Sinne von „bei den Ärztekammern oder medizinischen Fakultäten gebildet" wird im übrigen noch erhärtet durch den Umstand, daß – anders als beim Medizinproduktegesetz – im Rahmen der Novellierung des Arzneimittelgesetzes eine Einflußnahme von außen erfolgt ist, die auf den bewußten Ausschluß der freien Ethik-Kommissionen hindeutet. So brachte nämlich gegen die vom Bundestag vorgeschlagene Fassung der Präsident der Bundesärztekammer in Absprache mit dem Arbeitskreis Medizinischer Ethik-Kommissionen in einem Schreiben an die Mitglieder des Gesundheitsausschusses als auch an den Bundesminister für Gesundheit Bedenken zum Ausdruck[133]. Bundesärztekammer und Arbeitskreis befürchteten „erhebliche, in ihren Konsequenzen nicht

---

129 BT-Drs. 12/5226, S. 20 f.

130 *Hervorhebung* durch die Verfasserin.

131 Ebenso VGH Baden-Württemberg, MedR 2003, S. 109 ff. (114) und *Deutsch*, VersR 1995, S. 121 ff. (123): Verweis auf materielles Landesrecht.

132 Interessant an dem Passus aus dem Bericht ist nämlich, daß, wie der erste der beiden zitierten Sätze erhellt, die Regelung der Ethik-Kommissionen durch Satzungsrecht als (im Sinne der Wesentlichkeitslehre offenbar unproblematische) „landesrechtliche" Verankerung qualifiziert wurde. Dies spricht umso mehr dafür, daß § 40 Abs. 1 S. 2 AMG unter „nach Landesrecht gebildeten" Ethik-Kommissionen aufgrund von Satzungs- und Organisationsrecht errichtete Ethik-Kommissionen versteht.

133 Vgl. *Pfeiffer*, VersR 1994, S. 1377 ff. (1380).

eindeutig überschaubare Eingriffe in das System öffentlich-rechtlicher Ethik-Kommissionen zur Beurteilung der biomedizinischen Forschung am Menschen"[134].

Nach alledem ist auch gemäß der Entstehungsgeschichte und dem historischen Kontext ein Wille des Gesetzgebers der fünften AMG-Novelle dahingehend erkennbar, daß ausschließlich die bei den Ärztekammern und medizinischen Fakultäten gebildeten Ethik-Kommissionen auf dem Gebiet der klinischen Arzneimittelprüfung in rechtserheblicher Weise mitwirken dürfen[135].

(3) Systematik

Aus der Stellung des § 40 Abs. 1 S. 2 AMG im Gesamtgefüge des Arzneimittelgesetzes lassen sich keine Schlüsse ziehen, wie die oben gestellte Frage zu beantworten ist. Aufschluß könnte jedoch ein Vergleich der Sätze 1 und 2 des ersten Absatzes der Bestimmung des § 40 AMG geben. Von Interesse ist insoweit § 40 Abs. 1 S. 1 Nr. 6 AMG, wonach dem Bundesinstitut für Arzneimittel und Medizinprodukte u.a. „das Votum der für den Leiter der klinischen Prüfung zuständigen Ethik-Kommission" vorzulegen ist. Diese im Hinblick auf multizentrische Studien relevante Regelung will bei mehreren in eine multizentrische Arzneimittelstudie eingeschalteten Ethik-Kommissionen eine Eingrenzung dahingehend treffen, daß im Rahmen des arzneimittelgesetzlichen Procedere eben nur die Stellungnahme der für den Prüfungsleiter zuständigen Ethik-Kommission von Bedeutung ist.

Zwar legt die Verwendung des rechtlichen Terminus der Zuständigkeit zunächst nahe, daß hier auf materiell-gesetzliche (etwa satzungsrechtliche) Zuständigkeitsregelungen verwiesen werden sollte. In diesem Sinne (abstrakt) „zuständig" könnten dann nur die an der für den Prüfungsleiter wiederum jeweils zuständigen Ärztekammer oder an der jeweils zuständigen medizinischen Fakultät errichteten Ethik-

134 Siehe den Bericht von *Doppelfeld* über die 12. Jahresversammlung des Arbeitskreises Medizinischer Ethik-Kommissionen in der Bundesrepublik Deutschland am 16. November 1994 in Köln, abgedruckt in *Toellner/Wiesing* (Hrsg.), Wissen–Handeln–Ethik, S. 79 ff. (80).

135 So auch *Stamer*, Die Ethik-Kommissionen in Baden-Württemberg, S. 61 Fn. 274: „Hätte der Bundesgesetzgeber (...) die Anhörung privater Kommissionen für ausreichend befunden, so hätte eine dem § 17 Abs. 6 MPG entsprechende Fassung Eingang in das Fünfte Gesetz zur Änderung des AMG gefunden. Dafür spricht eindeutig die Gesetzgebungsgeschichte des § 40 Abs. 1 AMG n.F." Vgl. auch *Deutsch*, NJW 1994, S. 2381 ff. (2382): Mit der Fassung des Vermittlungsausschusses sei das bisherige System der institutionellen Ethik-Kommissionen anerkannt worden.

Kommissionen, also eben nur öffentlich-rechtliche und nicht freie oder private Kommissionen sein. Eine örtliche oder sachliche Zuständigkeit im rechtlichen Sinne könnte für freie Ethik-Kommissionen auch nicht mittels einer landesgesetzlichen Regelung festgelegt werden. Eine solche Regelung wäre letztlich auch widersinnig, da sie den freien Ethik-Kommissionen ja gerade ihren Charakter als „freie" Kommissionen nähme, zeichnen sich diese Kommissionen doch auch und gerade durch ihre länderübergreifend vorgenommenen und nicht an die räumlichen Grenzen von Ärztekammern und medizinischen Fakultäten gebundenen Begutachtungen aus.

Es kann jedoch nicht ausgeschlossen werden, daß unter der „zuständigen" Ethik-Kommission auch die vom Leiter der klinischen Prüfung konkret eingeschaltete und damit für ihn zuständig *gewordene* Ethik-Kommission zu verstehen ist, und die gesetzliche Regelung demnach eine konkrete Zuständigkeit im Auge hatte, so daß aus der Bestimmung des § 40 Abs. 1 S. 1 Nr.6 AMG keine Rückschlüsse auf eine bestimmte Interpretation des Tatbestandsmerkmals „nach Landesrecht gebildet" in § 40 Abs. 1 S. 2 AMG gezogen werden können.

Richtungweisend könnte aber eine vergleichende Betrachtung der beiden bundesgesetzlichen Bestimmungen sein, welche die Mitwirkung von Ethik-Kommissionen im Rahmen klinischer Prüfungen am Menschen – der klinischen Arzneimittelprüfung und der klinischen Erprobung von Medizinprodukten – regeln: § 40 Abs. 1 S. 2 AMG auf der einen und § 20 Abs. 7 u. Abs. 8 (vor dem 2. MPG-ÄndG: § 17 Abs. 6 u. 7) MPG auf der anderen Seite. Der Vergleich dieser beiden bundesgesetzlichen Normen wird insbesondere durch die Tatsachen nahegelegt, daß die fünfte Novelle des Arzneimittelgesetzes fast zeitgleich mit dem Erlaß des Medizinproduktegesetzes erfolgte[136] und daß die Vorschriften über die klinische Prüfung bei einer Gesamtbetrachtung einige Gemeinsamkeiten in Struktur und Aufbau zeigen[137]. Angesichts dieser Parallelen ist die Diskrepanz umso auffälliger, welche die beiden Bestimmungen im Hinblick auf die Mitwirkung von Ethik-Kommissionen aufweisen.

136 Fünftes Gesetz zur Änderung des Arzneimittelgesetzes: 9. August 1994; Gesetz über Medizinprodukte: 2. August 1994.

137 §§ 40 AMG, 20 (früher: 17) MPG regeln die allgemeinen, §§ 41 AMG, 21 (früher: 18) MPG die besonderen Voraussetzungen für die klinische Prüfung von Arzneimitteln bzw. Medizinprodukten. Der enumerative Katalog der Voraussetzungen (§ 40 Abs. 1 S. 1 Nr. 1 bis 8 AMG), die erfüllt sein müssen, damit die klinische Arzneimittelprüfung durchgeführt werden darf, entspricht in weiten und wesentlichen Teilen (u.a. ärztliche Vertretbarkeit der Versuchsrisiken, Einwilligung des Versuchsteilnehmers) demjenigen des Medizinproduktegesetzes (§ 20 Abs. 1 Nr. 1 bis 9 MPG).

Zwar könnte der Vergleich der beiden Vorschriften zunächst zu dem Ergebnis führen, daß im Medizinproduktegesetz der – von § 40 Abs. 1 S. 2 AMG abweichende – Weg der Registrierung der Ethik-Kommissionen auf Bundesebene deshalb gewählt wurde, weil das Verfahren selbst mehr von der Landesverwaltung beherrscht wird[138], wohingegen nach der arzneimittelgesetzlichen Regelung das Verfahren keine Angelegenheit der Länder ist, sondern über das Bundesinstitut der Bund im Verfahren mitwirkt, so daß daraus wieder der Schluß gezogen werden könnte, daß im Arzneimittelgesetz vor allem die Landeszuständigkeit mit Blick auf die Ethik-Kommissionen gesichert werden sollte.

Hiergegen spricht aber, daß es, wie bereits oben ausgeführt, zur Wahrung der Landeszuständigkeit keiner „exklusiven", d.h. die freien Ethik-Kommissionen ausschließenden Regelung bedurfte. Das beste Beispiel stellt hierfür die Vorschrift des § 20 Abs. 7 u. 8 (früher: § 17 Abs. 6 u. 7) MPG selbst dar: Mit seinem Registrierungsmodell ermöglicht § 20 Abs. 7 u. 8 MPG den freien Ethik-Kommissionen eine rechtlich relevante Betätigung auf dem Gebiet der klinischen Erprobung von Medizinprodukten *und* (be)wahrt gleichzeitig die Landeszuständigkeit für die Bildung von Ethik-Kommissionen sowie die nähere normative Ausgestaltung ihres Tätigwerdens, indem er eine Registrierung auf Bundesebene vorsieht, welche den nach Landesrecht bei den Ärztekammern und Universitäten gebildeten als auch den freien Ethik-Kommissionen gleichermaßen offen steht[139]. Darüber hinaus legt § 20 Abs. 8 MPG zwar gewisse Anforderungen an die Beschaffenheit der Kommissionen fest, doch lassen diese noch Raum für eine nähere Ausformung der öffentlich-rechtlichen Kommissionen etwa durch Satzungsrecht[140]. § 20 Abs. 7 u. 8 MPG schließt mithin die freien

138 § 20 Abs. 7 S. 4 MPG räumt im Unterschied zu § 40 Abs. 1 S. 2 i.V.m. S. 3 AMG nicht dem Bundesinstitut für Arzneimittel und Medizinprodukte, sondern der „zuständigen Behörde", d.h. einer Landesbehörde, die Befugnis zu einer „gegenteiligen Entscheidung", also der Sache nach einem Widerspruch gegen die Versuchsdurchführung ein.

139 So haben sich denn auch alle bei den Ärztekammern und Universitäten bestehenden Ethik-Kommissionen beim Bundesinstitut für Arzneimittel und Medizinprodukte registrieren lassen (www.bfarm.de/de/Medizinprodukte/klin_ethik/ethik/index.php?more=ethikkom.php).

140 So ist (z.T. übereinstimmend, z.T. voneinander abweichend) in den Kammer- bzw. Heilberufsgesetzen der Länder bestimmt, daß durch Satzung neben den Aufgaben und der Zusammensetzung der Ethik-Kommissionen auch – und insoweit über die Vorgaben in § 20 Abs. 8 MPG hinausgehend – Regelungen zu treffen sind insbesondere über folgende Punkte: Das Verfahren zur Berufung der Kommissionsmitglieder (so z.B. § 5 Abs. 2 Ziff. 3 bad.-württ. KammerG und § 5 Abs. 2 Ziff. 3 SHKG), die Anforderungen an die Sachkunde, die Unabhängigkeit und die Pflichten der Mitglieder (so u.a. § 6 a Abs. 1 Ziff. 3 hess. HeilBerG), die Geschäftsführung und die Aufgaben des Vorsitzenden (so u.a. § 7 Abs. 1 Ziff. 6 u. 7 HeilBerG Meckl.-Vorp.), die Kosten des Verfahrens (so u.a. § 11 a Abs. 1 Ziff. 8 HeilBerG Bremen), die Entschädigung

Ethik-Kommissionen in den Kreis der zur Abgabe rechtserheblicher Stellungnahmen befugten Kommissionen ein, ohne die öffentlich-rechtlichen Kommissionen auszuschließen oder die sie betreffenden landesrechtlichen Bestimmungen hinfällig werden zu lassen.

Der Vergleich der beiden Vorschriften (§ 40 Abs. 1 S. 2 AMG einerseits, § 20 Abs. 7 u. 8 MPG andererseits) führt nach alledem zu dem Ergebnis, daß im Arzneimittelgesetz anders als im Medizinproduktegesetz nur die öffentlich-rechtlichen Kommissionen in die Lage versetzt werden sollten, rechtlich relevante Voten abzugeben.

(4) Sinn und Zweck

Die teleologische[141] Auslegung stellt auf den Sinn und Zweck einer Vorschrift, die „ratio legis", ab. Sinn und Zweck der in § 40 Abs. 1 AMG statuierten Voraussetzungen für die Zulässigkeit einer klinischen Prüfung von Arzneimitteln ist der Schutz von Leben, Gesundheit und Selbstbestimmung der Studienteilnehmer. Auch die beratend-kontrollierende Mitwirkung von Ethik-Kommissionen ist diesem Schutz zu dienen bestimmt.

Fraglich ist demgegenüber, ob auch die Begrenzung der mitwirkungsbefugten Ethik-Kommissionen auf solche, die nach Landesrecht gebildet worden sind, ebenfalls im Interesse und zum Schutz der Probanden erfolgte. Selbst unter Zugrundelegung dieser Prämisse ergeben sich jedoch kaum bestimmte Schlußfolgerungen im Hinblick darauf, wie der Terminus „nach Landesrecht gebildet" zu interpretieren ist. Fest steht nur, daß nicht irgendwelche beliebigen Ethik-Kommissionen zur Mitwirkung berechtigt sind, sondern nur solche, die das Merkmal des landesrechtlichen Gebildetseins erfüllen.

---

der Mitglieder (so z.B. § 7 Abs. 1 Ziff. 10 HeilBerG Brandenburg und § 7 Abs. 1 Ziff. 9 nordrh.-westf. HeilBerG), die Haftung (so u.a. § 6 Abs. 2 Ziff. 11 schlesw.-holst. HeilBerG) die Dauer der Berufung (so § 4 c Abs. 2 Ziff. 8 Berliner Kammergesetz), die Anerkennung von Voten anderer nach Landesrecht gebildeter Ethik-Kommissionen (so u.a. § 5 a Abs. 3 Ziff. 7 rheinl.-pfälz. HeilBerG), die Veröffentlichung der Entscheidungen (so z.B. § 7 Abs. 1 Ziff. 11 HeilBerG Brandenburg und § 5 Abs. 2 Ziff. 7 KGHB-LSA), die Berichterstattung im Rahmen des Jahresberichts der Kammer (so § 10 Abs. 2 Ziff. 8 niedersächs. HKG), die Bekanntgabe von Sondervoten (so z.B. § 15 e Abs. 1 Ziff. 11 hamburg. Ärztegesetz), das Verfahren zur Bildung und Korrektur der Voten (so § 17 f Abs. 1 Ziff. 2 Thür. HeilBerG).

141 Der Begriff „teleologisch" ist eigentlich unrichtig. Im griechischen Wort „telos" (Ziel) seinen Ursprung habend, müßte richtigerweise von „telologischer" Auslegung gesprochen werden.

Gegen die – grundsätzlich denkbare – Annahme, Sinn und Zweck der Begrenzung sei, zum Schutz der Probandenrechte den Kreis der zur Abgabe rechtlich relevanter Voten befugten Ethik-Kommissionen auf im eigentlichen Sinne „qualifizierte" Kommissionen, d.h. auf solche (öffentlich-rechtlichen wie freien) Kommissionen zu beschränken, welche landesrechtlichen, einen rechtlichen Rahmen für die Ethik-Kommissionen schaffenden Vorgaben entsprechen, und mithin alle diejenigen Ethik-Kommissionen von der rechtserheblichen Bewertung klinischer Arzneimittelprüfungen auszuschließen, welche hinter den landesrechtlich vorgegebenen Kriterien „zurückbleiben", spricht jedoch das anhand der anderen Auslegungskriterien gewonnene Ergebnis. Wie nämlich die grammatische, die genetisch-historische und zum Teil die systematische Auslegung erhellt haben, bezweckt die Formulierung „nach Landesrecht gebildet", den Kreis der Kommissionen, deren zustimmende Bewertung für die Durchführbarkeit von Arzneimittelstudien erforderlich ist, auf die bei den Ärztekammern und medizinischen Fakultäten eingerichteten Ethik-Kommissionen zu beschränken. Ob diese Beschränkung im Interesse und zum Schutz der Probanden erfolgte und objektiv hierzu geeignet war, ist allerdings zweifelhaft; denn ob der Probandenschutz nur oder jedenfalls besser durch die Einschaltung öffentlich-rechtlicher Ethik-Kommissionen erreicht wird, ist gerade fraglich[142] und im Schrifttum umstritten[143].

(5) Ergebnis der Auslegung

Grammatische und genetisch-historische Auslegung sowie der systematische Vergleich mit der nahezu zeitgleich erlassenen, doch in Bezug auf die Mitwirkung von Ethik-Kommissionen anders gefaßten Parallelbestimmung im Medizinproduktegesetz sprechen insgesamt überwiegend für einen Ausschluß der freien Ethik-Kommissionen durch die Vorschrift des § 40 Abs. 1 S. 2 AMG und für eine bundesgesetzliche Anerkennung der öffentlich-rechtlichen Organisation der Ethik-Kommissionen durch Landesrecht[144].

---

142 Siehe hierzu noch unter C.I.2.b), S. 114 ff. (115 ff.).

143 Bejahend z.B. *Classen*, MedR 1995, S. 148 ff. (148); *Deutsch* in: Festschrift für Bydlinski, S. 105 ff. (108) u. NJW 1995, S. 752 ff. (754); *Stamer*, Die Ethik-Kommissionen in Baden-Württemberg, S. 78; *Stock*, Probandenschutz, S. 91. Verneinend z.B. *Becker-Platen*, Die Kammern der freien Heilberufe, S. 170; *Pfeiffer*, ZRP 1998, S. 43 ff. (46); *Rupp*, UTR 12 (1990), S. 23 ff. (50 ff.); *Schenke*, NJW 1996, S. 745 ff. (749 ff.); *Tiedemann*, ZRP 1991, S. 54 ff. (56 f. u. 59).

144 So im Ergebnis auch *Becker-Platen*, Die Kammern der freien Heilberufe, S. 161 (Die Regelung in § 40 AMG habe dazu geführt, daß die Landesgesetzgeber die Bildung der Ethik-Kom-

Daraus folgt, daß selbst bei Vorliegen eines durch die Länder geschaffenen gesetzlichen Rahmens für die Tätigkeit freier Ethik-Kommissionen etwa in Gestalt eines Ethikkommissions-Gesetzes diese Kommissionen ebensowenig „nach Landesrecht gebildete" Kommissionen darstellen würden wie in dem ebenso denkbaren Fall, daß die freien Ethik-Kommissionen – aufgrund einer durch den Landesgesetzgeber in Anlehnung an das bundesgesetzliche Modell in § 20 Abs.7 u. 8 MPG vorgesehenen Registrierungslösung – bei der landesrechtlich bestimmten Landesbehörde registriert wären.

Das Unterlassen des Landesgesetzgebers ist folglich nicht ursächlich dafür, daß freie und private Ethik-Kommissionen keine gültigen Voten im Rahmen der Arzneimittel-

---

missionen den Kammern und medizinischen Fakultäten der Universitäten zugeordnet hätten), und S. 168 („Mit der Monopolisierung der Ethik-Kommissionen bei den Kammern und medizinischen Fakultäten im Rahmen des § 40 AMG [...]"); *Classen*, MedR 1995, S. 148 ff. (148); *Doppelfeld*, Jahrbuch, S. 121 ff. (130: „Gemäß dieser Vorgabe haben die Bundesländer inzwischen durch Novellierung der Heilberufsgesetze und/oder der Universitätsgesetze klargestellt, daß nach Landesrecht gebildete Ethik-Kommissionen jene Kommissionen sind, die bei den Medizinischen Fakultäten oder den Ärztekammern eingerichtet wurden"); *Laufs/Uhlenbruck*, Handbuch des Arztrechts, § 130 Rn. 18 (Mit der fünften Novelle zum AMG habe sich „das öffentlich-rechtliche System durchgesetzt. Anders als nach dem [...] Medizinproduktegesetz [...] gelten nunmehr allein die Bescheide von Kommissionen der Ärztekammern und der Universitäten"); *Morsey*, Die Regulierung der biomedizinischen Forschung, S. 167, und *ders.* in: *Wagner* (Hrsg.), Rechtliche Rahmenbedingungen für Wissenschaft und Forschung, Band 3, S. 13 ff. (56: „Das Erfordernis der landesgesetzlichen Verankerung der dadurch sog. »öffentlich-rechtlichen« Ethik-Kommissionen [...]"); *Morsey*, Die Regulierung der biomedizinischen Forschung, S. 175, und *ders.* in: *Wagner* (Hrsg.), a.a.O., S. 61 („Durch die fünfte Novelle zum Arzneimittelgesetz wurde das öffentlich-rechtliche System von Ethikkommissionen neu eingeführt"); *Schorn*, Medizinprodukte-Recht, M 2-3 Rn. 32 (§ 40 Abs. 1 AMG sei eine „auf öffentlich-rechtliche Ethikkommissionen zugeschnittene Regelung"); *Stock*, Probandenschutz, S. 80 („Durch die Aufnahme in das AMG wurde jedoch festgelegt, daß die Bildung von Ethik-Kommissionen durch die Gesetzgebung der Bundesländer erfolgt. Damit wurde sichergestellt, daß bei entsprechenden landesrechtlichen Vorgaben Ethik-Kommissionen öffentlich-rechtlich organisiert werden müssen, d.h. [...] bei den Landesärztekammern oder den Medizinischen Fakultäten errichtet werden müssen. Verhindert wurde so, daß auch freie Ethik-Kommissionen, d.h. rein privatrechtliche Zusammenschlüsse, die Bewertung eines klinischen Versuchs vornehmen können"). Vgl. für die gleichlautende Bestimmung in § 8 Abs. 2 Nr. 7 TFG auch *von Auer/Seitz*, Transfusionsgesetz, § 8 Rn.14 („Die nach Landesrecht gebildeten Ethik-Kommissionen sind die aufgrund Satzungsrecht bei den Landesärztekammern oder nach Organisationsrecht der Medizinischen Fakultäten an den Universitäten eingerichteten Ethik-Kommissionen"). Mit Blick auf beide Gesetze VGH Baden-Württemberg, MedR 2003, S. 109 ff. (116: Arzneimittel- und Transfusionsgesetz sähen von vornherein nur „durch Landesrecht gebildete" – also öffentlich-rechtliche – Ethik-Kommissionen vor).

prüfung abgeben können. Für die Beeinträchtigung des Grundrechts aus Art. 12 Abs. 1 GG ist vielmehr die Vorschrift des § 40 Abs. 1 S. 2 AMG selbst kausal.

Selbst wenn jedoch entgegen der hier vertretenen Auffassung die Formulierung „nach Landesrecht gebildet" im Sinne von „landesrechtlich geregelt" verstanden werden könnte, änderte dies am Eingriffscharakter der Bestimmung des § 40 Abs. 1 S. 2 AMG nichts. Dies ergibt sich aus folgender Überlegung: Allein durch eine Deutung der Formulierung „nach Landesrecht gebildet" im Sinne von „landesrechtlich geregelt" oder durch ein weites Verständnis des Begriffes „gebildet", der auch die „Bildung" freier Ethik-Kommissionen umfaßte – im folgenden soll der Einfachheit halber von „weiter Auslegung" gesprochen werden –, würde noch kein Rechtszustand dahingehend geschaffen, daß nunmehr auch die Voten der freien Ethik-Kommissionen anerkannt würden. Dies wäre erst und nur dann der Fall, wenn der Landesgesetzgeber einen rechtlichen Rahmen für die Tätigkeit der freien Ethik-Kommissionen schüfe. Allein über den Zwischenschritt des Tätigwerdens des Landesgesetzgebers, nur „vermittels" des Landesgesetzgebers könnte – bei weiter Auslegung des § 40 Abs. 1 S. 2 AMG – auch diesen Kommissionen der Weg zur Abgabe eines rechtserheblichen Votums eröffnet werden.

Dies legt zunächst den Gedanken nahe, daß, wäre eine weite, die freien Ethik-Kommissionen nicht a priori ausschließende Interpretation des § 40 Abs. 1 S. 2 AMG möglich, nicht mehr diese Vorschrift, sondern der jeweilige Landesgesetzgeber durch gesetzgeberische Untätigkeit das faktische Monopol der öffentlich-rechtlichen Ethik-Kommissionen herbeigeführt hätte und dadurch in das Grundrecht der freien Ethik-Kommissionen aus Art. 12 Abs. 1 GG eingriffe. Eine derartige Sichtweise scheiterte nicht etwa daran, daß in einem gesetzgeberischen Unterlassen per se kein Grundrechtseingriff liegen könnte; nicht nur durch positives Tun, sondern auch durch Unterlassen kann vielmehr in Grundrechte eingegriffen werden[145]. Eine solche Sichtweise griffe indes für eine so exzeptionelle rechtliche Konstellation, wie sie durch § 40 Abs. 1 S. 2 AMG geschaffen wird, zu kurz: Selbst eine weite Auslegung der Formulierung „nach Landesrecht gebildet" änderte nämlich nichts daran, daß es sich hierbei um ein Tatbestandsmerkmal des § 40 Abs. 1 S. 2 AMG handelt, um eine tatbestandliche Voraussetzung, auf deren Verwirklichung die freien Ethik-Kommissionen selbst keinen Einfluß haben, deren Erfüllung nicht von ihnen selbst abhängt,

145 *Höfling* in: *Sachs* (Hrsg.), GG-Kommentar, Art. 1 Rn. 90; *Stern*, Staatsrecht III/1, § 73 III 7, S. 1283 ff. (1287 f.).

sondern nur über den Zwischenschritt des Tätigwerdens des Landesgesetzgebers verwirklicht werden kann.

Der normative Eingriff der arzneimittelgesetzlichen Bestimmung liegt, eine weite Auslegung des fraglichen Passus in § 40 Abs. 1 S. 2 AMG unterstellt, darin, daß sich das Tatbestandsmerkmal „nach Landesrecht gebildet“ seinem Regelungsgehalt nach nicht darin erschöpft, dem Landesgesetzgeber die Schaffung eines gesetzlichen Rahmens für die Tätigkeit von Ethik-Kommissionen aufzutragen oder zuzuweisen, sondern daß es sich bei diesem Merkmal zugleich um eine (Beschaffenheits-)Voraussetzung der Ethik-Kommissionen dergestalt handelt, daß die Kommissionen die Voraussetzung des landesrechtlichen Gebildet- im Sinne von Geregeltseins zwingend erfüllen müssen, um rechtserhebliche Bewertungen abgeben zu können.

Da die Bestimmung des § 40 Abs. 1 S. 2 AMG als solche die rechtliche Relevanz der Kommissionsvoten von der Voraussetzung des landesrechtlichen Gebildet- im Sinne von Geregeltseins abhängig macht, greift sie selbst in die Berufsfreiheit der freien Ethik-Kommissionen ein, und zwar, da es sich bei diesem Erfordernis zudem um eine außerhalb des eigenen Machtbereiches der Ethik-Kommissionen stehende – und damit objektive – Voraussetzung handelt, in der Weise, daß sie selbst eine objektive Zulassungsschranke für die Tätigkeit der freien Ethik-Kommissionen aufstellt.

Wenn eine Norm wie hier § 40 Abs. 1 S. 2 AMG an die Eigenschaft von Ethik-Kommissionen, um rechtserhebliche Bewertungen abgeben zu können, Anforderungen stellt, die von einer Gruppe, den öffentlich-rechtlichen Kommissionen, gleichsam „automatisch“[146], von der anderen Gruppe, den freien und privaten Kommissionen, jedoch nur – eine weite Auslegung der fraglichen Formulierung vorausgesetzt – durch eine gesetzgeberische Aktivität des Landesgesetzgebers erfüllt werden können, so ist es diese Bestimmung selbst, welche durch die Aufstellung de facto nur die eine der beiden Gruppen treffender objektiver Zulassungsschranken die Entstehung eines Art. 12 Abs. 1 GG beeinträchtigenden faktischen Verwaltungsmonopols herbeiführt, und nicht, zumindest nicht primär, das Unterlassen des Landesgesetzgebers.

146 Die Ethik-Kommissionen an den Ärztekammern und Universitäten sind allein kraft ihrer Entstehung aufgrund öffentlich-rechtlicher Normen (satzungsrechtliche Bestimmungen, zumeist auf der Grundlage der landesrechtlichen Kammer- und Heilberufsgesetze) stets und unmittelbar, d.h. ohne einen weiteren Zwischenschritt, „nach Landesrecht gebildete“ Ethik-Kommissionen, vgl. oben S. 23.

Im Ergebnis kann daher festgehalten werden, daß die Vorschrift des § 40 Abs. 1 S. 2 AMG dadurch, daß sie nur den Voten nach Landesrecht gebildeter Ethik-Kommissionen rechtliche Bedeutung beimißt, das Grundrecht der freien Ethik-Kommissionen aus Art. 12 Abs. 1 GG beeinträchtigt.

bb) Objektiv berufsregelnde Tendenz des § 40 Abs. 1 S. 2 AMG

Gesetzliche Vorschriften, welche sich zwar nicht unmittelbar auf die berufliche Betätigung beziehen, die aber infolge ihrer tatsächlichen Auswirkungen geeignet sind, die Berufsfreiheit mittelbar zu beeinträchtigen, sind nach der Rechtsprechung des Bundesverfassungsgerichts dann an Art. 12 Abs. 1 GG zu messen, wenn sie infolge ihrer Gestaltung in einem engen Zusammenhang mit der Ausübung eines Berufes stehen und – objektiv – eine berufsregelnde Tendenz erkennen lassen[147]. Mit dem Kriterium der objektiv berufsregelnden Tendenz hat das Gericht im Interesse effektiven Grundrechtsschutzes die Abhängigkeit dieses Schutzes von der subjektiven Zielrichtung der beeinträchtigenden Maßnahme überwunden[148].

Objektiv berufsregelnde Tendenz weist § 40 Abs. 1 S. 2 AMG insofern auf, als er, obwohl nicht an die freien Ethik-Kommissionen adressiert, gleichwohl objektiv deren Ausschluß von der Abgabe rechtserheblicher Stellungnahmen auf dem Gebiet der Arzneimittelprüfung bewirkt. Zweck der Regelung des § 40 Abs. 1 S. 2 AMG ist zwar nicht eine Unterbindung der Tätigkeit der freien Ethik-Kommissionen; objektiv werden diese aber in ihrer Tätigkeit eingeschränkt, da ihnen ein wesentlicher Bereich ihrer Leistungen, die Begutachtung klinischer Arzneimittelstudien, genommen wird[149].

---

147 BVerfGE 13, S. 181 ff. (185 f.); 70, S. 191 ff. (214); 82, S. 209 ff. (223 f.); ihm folgend VGH Baden-Württemberg, MedR 2003, S.109 ff. (113); VG Stuttgart, MedR 2002, S.159 ff. (160). Allein auf die tatsächlichen Auswirkungen von Vorschriften – ungeachtet ihrer etwaigen „objektiv berufsregelnden Tendenz" – wurde hingegen abgestellt in BVerfGE 46, S. 120 ff. (137) u. 61, S. 291 ff. (308).

148 *Sodan*, SGb 1992, S. 200 ff. (202); kritisch ggü. dem Erfordernis der objektiv berufsregelnden Tendenz, weil hierin einen restriktiven Ansatz sehend, hingegen *Manssen*, Staatsrecht II, Rn. 619, u. *ders.* in: *von Mangoldt/Klein/Starck*, Bonner GG, Band 1, Art. 12 Abs. 1, Rn. 70 ff.

149 Siehe oben S. 5 mit Fn. 20 sowie S. 10 mit Fn. 37 u. 38.

5. Ergebnis

Durch die gesetzliche Bestimmung des § 40 Abs.1 S. 2 AMG wird eine faktische Monopolstellung der bei den Ärztekammern und medizinischen Fakultäten errichteten Ethik-Kommissionen geschaffen. Das so entstandene Verwaltungsmonopol beeinträchtigt die Berufsfreiheit (Art. 12 Abs.1 GG) der freien Ethik-Kommissionen. Die durch die Monopolstellung der öffentlich-rechtlichen Kommissionen begründete mittelbar-faktische Beeinträchtigung der Berufsfreiheit der freien Ethik-Kommissionen ist dem Staat auch zurechenbar.

Es läßt sich daher festhalten, daß durch § 40 Abs. 1 S. 2 AMG ein grundrechtsrelevanter Eingriff in die Berufsfreiheit der freien Ethik-Kommissionen herbeigeführt wird[150].

II. Eingriff in das Grundrecht des Arztes aus Art. 5 Abs. 3 GG durch die Vorschrift des § 40 Abs. 1 S. 2 i.V.m. S. 3 AMG

Um eine klinische Arzneimittelprüfung von Rechts wegen durchführen zu können, braucht der Arzt die – zustimmende oder ablehnende – Bewertung der Studie durch eine nach Landesrecht gebildete Ethik-Kommission. Die ablehnende Kommissionsbewertung berechtigt den Arzt zwar nicht zur Durchführung der klinischen Prüfung, ist jedoch ihrerseits Voraussetzung für die Entscheidungsbefugnis des Bundesinstituts für Arzneimittel und Medizinprodukte. Die Mitwirkung von Ethik-Kommissionen im Vorfeld klinischer Arzneimittelprüfungen ist mithin obligatorisch.

In Bezug auf die obligatorische Mitwirkung von Ethik-Kommissionen könnte § 40 Abs. 1 S. 2 i.V.m. S. 3 AMG unter verschiedenen Gesichtspunkten in die Forschungsfreiheit des Arztes eingreifen: Eingriffsaspekte könnten darin zu sehen sein, daß die arzneimittelgesetzliche Norm die Durchführung der klinischen Arzneimittelprüfung erstens durch das Erfordernis der Mitwirkung einer Ethik-Kommission erschwert, sie zweitens unter ein präventives Verbot dergestalt stellt, daß die Arzneimittelstudie solange unzulässig ist, wie ihre Zulässigkeit nicht durch die zustimmen-

150 Einen Eingriff in die Berufsfreiheit der freien Kommissionen bejahen auch *Becker-Platen*, Die Kammern der freien Heilberufe, S. 170, *Pfeiffer*, ZRP 1998, S. 43 ff. (46), *Schenke*, NJW 1996, S. 745 ff. (747 ff.) und *Stamer*, Die Ethik-Kommissionen in Baden-Württemberg, S. 66 f.; mit Blick auf die standesrechtliche Rechtslage vor der fünften AMG-Novelle: *Rupp*, UTR 12 (1990), S. 23 ff. (51 ff.); *Pfeiffer* in: Festschrift für Salger, S. 699 ff. (705) und VersR 1991, S. 613 ff. (618); *Tiedemann*, ZRP 1991, S. 54 ff. (59).

de Bewertung einer öffentlich-rechtlichen Ethik-Kommission oder durch das Unterbleiben eines Widerspruchs seitens des Bundesinstituts für Arzneimittel und Medizinprodukte herbeigeführt wird, und daß die Norm drittens an den bundesoberbehördlichen Widerspruch die Rechtsfolge der Undurchführbarkeit des Forschungsvorhabens knüpft.

1. Der Schutzbereich des Art. 5 Abs. 3 GG

Ein Eingriff in Art. 5 Abs. 3 GG durch die arzneimittelgesetzliche Regelung setzt zunächst voraus, daß durch den Arzt vorgenommene klinische Arzneimittelprüfungen als Forschungstätigkeit vom Schutzbereich des Art. 5 Abs. 3 GG erfaßt werden.

In Art. 5 Abs. 3 GG wird neben der Kunstfreiheit die Freiheit von Wissenschaft, Forschung und Lehre grundrechtlich verbürgt. Die Formulierung in dieser Verfassungsbestimmung könnte den Eindruck erwecken, als handele es sich bei Wissenschaft, Forschung und Lehre um drei verschiedene Tätigkeitsbereiche. In der Rechtsprechung und Rechtslehre herrscht indes Einigkeit dahingehend, daß Wissenschaft den Oberbegriff der beiden wissenschaftlichen Betätigungsmodalitäten Forschung (= Vorgang der Erkenntnisgewinnung) und Lehre (= Verbreitung der Erkenntnisse), den beiden Komponenten wissenschaftlicher Tätigkeit, bildet[151].

Wissenschaft ist der ernsthafte, auf einem gewissen Kenntnisstand aufbauende Versuch der Ermittlung wahrer Erkenntnisse durch methodisch geordnetes und kritisch reflektierendes Denken[152]. *Forschung* ist das Bemühen um Wahrheit[153], sie stellt als die „geistige Tätigkeit mit dem Ziele, in wissenschaftlicher – methodischer, systema-

151 Vgl. BVerfGE 35, S. 79 ff. (113); AK-GG-*Denninger*, Art. 5 Abs. 3 I, Rn. 13; *Scholz* in: *Maunz/Dürig*, GG-Kommentar, Band 1, Art. 5 Abs. 3, Rn. 85.

152 Vgl. *Scholz* in: *Maunz/Dürig*, GG-Kommentar, Band 1, Art. 5 Abs. 3, Rn. 91. Während das Bundesverfassungsgericht als wissenschaftlich jede Tätigkeit bezeichnet, die „nach Inhalt und Form als ernsthafter planmäßiger Versuch der Wahrheitsermittlung anzusehen ist“ (BVerfGE 35, S. 79 ff.[113]; 47, S. 327 ff.[367]; 90, S. 1 ff.[12]), umschreibt das Bundesverwaltungsgericht Wissenschaft als „das ernsthafte Bemühen, das Gewußte mit dem Wißbaren in Übereinstimmung zu bringen“ (BVerwGE 23, S. 112 ff. [120]).

153 Vgl. BVerfGE 47, S. 327 ff. (367); *Oppermann* in: *Isensee/Kirchhof* (Hrsg.), Handbuch des Staatsrechts, Band VI, § 145 Rn. 41. Siehe andererseits aber auch BVerfGE 61, S. 210 ff. (246): Es gebe keine eindeutige und allgemein anerkannte Definition des Begriffs Forschung, die als Maßstab genutzt werden könnte, um eine Tätigkeit exakt zu qualifizieren und einzuordnen.

tischer und nachprüfbarer – Weise neue Erkenntnisse zu gewinnen"[154], den Vorgang der Erkenntnisgewinnung dar[155]. Entscheidend für das Vorliegen von Forschung ist demzufolge, daß ein „wissenschaftlicher Mindeststandard" eingehalten wird[156] und daß die betreffende Tätigkeit nach dem Forschungsplan der Gewinnung neuer wissenschaftlicher Erkenntnisse dient[157].

Jede Handlung oder Tätigkeit, welche diese Kriterien der Wissenschaftlichkeit erfüllt, fällt folglich in den Schutzbereich des Art. 5 Abs. 3 GG. Dies gilt es nun für die klinische Prüfung von Arzneimitteln, zunächst allgemein und sodann im Hinblick auf zwei besondere Konstellationen, zu untersuchen.

a) Klinische Arzneimittelprüfungen allgemein

Das Arzneimittelgesetz verwendet den Begriff der klinischen Prüfung, ohne ihn inhaltlich näher zu definieren. Die wenig aussagekräftige Legal-„Definition" in § 22 Abs. 2 Nr. 3 AMG bezeichnet als klinische Prüfung die „Ergebnisse der klinischen oder sonstigen ärztlichen, zahnärztlichen oder tierärztlichen Erprobung". Lediglich die Allgemeine Verwaltungsvorschrift zur Anwendung der Arzneimittelprüfrichtlinien[158], die beim Vollzug des Arzneimittelgesetzes Anwendung findet, umschreibt in ihrem vierten Abschnitt die klinische Prüfung als eine „systematische Untersuchung von Arzneimitteln am Menschen, sowohl bei Patienten als auch bei gesunden Probanden, um die Wirkungen und/oder unerwünschten Reaktionen eines Prüfpräparates festzustellen oder zu bestätigen sowie Resorption, Verteilung, Stoffwechsel und

---

154 BVerfGE 35, S. 79 ff. (113).

155 AK-GG-*Denninger*, Art. 5 Abs. 3 I, Rn. 13.

156 Das Erfordernis der Einhaltung eines wissenschaftlichen Mindeststandards folgt daraus, daß Wissenschaft, wie *Alber-Malchow/Steigleder* in: *Wagner* (Hrsg.), Rechtliche Rahmenbedingungen für Wissenschaft und Forschung, Band 1, S. 23 ff. (31) ausführen, dem Auffinden von Wahrheit verpflichtet ist, eine Bestimmung dessen, was im wissenschaftlichen Sinne wahr ist oder nicht, sich aber nur anhand des Weges beurteilen läßt, den der Wissenschaftler bei seiner Suche nach der Wahrheit beschritten hat. Wissenschaftliche Wahrheit kann demnach nur auf wissenschaftlichem Wege gewonnen werden, d.h. der Weg als solcher muß wissenschaftlichen Standards genügen.

157 Vgl. *Krüger* in: *Flämig et al.* (Hrsg.), Handbuch des Wissenschaftsrechts, S. 261 ff. (263); *Starck* in: *von Mangoldt/Klein/Starck*, Bonner GG, Band 1, Art. 5 Abs. 3, Rn. 331.

158 Bekanntmachung der Neufassung der Allgemeinen Verwaltungsvorschrift zur Anwendung der Arzneimittelprüfrichtlinien vom 5. Mai 1995 (BAnz. Nr. 96 a vom 20. Mai 1995), abgedruckt bei *Sander*, Arzneimittelrecht, Band 3, Anh. I/26.

Exkretion eines Wirkstoffs zu untersuchen und die Wirksamkeit und Unbedenklichkeit des Arzneimittels zu sichern."

Klinische Prüfung ist demnach die Applikation eines Arzneimittels am Menschen zu dem Zweck, über den einzelnen Anwendungsfall hinaus Erkenntnisse über den therapeutischen oder diagnostischen Wert des Präparates, insbesondere über seine Wirksamkeit und Unbedenklichkeit, zu gewinnen[159]. Entgegen dem – insofern mißverständlichen[160] – Wortlaut ist unter „klinischer Prüfung" nicht ausschließlich die in einem Krankenhaus vorgenommene Prüfung zu verstehen. Vielmehr folgt aus der Vorschrift des § 22 Abs. 2 Nr. 3 AMG, daß es sich hierbei auch um eine sonstige ärztliche oder zahnärztliche Erprobung handeln kann, die durchaus auch in der Praxis eines niedergelassenen Arztes erfolgen kann[161].

Im Arzneimittelrecht ist die klinische Prüfung nach der analytischen und der pharmakologisch-toxikologischen Prüfung die letzte der drei in § 22 Abs. 2 AMG genannten Prüfungen, die erfolgen müssen, damit eine „nach dem Stand der wissenschaftlichen Erkenntnisse" ausreichende Prüfung bejaht werden kann, wie sie § 25 Abs. 2 Nr. 2 AMG für die Zulassung des Arzneimittels auf dem Markt verlangt. Sie wird gewöhnlich in vier Phasen[162] eingeteilt.

Klinische Prüfungen dienen einem über den einzelnen Anwendungsfall hinausgehenden Erkenntniszweck; sie erfolgen entweder als „Humanexperiment" oder als „Heilversuch". Humanexperiment und Heilversuch stellen die beiden Grundtypen der me-

---

159 Vgl. die Grundsätze für die ordnungsgemäße Durchführung der klinischen Prüfung von Arzneimitteln des Bundesministers für Jugend, Familie, Frauen und Gesundheit vom 9. Dezember 1987 (BAnz. 1987, S.16617, Ziff.1.2), abgedruckt bei *Ratzel*, Ärztliches Standesrecht, S. 93 ff.

160 So auch *Ramsauer*, Die staatliche Ordnung der Arzneimittelversorgung, S. 30 f.

161 So explizit die Grundsätze für die ordnungsgemäße Durchführung der klinischen Prüfung von Arzneimitteln des Bundesministers für Jugend, Familie, Frauen und Gesundheit vom 9. Dezember 1987 (BAnz. 1987, S. 16617, Ziff. 1.2), abgedruckt bei *Ratzel*, Ärztliches Standesrecht, S. 93 ff.

162 Phase 1: Verträglichkeitsprüfung an wenigen gesunden Probanden; Phase 2: Wirksamkeitsprüfung an einer begrenzten Zahl von Patienten; Phase 3: Wirksamkeitsprüfung an einer größeren Zahl von Patienten; Phase 4: Planmäßige und langfristige Beobachtung der Arzneimittel hinsichtlich der therapeutischen Wirkung und Nebenwirkung nach der Zulassung (siehe *Lippert*, NJW 1992, S. 2338 f. [2338] sowie ausführlich zu den einzelnen Phasen *Blasius/Müller-Römer/Fischer*, Arzneimittel und Recht in Deutschland, S. 68 ff.).

dizinischen Forschung dar[163]. Wird ein Versuch an Probanden, also an gesunden oder zumindest nicht „einschlägig“, d.h. in Bezug auf das zu erprobende Arzneimittel (oder Medizinprodukt) erkrankten Personen, vorgenommen, so spricht man von einem Humanexperiment[164]. Beim Heilversuch handelt es sich demgegenüber um einen Versuch an einem Patienten, also einer Person, die an einer Krankheit leidet, zu deren Behebung das zu prüfende Arzneimittel (oder Medizinprodukt) angewendet werden soll[165]. Während beim Heilversuch die in einem konkreten Krankheitsfall ins Werk gesetzte therapeutische Absicht im Vordergrund steht („therapeutischer Nutzen“[166]), wird das Humanexperiment vom wissenschaftlichen oder allgemeinen medizinischen Interesse geprägt („wissenschaftlicher Nutzen“)[167]. Das Humanexperiment stellt somit fremdnützige (im Interesse potentieller Patienten, nicht des Probanden erfolgende), der Heilversuch fremd- und zugleich eigennützige (im Interesse potentieller Patienten *und* des einschlägig erkrankten Versuchsteilnehmers erfolgende) Forschung dar.

---

163 *Laufs*, Arztrecht, Rn. 675; *Radau/Losch*, ARSP 3/2000, S. 423 ff. (426). Zusammen mit der Heilbehandlung, welche der individuellen Heilung des Patienten mit anerkannten Verfahren oder Mitteln dient, bilden Heilversuch und Humanexperiment die „Trias“ ärztlichen Wirkens am Menschen, vgl. *Keller*, MedR 1991, S. 11 ff. (13).

164 *Lippert/Adler*, VersR 1993, S. 277 ff. (279). Auch der Begriff „wissenschaftliches Experiment“ ist geläufig. Im folgenden wird jedoch von Humanexperiment gesprochen, da unter den Begriff „wissenschaftliches Experiment“ auch Tierversuche, ja überhaupt alle nach wissenschaftlichen Methoden vorgenommenen Experimente fallen. Allerdings ist der Begriff „Humanexperiment“ inhaltlich ebenfalls weiter als seine im Kontext der vorliegenden Untersuchung verstandene Bedeutung im Sinne von „human*medizinisches* Experiment“, da er vom Wortlaut her auch alle nichtmedizinischen Experimente mit Menschen umfaßt. Zu einer ebenso fragwürdigen wie bedenklichen „pädagogischen“ Studie mit – oder eher „an“ – minderjährigen Schülern und Schülerinnen, die verdeutlicht, daß die Einschaltung von Ethik-Kommissionen nicht nur auf dem Gebiet medizinischer Versuche geboten sein kann, siehe *Sass*, schlesw.-holst. Ärzteblatt 1989, S. 714 ff. (714).

165 Vgl. § 41 vor Nr. 1 AMG: „Auf eine klinische Prüfung bei einer Person, die an einer Krankheit leidet, zu deren Behebung das zu prüfende Arzneimittel angewendet werden soll, findet § 40 Abs. 1 bis 3 mit folgender Maßgabe Anwendung: (...)“.

166 Zum Erfordernis des individual-therapeutischen Nutzens in § 41 Nr.1 AMG ausführlich *Helle/Frölich/Haindl*, NJW 2002, S. 857 ff.

167 *Hart*, MedR 1994, S. 94 ff. (96); *Laufs*, Arztrecht, Rn. 677; zur Abgrenzung Humanexperiment/Heilversuch siehe auch *Koch* in: *Korff* (Hrsg.), Lexikon der Bioethik, Band 2, S. 238 ff. (238), *Rosenau* in: *Deutsch/Taupitz* (Hrsg.), Forschungsfreiheit, S. 63 ff. (70), sowie die „Thorotrast“-Entscheidung des Bundesgerichtshofs, BGHZ 20, S. 61 ff. (66). Bedenken gegen die – in der Praxis nicht immer zutreffende – Differenzierung zwischen therapeutischer und nichttherapeutischer Forschung äußert *Freund*, MedR 2001, S. 65 ff. (67).

Als der medizinischen Forschung zugehörig fallen mithin auch klinische Arzneimittelprüfungen am Menschen in den Schutzbereich des Art. 5 Abs. 3 GG[168].

b) An Hochschulkliniken durchgeführte Arzneimittelprüfungen

Es ist anzunehmen, daß der weitaus größte Teil wissenschaftlicher Arzneimittelstudien an Universitätskliniken durchgeführt wird. An Hochschulkliniken durchgeführte Arzneimittelstudien könnten insoweit, als sie möglicherweise dem Bereich der Krankenversorgung zugeordnet werden können, nicht von Art. 5 Abs. 3 GG, dessen Schutzgut die Freiheit von Wissenschaft, Forschung und Lehre ist, geschützt sein.

Bei der Krankenversorgung handelt es sich um eine den Universitäten vom Staat übertragene Aufgabe. In der Fassung des § 59 HRG vor der seit dem 25. August 1998 geltenden Fassung des Hochschulrahmengesetzes[169] war die Krankenversorgung als eine der staatlichen Aufgaben, welche die Hochschulen wahrnehmen, noch explizit genannt worden[170]. Durch den Wegfall der ausdrücklichen Nennung der ohnehin nicht enumerativen („insbesondere“) Beispiele und damit auch der Erwähnung der Krankenversorgung hat sich am staatlichen Krankenversorgungsauftrag nichts geändert. Denn bei der Krankenversorgung handelt es sich um ein überragend wichtiges Gemeinschaftsgut, für dessen Schutz der Staat von Verfassungs wegen – auch mit Blick auf das Sozialstaatsprinzip (Art. 20 Abs. 1 GG) – Sorge zu tragen hat[171].

Soweit klinische Arzneimittelstudien in der Gestalt von Humanexperimenten erfolgen, haben sie ausschließlich experimentellen Charakter und stehen, da der Arzt hier gerade nicht therapeutisch zur Versorgung Kranker tätig wird, außerhalb des staatlichen Krankenversorgungsauftrags. Als zum Kernbereich medizinisch-wissenschaftlicher Forschung gehörend unterfallen sie der grundrechtlich geschützten Forschungsfreiheit, und zwar unabhängig davon, ob sie an Universitätskliniken, staatlichen Krankenhäusern oder privaten Hospitälern erfolgen[172].

---

168 So auch *Rupp*, UTR 12 (1990), S. 23 ff. (45).

169 Neubekanntmachung dieser Fassung des Hochschulrahmengesetzes (HRG) am 19. Januar 1999, BGBl. 1999 I, S. 18 ff.

170 § 59 Abs. 2 S. 1 HRG a.F. lautete: „Soweit die Hochschulen staatliche Aufgaben wahrnehmen, insbesondere in (...) sowie in der Krankenversorgung, ist eine weitergehende Aufsicht vorzusehen.“

171 BVerfGE 57, S. 70 ff. (99).

172 *Classen*, MedR 1995, S.149; *Stamer*, Die Ethik-Kommissionen in Baden-Württemberg, S.34 f.

Anders verhält es sich mit den an Patienten vorgenommenen Heilversuchen. Da diese neben experimentellen auch therapeutische Elemente aufweisen, werden sie zum Bereich der ärztlichen Behandlung gerechnet[173]. Als zur Krankenversorgung gehörend handelt es sich bei ihnen, soweit sie an Hochschulkliniken vorgenommen werden, um staatliche Aufgaben. Die Bedeutung der Krankenversorgung als einer der Universität übertragenen staatlichen Aufgabe hat rechtliche Folgen für die Stellung der an der Universität tätigen medizinischen Hochschullehrer, soweit sie (auch) in der Krankenversorgung tätig werden: Mit Blick auf die grundrechtlich gewährleistete Forschungsfreiheit gilt, daß der Arzt nicht in vollem Umfang den Schutz des Art.5 Abs.3 GG genießen kann, da dieser an sich nur dessen wissenschaftliche Arbeit in den der Universität gestellten Aufgaben in Forschung und Lehre betrifft und die Organisation der Krankenversorgung nicht in gleichem Umfang den verfassungsrechtlichen Garantien aus Art. 5 Abs. 3 GG unterliegt, wie sie im Rahmen der wissenschaftlichen Tätigkeit des Hochschullehrers gelten[174]. Da sich andererseits aber im Fachbereich Humanmedizin Forschung, Lehre, Ausbildung und Krankenversorgung überschneiden, darf nach Auffassung des Bundesverfassungsgerichts das Grundrecht des medizinischen Hochschullehrers auf Wissenschaftsfreiheit auch bei seiner Tätigkeit in der Krankenbehandlung und -versorgung nicht gänzlich ausgeklammert werden[175].

Darf aber das Grundrecht der Wissenschaftsfreiheit schon bei einer herkömmlichen, mit erprobten Mitteln erfolgenden Krankenbehandlung nicht völlig ausgeklammert werden, so darf es im Rahmen der Durchführung von Heilversuchen mit ihrem – zumindest auch – experimentellen Charakter erst recht (arg. e minore ad maius) nicht außer Betracht bleiben[176].

c) Versuche mit Menschen unter eigenmächtiger Inanspruchnahme fremder Rechte

Führt der Arzt Humanexperimente wie z.B. klinische Arzneimittelprüfungen unter eigenmächtiger Inanspruchnahme fremder Rechte – hier Leben und Gesundheit der Studienteilnehmer – durch, so wäre es denkbar, daß solche Experimente nicht mehr vom Schutzbereich des Art. 5 Abs. 3 GG erfaßt werden[177]. Betreibt der forschende Arzt etwa Forschung „an“ anderen Menschen dergestalt, daß diese – bewußt in Un-

173 *Hart*, MedR 1994, S. 94 ff. (95).

174 BVerfGE 57, S. 70 ff. (96).

175 BVerfGE 57, S. 70 ff. (98 f.).

176 So auch *Stamer*, Die Ethik-Kommissionen in Baden-Württemberg, S. 37.

177 Diese Auffassung vertritt dezidiert *Lorenz* in: Festschrift für Lerche, S. 267 ff. (274).

kenntnis über die an ihnen vorgenommenen Versuche belassen – Objekte seines Handelns sind und nicht mehr Subjekte, könnte es von vornherein an einer grundrechtlichen Berechtigung zur Forschung „an“ Menschen fehlen, so daß sich Ärzte bzw. Forscher bei der Durchführung derartiger Experimente, auch wenn ihre Wissenschaftlichkeit als solche nicht in Frage steht, nicht auf die Forschungsfreiheit berufen könnten[178].

Zu einer solchen Sichtweise könnte insbesondere eine Entscheidung des Bundesverfassungsgerichts[179] führen, in der dieses zum Schutzbereich der ebenfalls vorbehaltlos verbürgten Kunstfreiheit ausführt, dessen Reichweite erstrecke sich von vornherein nicht auf die eigenmächtige Inanspruchnahme oder Beeinträchtigung fremden Eigentums zum Zwecke der künstlerischen Entfaltung[180].

Erstreckt sich jedoch – allgemein formuliert – die Reichweite des Schutzbereichs vorbehaltloser Grundrechte von vorneherein nicht auf bestimmte Handlungsweisen, so ist dies nicht zu vereinbaren damit, daß, wie es das Bundesverfassungsgericht mit der sog. „Schrankenformel“ zum Ausdruck bringt, „nur kollidierende Grundrechte Dritter und andere mit Verfassungsrang ausgestattete Rechtswerte (...) mit Rücksicht auf die Einheit der Verfassung und die von ihr geschützte gesamte Wertordnung ausnahmsweise imstande (sind), auch uneinschränkbare Grundrechte in einzelnen Beziehungen zu begrenzen“, und daß sich „dabei auftretende Konflikte (...) nur lösen (lassen), indem ermittelt wird, welche Verfassungsbestimmung für die konkret zu entscheidende Frage das höhere Gewicht hat“[181].

In Abhängigkeit davon, wie die o.g. Aussage des Bundesverfassungsgerichts zur Reichweite der Kunstfreiheit zu interpretieren ist, steht sie im Widerspruch entweder zur ersten oder aber zur zweiten in der Schrankenformel getroffenen Feststellung:

Legt das Bundesverfassungsgericht den Schwerpunkt auf den Begriff „eigenmächtig“, versteht es sodann die „eigenmächtige“ Inanspruchnahme fremder Rechte im Sinne einer „rechtswidrigen“, weil gesetzlich verbotenen Beeinträchtigung fremder

178 *Lorenz* in: Festschrift für Lerche, S. 267 ff. (274).

179 BVerfG, NJW 1984, S. 1293 ff. („Sprayer“-Beschluß).

180 BVerfG, NJW 1984, S. 1293 ff. (1294); zustimmend *Hoffmann*, NJW 1985, S. 237 ff. (239).

181 BVerfGE 28, S.243 ff. (261); vgl. auch BVerfGE 30, S.173 ff. (193) zur Kunstfreiheit; BVerfGE 47, S. 327 ff. (368 ff.) zur Wissenschaftsfreiheit.

Rechte, und sieht es schließlich eben diese (rechtlich verbotene) Beeinträchtigung als nicht vom Schutzbereich des Art. 5 Abs. 3 GG erfaßt an[182], so erhebt sich ein Widerspruch dazu, daß die Schranken formal schrankenloser Grundrechte nur aus der Verfassung selbst hergeleitet werden können, Begrenzungen durch Gesetz hingegen ausgeschlossen sind[183]. Sind aber Begrenzungen durch Gesetz ausgeschlossen[184], dann geht es nicht an, daß die vorbehaltlosen Grundrechte über eine restriktive Interpretation ihres Schutzbereichs, also gleichsam auf indirektem Wege, letztlich doch durch einfachgesetzliche Vorschriften beschränkt werden[185].

Liegt die Betonung indes auf der Wendung: „Ihre Reichweite erstreckt sich aber von vorneherein nicht auf ...", dann erhebt sich ein Widerspruch zur zweiten Aussage der Schrankenformel: Die Ermittlung, welche Verfassungsbestimmung für die konkret zu entscheidende Frage das höhere Gewicht hat, also – bei Grundrechtskonflikten – die „verhältnismäßige Zuordnung" der kollidierenden Grundrechte (sowie überhaupt die gesamte verfassungsrechtliche Rechtfertigung) wird nämlich hinfällig, zieht man den Schutzbereich vorbehaltlos gewährleisteter Grundrechte von vornherein so eng, daß bestimmte Handlungen davon nicht erfaßt (und geschützt) werden.

Werden – ganz allgemein – infolge einer restriktiven Interpretation des grundrechtlichen Gewährleistungsbereichs staatliche Maßnahmen, welche ihrer *Wirkung* nach einen Eingriff in die grundrechtlich geschützte Freiheit darstellen, nicht mehr als *grundrechtsrelevante Eingriffe* in den Schutzbereich des betreffenden Grundrechts qualifiziert, so hätte dies zur Folge, daß sie keiner verfassungsrechtlichen Rechtfertigung mehr bedürften. Durch eine restriktive Interpretation des Schutzbereichs könnte somit das Erfordernis der verfassungsrechtlichen Rechtfertigung des Grundrechtseingriffs umgangen werden. Die Notwendigkeit der Verfassungsmäßigkeit des Eingriffs (mit ihren beiden wesentlichen Aspekten „Vorbehalt des Gesetzes" und „Übermaß-

182 Da es in der fraglichen Entscheidung zur Kunstfreiheit (BVerfG, NJW 1984, S. 1293 ff.) u.a. um die Frage ging, ob Gesetze, die eine Eigentumsbeschädigung mit Strafe bedrohen, gegen die Freiheit der Kunst verstoßen (BVerfG, a.a.O., S. 1294 a.E.), liegt diese Interpretation nahe.

183 Vgl. BVerfGE 47, S. 327 ff. (368) mit Blick auf die Wissenschaftsfreiheit.

184 Einfachgesetzliche Vorschriften vermögen die Wissenschaftsfreiheit nur dann in verfassungsgemäßer Weise zu begrenzen, wenn sie zum Schutz von Grundrechten Dritter oder anderer Rechtswerte mit Verfassungsrang erlassen werden, wenn sie also die Schranken mit Verfassungsrang lediglich konkretisieren bzw. aktualisieren.

185 Vgl. *Waechter*, Staat 1991, S. 19 ff. (48 f.): Der Schutzbereich der Forschungsfreiheit könne nicht durch das einfache Gesetz bestimmt werden.

verbot“) besteht indes für jedweden Eingriff in Grundrechte und kann durch nichts entbehrlich werden[186].

Im Lichte der bundesverfassungsgerichtlichen Schrankenformel kann nach alledem die Reichweite des Schutzbereichs der Wissenschaftsfreiheit nicht nur der spezifischen wissenschaftlichen Betätigung erlaubten Verhaltens gelten[187]. Folglich bedeutet der Eingriff in Rechte Dritter bei der Ausübung der Forschungsfreiheit nicht schon per se, daß die Tätigkeit außerhalb des Schutzbereichs von Art. 5 Abs. 3 GG liegt[188]. Vielmehr ist mit *Trute*[189] danach zu differenzieren, ob die Handlung, durch die in Rechte Dritter eingegriffen wird, erkenntnisrelevant ist oder nicht: Für den Diebstahl von Forschungsmitteln beispielsweise ist die Erkenntnisrelevanz zu verneinen, für das Belauschen von Probanden mit unerlaubten Mitteln mit dem Ziel, eine sozialpsychologische These zu überprüfen und ggf. zu bestätigen, hingegen zu bejahen[190]. Der Schutzbereich der Forschungsfreiheit ist auch beim eigenmächtigen Zugriff auf ein Forschungsobjekt dann nicht verlassen, wenn das Forschungsobjekt, wie *Trute* formuliert, „in den Kontext der erkenntnisrelevanten Operationen eingefügt“[191] ist, wenn also der eigenmächtige Zugriff auf das Forschungsobjekt – sei es ein Mensch, sei es ein Gegenstand – aufgrund der Fragestellung oder der Eigenart des Forschungsvorhabens für den konkreten Erkenntnisgewinn „Mittel zum Zweck“ ist oder gar eine „conditio sine qua non“ darstellt. Mithin ist es die Erkenntnisrelevanz von Handlungen, welche den Schutz der Forschungsfreiheitsgarantie auslöst[192].

Unter Zugrundelegung dieser Differenzierung und im Sinne des Kriteriums der Erkenntnisrelevanz ist die (auch eigenmächtige) Inanspruchnahme der Rechte Dritter,

---

186 So vermag bspw. auch kollidierendes Verfassungsrecht nicht bereits den grundrechtlichen Schutzbereich dergestalt zu begrenzen, daß es das Erfordernis des Vorbehalts des Gesetzes für einen Eingriff in Art. 5 Abs. 3 GG obsolet macht (vgl. *Jarass* in: *Jarass/Pieroth*, Grundgesetz, Vorb. vor Art.1, Rn. 48). Zwar kann die Forschungsfreiheit nicht durch Gesetz, sondern nur durch verfassungsimmanente Schranken beschränkt werden, jedoch kann dies – aufgrund des Vorbehalts des Gesetzes – (rechtstechnisch) wiederum nur „vermittels“ eines Gesetzes geschehen, welches die sich aus der Verfassungs ergebenden Schranken konkretisiert, mit anderen Worten: Die Forschungsfreiheit kann nur *durch* verfassungsunmittelbare Schranken *im Wege* eines Gesetzes beschränkt werden.

187 So aber *Pieroth/Schlink*, Grundrechte, Rn. 626.

188 *Pernice* in: *Dreier* (Hrsg.), GG-Kommentar Band I, Art. 5 III (Wissenschaft) Rn. 30 u. 40.

189 *Trute*, Forschung, S. 150 ff.

190 *Trute*, Forschung, S. 152, 154.

191 *Trute*, Forschung, S. 154.

192 Vgl. *Trute*, Forschung, S. 154.

nämlich von Leben und Gesundheit der Probanden, im Rahmen medizinischer Versuche am Menschen erkenntnisrelevant und mithin vom Schutzbereich der Forschungsfreiheit umfaßt.

d) Ergebnis

Klinische Arzneimittelprüfungen fallen sowohl in Gestalt von Humanexperimenten als auch von Heilversuchen in den Schutzbereich der Forschungsfreiheit, und zwar auch dann, wenn sie an Hochschulkliniken durchgeführt werden und/oder wenn Rechte Dritter beeinträchtigt werden, sofern die Beeinträchtigung erkenntnisrelevant ist.

2. Eingriff durch Behinderung des Forschungsvorhabens

§ 40 Abs. 1 S. 2 AMG könnte dadurch in die Forschungsfreiheit des Arztes eingreifen, daß er für den Arzt die Verpflichtung begründet, zwecks Erhalts einer Bewertung seines Forschungsvorhabens durch eine nach Landesrecht gebildete Ethik-Kommission eine solche Kommission mit seinem Forschungsvorhaben zu befassen und ein bestimmtes Procedere zu durchlaufen, das im Falle des Nichtvorliegens einer zustimmenden Kommissionsbewertung eine 60-tägige Wartefrist bis zur Entscheidung des Bundesinstituts umfaßt. Indem das Gesetz eine Bewertung durch die Ethik-Kommission fordert, verlangt es auch eine Bewertungsgrundlage und einen Bewertungsvorgang (Begutachtung). Dem Erfordernis der Mitwirkung einer Ethik-Kommission in Gestalt der bewertenden Begutachtung des Vorhabens korrespondiert ein aktives Verhalten auf Seiten des Arztes, nämlich die Verpflichtung, eine nach Landesrecht gebildete Ethik-Kommission einzuschalten und ihr prüffähige Unterlagen[193] vorzulegen, welche als Beurteilungsgrundlage dienen sollen. Zwischen Arzt und Ethik-Kommission soll und wird es zwangsläufig zum Dialog über das geplante Forschungsvorhaben kommen, zumal zwischen den beiden Eckpunkten der zustimmenden und der ablehnenden Bewertung der Studie mehrere Variationsmöglichkeiten dergestalt liegen können, daß die Ethik-Kommission sie grundsätzlich befürwortet, jedoch an Bedingungen oder Auflagen knüpft[194]. Die Bandbreite der Kommissions-

193 Exemplarisch sei auf die von der Ethik-Kommission der medizinischen Fakultät der Albert-Ludwigs-Universität Freiburg geforderten Antragsunterlagen hingewiesen, welche bei *Tettenborn*, Profil und Effizienz einer Ethik-Kommission, S. 104 ff., abgedruckt sind. Ein Muster eines Antragsformulars findet sich auch bei *Deutsch/Lippert*, Ethik-Kommission und klinische Prüfung, S. 5 f.

194 *Deutsch*, VersR 1999, S. 1 ff. (5).

entscheidung bedingt zwangsläufig eine gegenseitige Rücksprache zwischen Arzt und Ethik-Kommission. Diese wechselseitige Interaktion, an der es in dieser Form im Verhältnis zwischen Arzt und Bundesinstitut fehlt[195], wird am besten durch den Begriff der „Beratung“ erfaßt[196].

In dieser obligatorischen Beratung des Arztes durch eine Ethik-Kommission liegt insofern ein Eingriff in die Forschungsfreiheit des Arztes, als er in der Durchführung seiner geplanten Studie behindert wird: Die Einschaltung und Mitwirkung einer externen Instanz bedeutet für den Arzt in jedem Fall ein „Mehr“ an bürokratischem, dokumentarischem und zeitlichem Aufwand[197], so daß mit der Beratung auch zeitliche Verzögerungen des Forschungsprojekts regelmäßig einhergehen[198].

Diese Behinderung ist auch ein qualitativ eigenständiger Eingriffsaspekt, d.h. sie geht in ihrer Eingriffswirkung nicht darin auf, daß § 40 Abs. 1 S. 2 i.V.m. S. 3 AMG für die Durchführung der Arzneimittelstudie – über die Beratung hinaus – die *zustimmende Bewertung* der Ethik-Kommission oder das Unterbleiben eines bundesober-

---

195 Gemäß § 40 Abs. 1 S. 1 Nr. 6 AMG sind dem Bundesinstitut verschiedene Unterlagen (u.a. das Votum der Ethik-Kommission) nur „vorzulegen“; es kann innerhalb von 60 Tagen „nach Eingang der Unterlagen“ der Versuchsdurchführung widersprechen. Das diese eher förmliche Beziehung zwischen Arzt und Bundesinstitut übersteigende „Mehr“ an inhaltlicher Interaktion zwischen Arzt und Ethik-Kommission ergibt sich zwar nicht unmittelbar aus dem Wortlaut des § 40 Abs. 1 S. 2 AMG, wohl aber daraus, daß die Beratung des Arztes die originäre Aufgabe der Ethik-Kommissionen darstellt und somit die Mitwirkung von Ethik-Kommissionen stets Beratungscharakter trägt.

196 Der Beratungscharakter der wechselseitigen Interaktion zeigt sich darin, daß Ethik-Kommissionen mit dem Arzt das Gespräch suchen und, wie es *Tettenborn*, Profil und Effizienz einer Ethik-Kommission, S.16, formuliert, „gemeinsam mit ihm urteilen, nicht über ihn hinwegurteilen“.

197 *Yzer/Bruns* in: *Wiesing* (Hrsg.), Die Ethik-Kommissionen, S. 77 ff. (84) sprechen von einem „hohen Verwaltungsaufwand“. Eine Übersicht über die (teilweise nicht unerheblich voneinander abweichenden) Forderungen der an den Ärztekammern eingerichteten Ethik-Kommissionen an Art und Umfang der vorzulegenden Dokumente findet sich bei *Schwendler-Haffke et al.*, Pharm.Ind. 1999, S. 11 ff. (13 f.). Vgl. in diesem Zusammenhang auch *Deutsch*, VersR 1999, S. 1 ff. (2), der darauf hinweist, daß schon die Notwendigkeit, den Forschungsplan einer Ethik-Kommission vorzulegen und hierbei Ausführungen über die ethische und rechtliche Zulässigkeit zu machen, dazu geführt habe, daß Forschungspläne besonders sorgfältig ausgearbeitet würden, sowie *Deutsch*, a.a.O., S. 5 zu den Protesten gegen Ethik-Kommissionen („Übermaß an Dokumentation, Zeit und Geld“; „Störung des Forschungsbetriebes durch Bürokratisierung und Überbürdung der Aufklärungsformulare“).

198 *Laufs/Reiling*, MedR 1991, S. 1 ff. (3); *Schröder*, VersR 1990, S. 243 ff. (251); *Yzer/Bruns* in: *Wiesing* (Hrsg.), Die Ethik-Kommissionen, S. 77 ff. (84).

behördlichen Widerspruchs verlangt. Denn selbst wenn der Arzt die Arzneimittelstudie im Ergebnis durchführen kann, weil die beratende Mitwirkung am Ende in eine zustimmende Bewertung des Forschungsvorhabens durch die Ethik-Kommission mündet oder aber das Bundesinstitut dem Vorhaben nicht widerspricht, wird dem Arzt durch das Erfordernis der beratenden Mitwirkung einer Ethik-Kommission und durch die Wartefrist im Falle eines ablehnenden Votums die Durchführung des Versuchs erschwert. Er wird dann an der Durchführung zwar im Ergebnis nicht gehindert, aber in dieser behindert.

Nach alledem stellt das mit der Bewertungspflichtigkeit klinischer Arzneimittelstudien einhergehende Erfordernis der Beratung des Arztes durch eine nach Landesrecht gebildete Ethik-Kommission (ärztliche Konsultationspflicht) sowie die 60-tägige Wartefrist bei ablehnendem Kommissionsvotum einen Eingriff in die Forschungsfreiheit des Arztes dar. Da ex ante nicht voraussehbar ist, wie „einschneidend" sich die Konsultations- und ggf. Wartepflicht im Einzelfall auswirkt, dürfte es sich bei den prozeduralen Einwirkungen auf den Vorgang der wissenschaftlichen Erkenntnisgewinnung auch nicht um einen bloß marginalen Eingriff handeln[199], als welcher er im Schrifttum oft qualifiziert wird[200]. Darüber hinaus würde auch ein geringfügiger Eingriff den Arzt nicht schutzlos stellen: Das in Art. 5 Abs. 3 GG verbürgte Freiheitsrecht bietet einen durchgreifenden Schutz auch vor verhältnismäßig geringfügigen Beeinträchtigungen[201].

3. Eingriff durch Verbot und Verhinderung des Forschungsvorhabens

Mit der bloßen Einschaltung einer Ethik-Kommission hat es für den Arzt nach dem Arzneimittelgesetz noch nicht sein Bewenden. Anders als einige Bestimmungen in den Kammer- bzw. Heilberufsgesetzen der Länder, welche die Pflicht des Arztes normieren, sich von einer Ethik-Kommission *beraten* zu lassen[202], begnügt sich das

---

199 Kritisch gegenüber dem Hinweis auf die Marginalität des Eingriffs auch *di Fabio*, Risikoentscheidungen im Rechtsstaat, S. 222, sowie *Grupp* in: *Furkel/Jung* (Hrsg.), Bioethik und Menschenrechte, S. 125 ff. (136 f.).

200 Z.B. von *Classen*, MedR 1995, S. 148 ff. (149), *Laufs*, Arztrecht, Rn. 686, und *Stamer*, Die Ethik-Kommissionen in Baden-Württemberg, S. 41; *Schröder*, Kommissionskontrolle, S. 191 f., 198 und VersR 1990, S. 243 ff. (251) spricht von „geringfügigen Belastungen".

201 BVerfGE 47, S. 327 ff. (378); *Laufs/Reiling*, MedR 1991, S. 1 ff. (3).

202 Siehe z.B. § 30 Abs. 4 bad.-württ. KammerG: „Die Mitglieder der Landesärztekammer (...) müssen sich vor der Durchführung klinischer Versuche am Menschen (...) durch eine Ethikkommission (...) beraten lassen", sowie § 32 Ziff. 3 HeilBerG Meckl.-Vorp.: „Die Kammer-

Arzneimittelgesetz nicht damit, daß der Arzt eine Beratung durch die Ethik-Kommission in Anspruch nimmt, sondern verlangt für die Durchführung der Arzneimittelstudie entweder das Vorliegen einer zustimmenden Bewertung der Ethik-Kommission oder aber, falls diese nicht vorliegt, das Unterbleiben eines Widerspruchs seitens des Bundesinstituts für Arzneimittel und Medizinprodukte innerhalb einer Frist von 60 Tagen. Darüber hinaus legt § 40 Abs. 1 S. 3 AMG explizit fest, daß das Bundesinstitut der Versuchsdurchführung widersprechen kann.

Mit seinem Erfordernis der zustimmenden Kommissionsbewertung steht das Arzneimittelgesetz auf einer Linie mit der Richtlinie 2001/20/EG des Europäischen Parlaments und des Rates zur Angleichung der Rechts- und Verwaltungsvorschriften der Mitgliedstaaten über die Anwendung der guten klinischen Praxis bei der Durchführung von klinischen Prüfungen mit Humanarzneimitteln[203]. Gemäß Art. 9 Abs. 1 der

---

mitglieder (...) haben insbesondere die Pflicht, die Beratung der bei der Kammer oder den Fakultäten der Hochschulen gebildeten Ethikkommission (...) in Anspruch zu nehmen".

203 Vom 4. April 2001, ABl. EG Nr. L 121 vom 1.5.2001, S. 34 ff. Gemäß Art. 22 Abs. 1 der Richtlinie hätte diese bereits bis zum 1. Mai 2003 in innerstaatliches Recht umgesetzt werden müssen (zu ihrer Implementierung in deutsches Recht siehe *Bruns et al.*, PharmR 2002, S. 201 ff., sowie *Sickmüller et al.*, Pharm.Ind. 2001, S. 793 ff.; zur Europäisierung des Arzneimittelrechts allgemein siehe *Gassner* in: *Bottke/Möllers/Schmidt* [Hrsg.], Recht in Europa, S. 113 ff.). Im Hinblick auf die Arzneimittelprüfung wurde bereits in Teil 4 Punkt B.1.2. des Anhangs der Richtlinie 91/507/EWG der Kommission vom 19. Juli 1991 (ABl. EG Nr. L 270 vom 26.09. 1991, S. 32 ff.) zur Änderung des Anhangs der Richtlinie 75/318/EWG des Rates vom 20. Mai 1975 (ABl. EG Nr. L 147 vom 09.06.1975, S.1 ff.) zur Angleichung der Rechts- und Verwaltungsvorschriften der Mitgliedstaaten über die analytischen, toxikologisch-pharmakologischen und ärztlichen oder klinischen Vorschriften und Nachweise über Versuche mit Arzneimitteln zunächst bestimmt, daß alle klinischen Studien im Einklang mit den in der geltenden revidierten Fassung der Erklärung von Helsinki niedergelegten ethischen Grundsätzen durchzuführen sind. Weiter wurde für den Sponsor und/oder Prüfer die Pflicht begründet, den Prüfplan, die Beschreibung des Ablaufs der Prüfung und die entsprechende Dokumentation der zuständigen Ethik-Kommission vorzulegen. Gemäß dieser Vorschrift kann mit den Studien erst begonnen werden, wenn die Stellungnahme der Kommission schriftlich vorliegt. Ergänzt wurde diese Richtlinienbestimmung durch die Vorschriften über Ethik-Kommissionen in der vom Ausschuß für Arzneispezialitäten verabschiedeten EG-Leitlinie „Gute Klinische Praxis für die klinische Prüfung von Arzneimitteln in der Europäischen Gemeinschaft". Bei dieser Leitlinie handelt es sich um eine in erster Linie an die pharmazeutische Industrie gerichtete Empfehlung mit dem Ziel, innerhalb der Europäischen Gemeinschaft Grundsätze für die klinische Praxis aufzustellen. Ihr Kapitel 1 befaßt sich mit dem Schutz der an der Prüfung teilnehmenden Personen und der Beratung durch Ethik-Kommissionen. Dort erklärt sie die jeweils geltende Fassung der Deklaration von Helsinki zur anerkannten ethischen Basis für klinische Studien und sieht – neben der Verantwortung des Prüfers für die Garantie der persönlichen Integrität und das Wohlergehen der in die Studie einbezogenen Personen – in der Einbeziehung einer Ethik-Kommission und der Einholung der Einwilligung nach Aufklärung eine unabhängige Bürgschaft (in der engl. Fassung: „independent assurance") dafür, daß die Patienten

Richtlinie kann nämlich mit einer klinischen Prüfung erst begonnen werden, wenn die Ethik-Kommission eine befürwortende Stellungnahme[204] abgegeben hat. Allerdings ist nach der genannten Richtlinienbestimmung zudem Voraussetzung, daß die „zuständige Behörde des betreffenden Mitgliedstaats dem Sponsor keine mit Gründen versehenen Einwände übermittelt hat." Das Arzneimittelgesetz weicht daher insoweit, als § 40 Abs. 1 S. 2 AMG das Erfordernis der zustimmenden Kommissionsbewertung unter den Vorbehalt von § 40 Abs. 1 S. 3 AMG stellt, also nach deutschem Recht die Voraussetzungen der zustimmenden Kommissionsbewertung und des Unterbleibens eines bundesoberbehördlichen Widerspruchs nur alternativ, nicht aber kumulativ erfüllt zu sein brauchen, de lege lata[205] vom im europäischen Gemeinschaftsrecht vorgesehenen Kontrollmechanismus ab.

Eine weitere Abweichung de lege lata besteht darin, daß § 40 Abs. 1 S. 2 AMG nur die Voten „nach Landesrecht gebildeter" Ethik-Kommissionen anerkennt[206], während die Richtlinie die Ethik-Kommission definiert als „ein unabhängiges Gremium in einem Mitgliedstaat, das sich aus im Gesundheitswesen und in nichtmedizinischen Bereichen tätigen Personen zusammensetzt" (Art. 2 Buchst. k). Nach dieser weiten Definition wird jedes Gremium, in dem Mediziner und Nichtmediziner anwesend sind und das die Aufgabe des Schutzes von Rechten, Sicherheit und Wohlergehen der Studienteilnehmer wahrnimmt, als Ethik-Kommission angesehen; es braucht weder

---

und Probanden geschützt sind. Als Empfehlung und damit ein dem „soft law" zugehöriger Akt der EG entfaltet die Leitlinie als solche keine rechtliche Verbindlichkeit.

204 Zu den einzelnen Gesichtspunkten, welche die Ethik-Kommission bei der Ausarbeitung ihrer Stellungnahme zu berücksichtigen hat, siehe Art. 6 Abs. 3 der Richtlinie. Für multizentrische klinische Prüfungen im Hoheitsgebiet *eines einzigen Mitgliedstaates* haben die Mitgliedstaaten gemäß Art. 7 S. 1 der Richtlinie ein Verfahren festzulegen, wonach für den betreffenden Mitgliedstaat ungeachtet der Anzahl der Ethik-Kommissionen eine einzige Stellungnahme abgegeben wird. Für multizentrische klinische Studien, die zugleich *in mehreren Mitgliedstaaten* durchgeführt werden, bestimmt Art. 7 S. 2 der Richtlinie, daß für jeden der betroffenen Mitgliedstaaten jeweils eine einzige Stellungnahme einer Ethik-Kommission abgegeben wird.

205 Im seit April 2003 aufliegenden Entwurf eines (u.a. der Umsetzung der Richtlinie 2001/20/EG dienenden) Zwölften Gesetzes zur Änderung des Arzneimittelgesetzes (Internet-Veröffentlichung: www.bmgs.bund.de/download/gesetze/entwuerfe/AenderungArzneimittelgesetz.pdf) wird die Fassung des § 40 AMG u.a. dahin geändert, daß eine klinische Prüfung eines Arzneimittels am Menschen nunmehr erst zulässig ist, wenn „die zuständige Ethik-Kommission diese (...) zustimmend bewertet und die zuständige Bundesoberbehörde diese (...) genehmigt" hat. Siehe zu diesem Punkt ausführlicher unter C.II.2.b)bb)(4), S. 165 ff.

206 De lege ferenda ändert der Entwurf eines Zwölften Gesetzes zur Änderung des Arzneimittelgesetzes (siehe Fn. 205) die bestehende Rechtslage dahin ab, daß die erforderliche zustimmende Bewertung der Ethik-Kommission nunmehr „bei der nach Landesrecht für den Prüfer zuständigen unabhängigen interdisziplinär besetzten Ethik-Kommission zu beantragen" ist, und daß das Nähere zur Bildung, Zusammensetzung und Finanzierung der Ethik-Kommission durch das Landesrecht bestimmt wird.

bei einer medizinischen Institution oder einer Ärztekammer angesiedelt noch staatlich anerkannt oder registriert zu sein.

Neben dem nationalen Arzneimittelgesetz und den gemeinschaftsrechtlichen Richtlinien sieht auch das vom Europarat in Straßburg am 19. November 1996 verabschiedete und seit dem 4. April 1997 in Oviedo/Spanien zur Unterzeichnung aufliegende Menschenrechtsübereinkommen zur Biomedizin[207] die Überprüfung des Forschungsprojektes auf seine ethische Vertretbarkeit hin vor und verlangt eine *Billigung* des Forschungsvorhabens durch das zuständige Gremium: Forschung an einer Person ist hiernach nur zulässig, wenn u.a. das Forschungsvorhaben von dem zuständigen Gremium gebilligt worden ist, nachdem es einer unabhängigen Prüfung hinsichtlich

---

207 Übereinkommen zum Schutz der Menschenrechte und der Menschenwürde im Hinblick auf die Anwendung von Biologie und Medizin: Menschenrechtsübereinkommen zur Biomedizin (vormals Bioethik-Konvention), Veröffentlichung des allein verbindlichen engl. und franz. Textes in: European Treaty Series Nr. 164, Abdruck der deutschen Übersetzung in: *Bundesministerium der Justiz* (Hrsg.), Das Übereinkommen zum Schutz der Menschenrechte und der Menschenwürde im Hinblick auf die Anwendung von Biologie und Medizin – Übereinkommen über Menschenrechte und Biomedizin – des Europarates vom 4. April 1997, Informationen zu Entstehungsgeschichte, Zielsetzung und Inhalt, Februar 1998. Zur historischen Entwicklung der Konvention siehe *Kamp*, Bioethik-Konvention, S. 3 ff. und *Kern*, MedR 1998, S. 485 ff. (485 f.)

Eine aktuelle Übersicht über die Staaten, welche das Übereinkommen bisher unterzeichnet und ratifiziert haben, ist auf den Internetseiten des Europarates veröffentlicht (http://conventions.coe.int/treaty/EN/cadreprincipal.htm). Für die Bundesrepublik ist das Menschenrechtsübereinkommen (derzeit noch) kein verbindliches Regelwerk. Denn bei seiner Annahme hat sich die Bundesrepublik der Stimme enthalten und dieses bislang auch noch nicht unterzeichnet, da – so die Begründung – das Übereinkommen u.a. in einem wesentlichen Punkt mit der rechtlichen Situation in Deutschland nicht übereinstimme. Er betrifft die fremdnützige Forschung an einwilligungsunfähigen Personen: Während das Menschenrechtsübereinkommen diese Art von Forschung unter bestimmten Voraussetzungen zuläßt, ist sie in Deutschland verboten. Insoweit gilt es jedoch zu bedenken: Durch das Menschenrechtsübereinkommen zur Biomedizin soll in Fortentwicklung der Europäischen Menschenrechtskonvention, im Verhältnis zu welcher es als Spezialübereinkommen qualifiziert wird, ein gemeinsamer europäischer Grundkonsens zu biomedizinischen Fragen hergestellt und vornehmlich in Staaten ohne entsprechende rechtliche Regelungen ein gewisses, strengere nationale Bestimmungen allerdings nicht ausschließendes Mindestschutzniveau eingeführt werden. Selbst wenn also das Übereinkommen in einem oder mehreren einzelnen Punkten nicht mit der Rechtslage in Deutschland übereinstimmt, so werden die sich von dem Übereinkommen unterscheidenden – strengeren – deutschen Vorschriften nicht durch dieses außer Kraft gesetzt. Vielmehr bestimmt das Übereinkommen in seinem Art. 27 ausdrücklich, daß „keine der Bestimmungen dieses Übereinkommens (...) dahingehend ausgelegt werden (darf), daß sie die Möglichkeit einer Vertragspartei, einen über die Bestimmungen dieses Übereinkommens hinausreichenden Schutz im Hinblick auf die Anwendung von Biologie und Medizin zu gewähren, einschränkt oder in anderer Weise berührt." Zur wissenschaftlichen und politischen Kontroverse um das Übereinkommen siehe *Taupitz* in: *Taupitz* (Hrsg.), Menschenrechtskonvention zur Biomedizin, S. 2 ff.

seines wissenschaftlichen Wertes einschließlich einer Einschätzung der Bedeutung des Forschungsziels und einer multidisziplinären Überprüfung der ethischen Vertretbarkeit unterzogen worden ist (Art.16 Ziff.iii des Übereinkommens[208] sowie Art.9 ff. des Zusatzprotokolls hierzu[209]). Hervorzuheben sind die Begriffe und Formulierungen „zuständiges Gremium", „unabhängige Prüfung" und „multidisziplinäre Überprüfung der ethischen Vertretbarkeit". Gemeinsame Standards für die Einrichtung und das Verfahren der für die Überprüfung der ethischen Vertretbarkeit zuständigen Gremien – der Sache nach Ethik-Kommissionen[210] –, wurden in der Konvention allerdings nicht aufgestellt. Sie wären angesichts der zunehmenden grenzüberschreitenden multizentrischen Studien indes vonnöten[211].

Eingriffsqualität könnte der Bestimmung des § 40 Abs. 1 S. 2 i.V.m. S. 3 AMG im Hinblick auf ihre über die obligatorische Beratung hinausgehenden Anforderungen an die Zulässigkeit klinischer Arzneimittelstudien unter zwei Aspekten zukommen:

a) Das vorläufige („präventive") Verbot der Durchführung klinischer Arzneimittelprüfungen mit „Billigungsvorbehalt"

§ 40 Abs. 1 S. 2 AMG stellt die Durchführung klinischer Arzneimittelprüfungen unter den Vorbehalt der zustimmenden Bewertung durch eine Ethik-Kommission bzw. „vorbehaltlich des Satzes 3", sofern eine solche nicht vorliegt, unter den dann und nur in diesem Falle Platz greifenden, insoweit also subsidiären Alternativ-Vorbehalt des Unterbleibens eines Widerspruchs seitens des Bundesinstituts für Arzneimittel und Medizinprodukte, ein Verhalten, welches im folgenden (der sprachlichen Vereinfachung halber) mit den Begriffen „bundesoberbehördliche Widerspruchsabsenz", „bundesoberbehördlicher Widerspruchsverzicht" oder schlicht „bundesoberbehördlicher Nicht-Widerspruch" umschrieben werden soll.

208 Verbindlich ist nur der Wortlaut in engl. und franz. Sprache. Die engl. Fassung lautet: „The research project has been approved by the competent body after independent examination of its scientific merit, including assessment of the importance of the aim of the research, and multidisciplinary review of its ethical acceptability".

209 „Additional Protocol to the Convention on Human Rights and Biomedicine concerning Biomedical Research", Internet-Veröffentlichung unter www.coe.int/T/E/Legal_Affairs/Legal_co-operation/Bioethics/Activities/Biomedical_research/Protocol_Biomedical_research.pdf.

210 Das Übereinkommen selbst spricht – anders als das Zusatzprotokoll – nicht ausdrücklich von Ethik-Kommissionen, doch stellen Gremien, denen die Überprüfung der ethischen Vertretbarkeit eines Forschungsvorhabens obliegt, unabhängig von ihrer Bezeichnung zumindest inhaltlich Ethik-Kommissionen dar.

211 Hierauf weist *Laufs*, NJW 1997, S. 776 ff. (777), hin.

Der Gesetzes*wortlaut*, wonach das Erfordernis der zustimmenden Kommissionsbewertung „vorbehaltlich des Satzes 3" gilt, erweckt zwar den Anschein, als stünde das Erfordernis der zustimmenden Kommissionsbewertung seinerseits unter dem Vorbehalt des bundesoberbehördlichen Widerspruchsverzichts, doch verhält es sich mit der Gesetzes*konstruktion* letztlich genau umgekehrt, da die bundesoberbehördliche Widerspruchsabsenz als zur Versuchsdurchführung berechtigende Voraussetzung erst dann – subsidiär – zum Zuge kommt, wenn das primäre Erfordernis der zustimmenden Kommissionsbewertung nicht vorliegt, sie somit unter dem „Vorbehalt" des Fehlens des zustimmenden Votums steht. Wenngleich also subsidiär Platz greifend, handelt es sich beim Unterbleiben des bundesoberbehördlichen Widerspruchs gleichwohl um eine echte Alternativ-Voraussetzung, da sie den Arzt rechtlich in gleicher Weise wie das zustimmende Kommissionsvotum zur Versuchsdurchführung berechtigt.

Auf den ersten Blick könnte der Vorbehalt, unter den das Arzneimittelgesetz in § 40 Abs. 1 S. 2 i.V.m. S. 3 die Durchführung klinischer Arzneimittelprüfungen stellt, zusammenfassend als „Vorbehalt der zustimmenden Bewertung der klinischen Arzneimittelprüfung" bezeichnet werden. Während diese Bezeichnung mit Blick auf die Ethik-Kommissionen nach dem gesetzlichen Wortlaut ohne weiteres zutrifft, ist es hingegen fraglich, ob auch die auf eine ablehnende Kommissionsbewertung folgende Reaktion des Bundesinstituts für Arzneimittel und Medizinprodukte, namentlich der die Durchführung der klinischen Studie ebenfalls ermöglichende bundesoberbehördliche Widerspruchsverzicht, unter den Begriff der „zustimmenden Bewertung" subsumiert werden kann. Zwar könnte, da der Arzt beim Unterbleiben eines Widerspruchs von Gesetzes wegen ebenso wie bei einem zustimmenden Kommissionsvotum zur Durchführung des Forschungsvorhabens berechtigt ist, die Nichtäußerung des Bundesinstituts inhaltlich als ein dem Projekt zustimmendes Verhalten und mithin als eine konkludent zustimmende Bewertung gedeutet werden. Indes steht an dieser Stelle noch nicht fest, ob dies tatsächlich zutrifft oder ob es sich beim Widerspruchsverzicht des Bundesinstituts um einen sog. fiktiven Verwaltungsakt oder aber um ein reines Untätigbleiben ohne Verwaltungsaktsqualität handelt. Da mithin die Rechtsnatur der bundesoberbehördlichen Widerspruchsabsenz an dieser Stelle noch nicht rechtlich qualifiziert worden ist[212], kann mit Blick auf diesen Behördenakt nicht ohne weiteres von einer (konkludent) „zustimmenden Bewertung", sondern nur allgemein von einem für den Arzt günstigen Behördenverhalten gesprochen werden. Der Arzt braucht, um sein Forschungsprojekt durchführen zu können, von Gesetzes

212 Dazu unter B.IV.2., S. 107 ff.

wegen im Ergebnis das ihm günstige Verhalten *einer* der beiden im Gesetz vorgesehenen Einrichtungen: Die Befürwortung des Forschungsvorhabens entweder in Form der zustimmenden Kommissionsbewertung oder in Gestalt des bundesoberbehördlichen Nicht-Widerspruchs.

Um die schwerfällige und umständliche Doppelnennung der alternativen Vorbehalte „zustimmende Kommissionsbewertung bzw. bundesoberbehördlicher Nicht-Widerspruch" zu vermeiden, sollen im folgenden die in § 40 Abs.1 S. 2 i.V.m. S. 3 AMG an die Zulässigkeit klinischer Arzneimittelversuche gestellten Anforderungen unter dem Oberbegriff der „Billigung" klinischer Arzneimittelprüfungen zusammengefaßt werden. In abstrakten Termini gesprochen statuiert § 40 Abs. 1 S. 2 i.V.m. S. 3 AMG somit für klinische Arzneimittelprüfungen einen „Billigungsvorbehalt". Da mit der Statuierung eines Vorbehalts die Regelung verbunden ist, daß das grundrechtlich geschützte Verhalten solange, wie die als Vorbehalt festgelegten Voraussetzungen nicht erfüllt sind, nicht zulässig ist, liegt in der normativen Festlegung von Vorbehalten die gesetzlich angeordnete Rechtsfolge eines vorläufigen Verbotes und damit ein Eingriff in das Grundrecht, in dessen Schutzbereich das Verhalten fällt.

Mit seinem für die Durchführung klinischer Arzneimittelstudien normierten Billigungsvorbehalt greift § 40 Abs. 1 S. 2 i.V.m. S. 3 AMG mithin in die Forschungsfreiheit des Arztes ein.

b) Die endgültige Undurchführbarkeit der Arzneimittelprüfung als Rechtsfolge des bundesoberbehördlichen Widerspruchs

Stellt § 40 Abs. 1 S. 2 i.V.m. S. 3 AMG nach dem oben Gesagten die Durchführung klinischer Arzneimittelprüfungen unter ein präventives Verbot mit Billigungsvorbehalt, so bildet darüber hinaus § 40 Abs. 1 *Satz 3* AMG die Rechtsgrundlage für den Widerspruch des Bundesinstituts für Arzneimittel und Medizinprodukte. Widerspricht das Bundesinstitut der Arzneimittelprüfung, so ist das geplante Forschungsvorhaben endgültig gescheitert. Das vorläufige Verbot klinischer Arzneimittelprüfungen wird durch den bundesoberbehördlichen Widerspruch in ein endgültiges umgewandelt[213].

213 Siehe unter B.IV.1., S. 102 ff. (103).

Ein Eingriff des § 40 Abs. 1 S. 3 AMG in die Forschungsfreiheit ist folglich darin zu sehen, daß er dem bundesoberbehördlichen Widerspruch die für den Arzt ungünstige Rechtsfolge der endgültigen Undurchführbarkeit des Versuchs zuordnet.

c) Ergebnis zu 3.

§ 40 Abs. 1 AMG greift dadurch in die Forschungsfreiheit des Arztes ein, daß er in Satz 2 i.V.m. Satz 3 die für den Arzt ungünstige Regelung der vorläufigen Unzulässigkeit der klinischen Arzneimittelprüfung enthält sowie in Satz 3 das Bundesinstitut für Arzneimittel und Medizinprodukte dazu ermächtigt, die noch ungünstigere Rechtsfolge der endgültigen Unzulässigkeit der klinischen Arzneimittelprüfung herbeizuführen.

Der im Schrifttum vertretenen Auffassung, daß dann, wenn ein Gesetz die Verwaltung ermächtige, dem einzelnen dieses oder jenes Verhalten zu verwehren, das Gesetz zwar schon entscheide, welche Eingriffe den einzelnen treffen können, es aber die Eingriffe noch nicht vornehme[214], kann nicht gefolgt werden: Stellt eine Norm (hier: § 40 Abs. 1 S. 2 i.V.m. S. 3 AMG) ein grundrechtlich geschütztes Verhalten unter den Vorbehalt einer für den Betroffenen positiven Behördenentscheidung, und ermächtigt sie (hier: § 40 Abs. 1 S. 3 AMG) zudem die Behörde unter bestimmten Voraussetzungen zu einer für den Betroffenen negativen Entscheidung, sind es bei Licht besehen sogar *zwei* unterschiedliche Eingriffsaspekte, die eine gesetzliche Bestimmung in einem solchen Fall beinhaltet: Zum einen statuiert sie selbst ein vorläufiges, präventives Verbot des grundrechtlich geschützten Verhaltens und enthält somit die – zumindest in die allgemeine Handlungsfreiheit – eingreifende Regelung der *vorläufigen* Unzulässigkeit des betreffenden Verhaltens. Zum anderen stellt die Norm in ihrer Eigenschaft als Rechtsgrundlage für den behördlichen Grundrechtseingriff, durch den die Rechtsfolge der *endgültigen* Unzulässigkeit des grundrechtlich geschützten Verhaltens herbeigeführt wird, insofern auch selbst einen Eingriff in das betroffene Grundrecht dar, als sie das vom Grundrechtsträger erstrebte Verhalten dem Risiko einer negativen Behördenentscheidung, der „Gefahr grundrechtsverletzender Inpflichtnahme durch die rechtsanwendende Gewalt“[215] aussetzt.

---

214 So *Pieroth/Schlink*, Grundrechte, Rn. 207.

215 *Bettermann*, AöR 86 (1961), S. 129 ff. (178 f.); ihm folgend *Schwabe*, Probleme der Grundrechtsdogmatik, S. 27. Die Eingriffsqualität eines zum Eingriff ermächtigenden Gesetzes bejahen ferner *Lerche*, Übermaßverbot und Verfassungsrecht, S. 106, und dezidiert *Pietzcker* in: Festschrift für Dürig, S. 345 ff. (354), der es bei öffentlichrechtlichen Gesetzen sogar für un-

4. Ergebnis zu II.

§ 40 Abs. 1 S. 2 i.V.m. S. 3 AMG greift in die Forschungsfreiheit des Arztes ein, indem er die Durchführung der klinischen Arzneimittelprüfung durch die obligatorische Mitwirkung einer Ethik-Kommission erschwert (Eingriff in Form der Behinderung des Forschungsvorhabens), sie zudem unter ein präventives Verbot mit „Billigungsvorbehalt“ dergestalt stellt, daß die geplante Studie entweder durch eine nach Landesrecht gebildete Ethik-Kommission oder durch das Bundesinstitut für Arzneimittel und Medizinprodukte gebilligt werden muß (Eingriff durch vorläufiges Verbot des Forschungsprojekts), und ferner an den bundesoberbehördlichen Widerspruch die endgültige Undurchführbarkeit der Arzneimittelstudie als Rechtsfolge knüpft (Eingriff in Form der Ermöglichung einer Verhinderung des Forschungsvorhabens durch Untersagung).

III. Eingriff in das Grundrecht des Arztes aus Art. 5 Abs. 3 GG durch das ablehnende Votum der Ethik-Kommission

Es stellt sich weiter die Frage, ob und inwiefern das ablehnende Kommissionsvotum in den Schutzbereich der Forschungsfreiheit des Arztes eingreift.

1. Rechtlicher Eingriff durch Verwaltungsakt?

Beim ablehnenden Kommissionsvotum könnte es sich um einen rechtlichen Eingriff durch Verwaltungsakt handeln. Ein Akt der Exekutive stellt dann einen *rechtlichen* Eingriff dar, wenn der Exekutivakt – und nicht das Gesetz – eine in den Schutzbereich eines Grundrechts eingreifende Rechtsfolge herbeiführt. Aus rechtlichen Gründen kann die ablehnende Bewertung der Ethik-Kommission das Forschungsvorhaben

---

streitig hält, daß das zu einem Grundrechtseingriff ermächtigende Gesetz unmittelbar als Grundrechtseingriff zu beurteilen sei.

Daran, daß eine zum Eingriff ermächtigende Norm materiell-rechtlich selbst als Grundrechtseingriff zu qualifizieren ist, ändert auch der Umstand nichts, daß das Bundesverfassungsgericht für Verfassungsbeschwerden eine eigene, gegenwärtige und unmittelbare Betroffenheit des Beschwerdeführers verlangt (siehe statt vieler etwa BVerfGE 1, S. 97 ff. [101 ff.]; 60, S. 360 ff. [369 f.]; 70, S. 35 ff. [50 f.]; 72, S. 39 ff. [43 f.]). *Lübbe-Wolff*, Die Grundrechte als Eingriffsabwehrrechte, S. 51 f., macht insoweit unter Hinweis auf u.a. BVerfGE 16, S. 147 ff. (159), 29, S. 83 ff. (94) und 43, S. 291 ff. (386) zutreffend geltend, daß das Gericht die Möglichkeit eines direkten Angriffs auf das ermächtigende Gesetz deshalb verneine, weil die Verfassungsmäßigkeit des Gesetzes selbst inzident im Rahmen der Klagen gegen die auf das Gesetz gestützten Einzeleingriffe überprüft werden könne.

dann zum Scheitern bringen, wenn sie als ein belastender Verwaltungsakt selbst die Rechtsfolge der Undurchführbarkeit des Versuches herbeizuführen vermag. Um einen Verwaltungsakt handelt es sich bei ihr wiederum dann, wenn sie sämtliche Merkmale des § 35 S. 1 VwVfG[216] erfüllt. Das ablehnende Kommissionsvotum müßte also eine zur Regelung eines Einzelfalles ergehende hoheitliche Maßnahme einer Behörde auf dem Gebiet des öffentlichen Rechts mit unmittelbarer Rechtswirkung nach außen darstellen.

a) Das Votum der Ethik-Kommission als hoheitliche Maßnahme einer Behörde auf dem Gebiet des öffentlichen Rechts

Gemäß der weiten Definition des § 1 Abs. 4 VwVfG des Bundes und der entsprechenden Bestimmungen in den Verwaltungsverfahrensgesetzen weniger Länder[217] sind Behörden im Sinne dieser Gesetze alle Stellen, die mit einer gewissen Selbständigkeit ausgestattet[218] Aufgaben der öffentlichen Verwaltung wahrnehmen[219]. Der Behördenbegriff der Verwaltungsverfahrensgesetze, der von den Zielen dieser Gesetze mitbestimmt wird[220], ist mithin kein organisationsrechtlicher, sondern ein weit gefaßter funktionaler[221], durch welchen die gesamte materielle Verwaltungstätigkeit den Verfahrensgarantien der Verwaltungsverfahrensgesetze und der Verfassung unterstellt werden soll[222].

---

216 Der besseren Übersichtlichkeit wegen wird § 35 des Bundesverwaltungsverfahrensgesetzes stellvertretend für die entsprechenden Bestimmungen in den Landesverwaltungsverfahrensgesetzen herangezogen.

217 Der Begriff der Verwaltungsbehörde ist definiert in Art.1 Abs.2 des bayer. VwVfG, § 1 Abs.2 des bad.-württ. LVwVfG sowie § 1 Abs. 2 des Thür. VwVfG.

218 BVerfGE 10, S. 20 ff. (48).

219 Die Wahrnehmung öffentlicher Aufgaben macht die betreffende Stelle funktional zu einer Behörde, ist also das konstitutive Element des funktionalen Behördenbegriffs.

220 Vgl. *Stelkens/Schmitz* in: *Stelkens/Bonk/Sachs* (Hrsg.), Verwaltungsverfahrensgesetz, § 1 Rn. 214.

221 *Hoffmann* in: *Obermayer*, Verwaltungsverfahrensgesetz, § 1 Rn.76; *Meyer* in: *Knack*, Verwaltungsverfahrensgesetz, § 1 Rn. 1; *Kopp/Ramsauer*, Verwaltungsverfahrensgesetz, § 1 Rn. 51; *Widmann*, Abgrenzung zwischen Verwaltungsakt und eingreifendem Realakt, S. 16.

222 *Pitschas*, Verwaltungsverantwortung, S. 621 Fn. 30. Die funktionale Betrachtungsweise erscheint auch sachgerecht: Der organisationsrechtliche Behördenbegriff setzt eine Eingliederung in die staatliche Verwaltungsorganisation voraus, die jedoch bei nicht wenigen Erscheinungen des Verwaltungslebens gerade fehlt. Da aber die Erfassung auch ihres Handelns als Verwaltungstätigkeit geboten erscheint, ist verwaltungsverfahrensrechtlich ein funktionaler Behördenbegriff angezeigt (so auch *Löwer*, JuS 1980, S. 805 ff. [808]).

Die in die klinische Arzneimittelprüfung eingeschalteten öffentlich-rechtlichen Ethik-Kommissionen sind Behörden im verwaltungsverfahrensrechtlichen Sinne: Es handelt sich bei ihnen um Stellen, die funktional insofern Aufgaben der öffentlichen Verwaltung wahrnehmen, als ihnen nach dem Arzneimittelgesetz die Begutachtung und Bewertung klinischer Arzneimittelprüfungen am Menschen als Aufgabe obliegt[223].

Unter Hinweis darauf, daß das Verwaltungsverfahrensgesetz nur Verwaltungsverfahren erfasse, die auf den Erlaß eines Verwaltungsaktes oder den Abschluß eines öffentlich-rechtlichen Vertrags gerichtet sind (vgl. § 9 VwVfG), wird im Schrifttum zum Teil die Auffassung vertreten, daß Verwaltungsbehörden nur diejenigen Stellen sein können, die zuständig sind, unmittelbar gegenüber Privatpersonen Verwaltungsakte zu erlassen oder mit ihnen Verwaltungsverträge abzuschließen[224]. So gesehen wäre der Behördenbegriff, obgleich selbst konstitutives Tatbestandsmerkmal des Verwaltungsaktes, seinerseits davon abhängig, ob die sonstigen Merkmale des § 35 VwVfG erfüllt sind, und die Frage der Behördeneigenschaft der Ethik-Kommission könnte erst nach Prüfung und Bejahung der weiteren Verwaltungsaktsmerkmale positiv beantwortet werden.

Dieser Ansicht kann indes nicht gefolgt werden: Das Verwaltungsverfahrensgesetz bezieht sich nicht nur auf den Erlaß von Verwaltungsakten, sondern auf jedwede öffentlich-rechtliche Verwaltungstätigkeit, also auch die schlichthoheitliche und diejenige, die nicht unmittelbar nach außen in den Rechtskreis einer Privatperson eingreift[225].

Als Aufgaben der öffentlichen Verwaltung wahrnehmende Stellen handelt es sich bei den Ethik-Kommissionen nach alledem um Behörden[226] im nach den Verwaltungsverfahrensgesetzen maßgeblichen funktionellen Sinn.

---

223 Vgl. *Classen*, MedR 1995, S. 148 ff. (149); *Kloesel/Cyran*, Arzneimittelrecht, Teil A 1, § 40 Anm. 4 b a.E.

224 *Kopp/Ramsauer*, Verwaltungsverfahrensgesetz, § 1 Rn. 52; zumindest eine nach außen wirkende Verwaltungstätigkeit verlangen *Achterberg*, Allgemeines Verwaltungsrecht, § 21 Rn. 44, *Maurer*, Allgemeines Verwaltungsrecht, § 21 Rn. 33, und *Ule/Laubinger*, Verwaltungsverfahrensrecht, § 9 Rn. 6.

225 So *Stelkens/Schmitz* in: *Stelkens/Bonk/Sachs* (Hrsg.), Verwaltungsverfahrensgesetz, § 1 Rn. 219 f., die ausdrücklich sogar die rein gutachtlich-beratend tätige Stelle als Behörde ansehen.

226 Im Ergebnis ebenso *Classen*, MedR 1995, S. 148 ff. (149); *Sobota*, AöR 121 (1996), S. 229 ff. (239); a.A. (allerdings ohne Begründung) *Sträter* in: *Witte et al.* (Hrsg.), Ordnungsgemäße Kli-

Die Ethik-Kommission wird, wenn sie im Bereich der Arzneimittelprüfung zu einer geplanten klinischen Studie Stellung bezieht, auch auf dem Gebiet des öffentlichen Rechts tätig, da zumindest *ein* Zuordnungssubjekt des § 40 Abs. 1 S. 2 i.V.m. S. 3 AMG – hier Ethik-Kommission bzw. Bundesinstitut – ausschließlich ein Träger hoheitlicher Gewalt ist[227], und es sich bei dieser Norm daher um einen öffentlich-rechtlichen Rechtssatz handelt.

Schwierigkeiten könnte auf den ersten Blick allerdings die Verwirklichung des Merkmals „hoheitlich" bereiten: Durch den Zusatz „hoheitlich" wird das Merkmal der Einseitigkeit der Maßnahme durch die Behörde als Gegenstück und in Abgrenzung zu allen konsensualen (vertraglichen) Handlungsformen hervorgehoben[228], mithin die Unabhängigkeit behördlichen Handelns vom Einverständnis des Betroffenen betont[229]. Aufgabe der Ethik-Kommission ist zwar zunächst die Beratung des Arztes über die mit seinem Forschungsvorhaben einhergehenden Fragen. Der dem Beratungscharakter der Kommissionstätigkeit entsprechende Dialog zwischen Arzt und Ethik-Kommission, die wechselseitige Interaktion[230], ändert indes nichts daran, daß spätestens die sich an die Beratung anschließende Bewertung des Forschungsvorhabens durch die Ethik-Kommission nicht mehr vom Einverständnis des Arztes abhängt, sondern „einseitig", d.h. allein und autonom durch die Ethik-Kommission vorgenommen wird und auch werden muß. Die Kommissionsbewertung stellt somit auch eine hoheitliche Maßnahme dar.

b) Regelung mit unmittelbarer Außenwirkung

Beim ablehnenden Kommissionsvotum müßte es sich ferner um eine Regelung mit unmittelbarer Außenwirkung handeln. Gebräuchlicher Definition zufolge ist Regelung im Kontext des Verwaltungsaktes eine rechtsverbindliche Anordnung in der Form einer behördlichen Willenserklärung, die auf die Herbeiführung einer Rechts-

---

nische Prüfung, S. 43 ff. (48); Zur Behördeneigenschaft der Ethik-Kommissionen ausführlich *Stamer*, Die Ethik-Kommissionen in Baden-Württemberg, S. 88 ff., 95 und 110.

227 Vgl. *Hendler*, Allgemeines Verwaltungsrecht, Rn. 50. Außerdem begründet § 40 Abs. 1 S. 2 i.V.m. S. 3 AMG sowohl zwischen der Ethik-Kommission und dem Arzt als auch zwischen dem Bundesinstitut und dem Arzt ein Über-Unterordnungsverhältnis.

228 *Huber*, Allgemeines Verwaltungsrecht, S. 169; *P.Stelkens/U.Stelkens* in: *Stelkens/Bonk/Sachs* (Hrsg.), Verwaltungsverfahrensgesetz, § 35 Rn. 68.

229 *Peine*, Allgemeines Verwaltungsrecht, Rn. 111.

230 Siehe hierzu schon oben S. 55 f.

folge gerichtet ist[231]. Wesentliches Element und Begriffsmerkmal der Regelung ist also die Herbeiführung einer Rechtsfolge. Ungeachtet der Frage, in welcher Form und auf welche Weise die Rechtsfolge im einzelnen herbeigeführt zu werden vermag[232], kann jedenfalls die Aussage getroffen werden, daß dann, wenn einer behördlichen Maßnahme schon gar keine Rechtsfolge zugeordnet ist, es dieser Maßnahme von vorneherein am Regelungscharakter fehlt.

Die Frage nach dem Regelungscharakter des ablehnenden Kommissionsvotums erfordert eine differenzierte Betrachtung dahingehend, ob es sich um das Votum der für den Leiter der klinischen Prüfung zuständigen Ethik-Kommission oder – wie es bei multizentrischen Prüfungen der Fall sein kann – um das Votum einer vor Ort tätigen, der federführenden Kommission zuarbeitenden Ethik-Kommission handelt.

aa) Die Voten der zuarbeitenden Ethik-Kommissionen im Rahmen multizentrischer Studien

Sind im Rahmen multizentrischer Studien neben der für den Leiter der klinischen Prüfung zuständigen Ethik-Kommission ggf. noch weitere Ethik-Kommissionen vor Ort, also an den einzelnen Prüforten, eingeschaltet, so ist gemäß der arzneimittelgesetzlichen Regelung lediglich das Votum der für den Leiter der klinischen Prüfung zuständigen Ethik-Kommission dem Bundesinstitut für Arzneimittel und Medizinprodukte vorzulegen. Die Bewertungen der „Unter-Ethikkommissionen" sind im Sinne des Arzneimittelgesetzes unbeachtlich. Ihren an die federführende Ethik-Kommission gerichteten Stellungnahmen ist weder im Arzneimittelgesetz noch in einem anderen Gesetz eine Rechtsfolge zugeordnet, welche die Kommissionen durch ihre Bewertungen auslösen könnten. Ergo fehlt es diesen Voten am Regelungscharakter. Darüber hinaus haben die Stellungnahmen auch keine Außenwirkung; sie verbleiben im verwaltungsinternen Bereich.

bb) Das Votum der für den Leiter der klinischen Prüfung zuständigen Ethik-Kommission

Das Arzneimittelgesetz hat, wenn es von der zustimmenden Bewertung einer Ethik-Kommission spricht, nur, wie sich aus § 40 Abs. 1 S. 1 Nr. 6 AMG ergibt, die Bewertung der für den Leiter der klinischen Prüfung zuständigen Ethik-Kommission im

231 Vgl. etwa *Huber*, Allgemeines Verwaltungsrecht, S. 170.

232 Hierzu unten B.III.1.b)bb)(2)(a), S. 76 ff.

Blick[233] und stellt damit zugleich klar, welches Kommissionsvotum bei mehreren in eine multizentrische Prüfung eingeschalteten Ethik-Kommissionen das arzneimittelgesetzlich relevante Votum ist. Bei einer monozentrischen Prüfung erübrigt sich diese Überlegung, da ohnehin nur eine einzige Ethik-Kommission in die Prüfung eingeschaltet ist und somit als im Sinne des Arzneimittelgesetzes zuständige Ethik-Kommission in Frage kommt.

Die ablehnende Bewertung der für den Leiter der klinischen Prüfung zuständigen Ethik-Kommission ist unter dem Gesichtspunkt der „Regelung" auf die Herbeiführung zweier denkbarer Rechtsfolgen hin zu untersuchen: Die endgültige Unzulässigkeit der klinischen Arzneimittelprüfung einerseits und die Widerspruchsbefugnis des Bundesinstituts für Arzneimittel und Medizinprodukte andererseits.

(1) Die Rechtsfolge „endgültige Unzulässigkeit der klinischen Prüfung"

(a) Ablehnendes Votum gekoppelt mit bundesoberbehördlichem Widerspruch

Folgt auf das ablehnende Votum der Ethik-Kommission ein Widerspruch des Bundesinstituts, so entbehrt das Kommissionsvotum mit Blick auf die Rechtsfolge der Undurchführbarkeit des Versuchs deshalb des Merkmals der Regelung, weil erst der bundesoberbehördliche Widerspruch diese Rechtsfolge nach sich zieht und dem Kommissionsvotum im Vergleich zu dieser ihm nachfolgenden bundesoberbehördlichen Entscheidung rechtlich keine eigenständige Eingriffsqualität zukommt. Selbst dann nämlich, wenn sich das Bundesinstitut bei seinem Widerspruch auf die ablehnende Kommissionsbewertung stützt oder sie sich gar zu eigen macht, ist dies allen-

233 Die seit der fünften AMG-Novelle geltende Fassung des § 40 Abs. 1 S. 1 Nr. 6 AMG, wonach u.a. „die Voten der Ethik-Kommissionen" bei der zuständigen Bundesoberbehörde vorgelegt werden mußten, wurde durch das achte Gesetz zur Änderung des Arzneimittelgesetzes vom 7. September 1998, in Kraft getreten am 11. September 1998 (BGBl. 1998 I, S. 2646 ff.; dazu *Lippert*, NJW 1999, S. 837 ff., sowie *Schlacke*, MedR 1999, S. 551 ff.) dahin geändert, daß nur noch „das Votum des für den Leiter der klinischen Prüfung zuständigen Ethik-Kommission" beim Bundesinstitut für Arzneimittel und Medizinprodukte vorgelegt werden mußte. Diese Regelung betraf indes lediglich das „Außenverhältnis" zum Bundesinstitut und vermochte nichts daran zu ändern, daß bei multizentrischen Arzneimittelstudien im „Innenverhältnis" aufgrund der Kammer- und Heilberufegesetze der Länder nach wie vor auch die lokalen, also die für die an den einzelnen Prüforten jeweils durchzuführende klinische Arzneimittelprüfung zuständigen Ethik-Kommissionen eingeschaltet werden mußten (vgl. *Schlacke*, a.a.O., S. 552 f.), so daß die Regelung in § 40 Abs. 1 S. 1 Nr. 6 AMG, wie es *Bruns/Sickmüller/von Schorlemer*, PharmR 2002, S. 201 ff. (203) ausdrücken, derzeit faktisch nur auf dem Papier steht.

falls eine faktische, nicht aber eine final herbeigeführte Folge des ablehnenden Votums[234].

(b) Ablehnendes Votum ohne bundesoberbehördlichen Widerspruch

Folgt auf das ablehnende Kommissionsvotum kein bundesoberbehördlicher Widerspruch, stellt jenes die einzige ausdrückliche Entscheidung und prima facie überhaupt die einzige „Entscheidung" dar. Gleichwohl kann der Arzt mit der Versuchsdurchführung beginnen. Diese auf den ersten Blick verwunderliche Rechtsfolge tritt deshalb ein, weil das Arzneimittelgesetz in § 40 Abs. 1 S. 3 bestimmt, daß mit der klinischen Prüfung, soweit keine zustimmende Bewertung der Ethik-Kommission vorliegt, begonnen werden darf, wenn die zuständige Bundesoberbehörde innerhalb von 60 Tagen nach Eingang der Unterlagen nach § 40 Abs. 1 S. 1 Nr. 6 AMG nicht widersprochen hat.

Da der bundesoberbehördliche Nicht-Widerspruch den Arzt zur Durchführung der klinischen Prüfung berechtigt, zieht das ablehnende Kommissionsvotum auch in diesem Fall nicht die Rechtsfolge der Undurchführbarkeit des Forschungsvorhabens nach sich.

(c) Ergebnis

Unabhängig von der Entscheidung des Bundesinstituts vermag das ablehnende Kommissionsvotum in keiner der beiden Fallgestaltungen die endgültige Unzulässigkeit der klinischen Arzneimittelprüfung als *Rechts*folge nach sich zu ziehen. Weder setzt das ablehnende Kommissionsvotum *selbst* die Rechtsfolge der Undurchführbarkeit der geplanten Studie, noch knüpft das *Gesetz* an das ablehnende Votum die Undurchführbarkeit des Forschungsprojekts als Rechtsfolge. Selbst wenn sie es intendierte, könnte die Ethik-Kommission mit ihrem ablehnenden Votum die *Rechts*folge der Unzulässigkeit des Versuches nicht herbeiführen, weil das Gesetz *diese* Rechtsfolge (für das Kommissionsvotum) nicht vorsieht. Vielmehr gilt das Erfordernis einer zustimmenden Kommissionsbewertung und somit auch die Rechtsfolge, daß die klinische Arzneimittelprüfung bei Vorliegen einer solchen begonnen werden darf, laut § 40 Abs. 1 S. 2 AMG „vorbehaltlich des Satzes 3", steht also unter dem Vorbehalt der bundesoberbehördlichen Entscheidung. Nach dem Willen des Gesetzgebers entscheidet bei einer ablehnenden Bewertung der Ethik-Kommission erst das Bundes-

234 So auch *Stamer*, Die Ethik-Kommissionen in Baden-Württemberg, S. 116.

institut rechtlich verbindlich über die Durchführung der Arzneimittelprüfung[235]. Für den Arzt kommt es daher im Ergebnis entscheidend auf das Verhalten des Bundesinstituts an.

(2) Die Rechtsfolge „Widerspruchsbefugnis des Bundesinstituts für Arzneimittel und Medizinprodukte“

Wird zwar die Rechtsfolge der Undurchführbarkeit der klinischen Prüfung nicht durch die ablehnende Kommissionsbewertung herbeigeführt, so zieht das Votum jedoch nicht überhaupt keine Rechtsfolge nach sich. Es hat vielmehr – im Unterschied zum zustimmenden Votum – stets zur Folge, daß das Bundesinstitut für Arzneimittel und Medizinprodukte „auf den Plan“ tritt und nunmehr als gleichsam „zweite Instanz“ das Forschungsprojekt inhaltlich überprüft[236].

Zieht die ablehnende Bewertung der Ethik-Kommission also die gesetzliche Rechtsfolge „bundesoberbehördliche Widerspruchsbefugnis“ nach sich, so ähnelt diese Konstellation einer Rechtslage, mit Blick auf welche in der verwaltungsgerichtlichen Rechtsprechung einer behördlichen Maßnahme ohne Rücksicht auf ihren Regelungsgehalt die Eigenschaft eines Verwaltungsakts zugesprochen wurde. So hatten der VGH Kassel[237] und das Bundesverwaltungsgericht[238] – letzteres allerdings ohne jede

235 So auch *Stamer*, Die Ethik-Kommissionen in Baden-Württemberg, S. 117; ähnlich *Classen*, MedR 1995, S. 148 ff. (149): Der maßgebliche, nach außen wirkende Rechtsakt sei erst der Einspruch der Behörde.

236 Im Schrifttum ist es insbesondere *Stamer* (Die Ethik-Kommission in Baden-Württemberg, S. 118), die dem Kommissionsvotum mit Blick auf die Rechtsfolge der Entscheidungsbefugnis des Bundesinstituts Regelungsqualität beimißt: Mit dem Votum entscheide die Ethik-Kommission verbindlich über das weitere Verfahren vor dem Bundesinstitut und dessen Rechte. Bewerte die Ethik-Kommission eine geplante klinische Prüfung als ethisch und rechtlich vertretbar, so werde das Vorhaben nicht noch der Gefahr ausgesetzt, daß das Bundesinstitut seiner Durchführung widerspricht, während im Fall einer ablehnenden Kommissionsbewertung dem Bundesinstitut ein Widerspruchsrecht gegen das Projekt zustehe. *Stamer* zieht daraus die Schlußfolgerung, daß dem Kommissionsvotum zumindest dahingehend eine Regelungswirkung zugesprochen werden könne, daß dieses Votum verbindlich über den weiteren Verfahrensablauf entscheide und insofern auch final und verbindlich eine Rechtsfolge setze. Dem steht nach der Auffassung von *Stamer* auch nicht entgegen, daß sich die Rechtsfolge des Kommissionsvotums – Widerspruchsrecht oder kein Widerspruchsrecht des Bundesinstituts – bereits aus dem Gesetz ergebe; denn das Kommissionsvotum kläre verbindlich die weitere Verfahrensweise, die gesetzlich gerade noch offen sei.

237 VGH Kassel, DVBl. 1962, S. 605 f.

238 BVerwGE 23, S. 194 ff.

Begründung – die Filmbewertungen durch die Filmbewertungsstelle Wiesbaden als feststellende Verwaltungsakte beurteilt. Die Filmbewertungsstelle hat die Aufgabe, Filme dahin zu begutachten, ob ihnen das Prädikat „wertvoll“ oder „besonders wertvoll“ zuerkannt werden kann. Die Auszeichnung des Filmes hat steuerrechtliche Folgen in Gestalt von Steuervergünstigungen für prädikatisierte Filme. Aus dieser unmittelbar steuerrechtlichen Wirkung der Bewertung folgerte der VGH Kassel die Verwaltungsaktsqualität der Bewertung, da durch sie zwar kein Rechtsverhältnis begründet, geändert oder aufgehoben werde, wohl aber eine bestimmte Eigenschaft des Films, von deren Vorhandensein oder Fehlen vergnügungssteuerliche Folgen abhingen, festgestellt werde[239].

Dieser Rechtsprechung zufolge[240] könnte das ablehnende Kommissionsvotum als (feststellender) Verwaltungsakt qualifiziert werden. So wie die Verleihung der Prädikate „wertvoll“ oder „besonders wertvoll“ im Falle der Filmbewertung Tatbestandsvoraussetzung der gesetzlichen Steuerbefreiung ist, so ist die ablehnende Bewertung der klinischen Arzneimittelprüfung durch die Ethik-Kommission tatbestandliche Voraussetzung für die gesetzlich vorgesehene Befugnis des Bundesinstituts, der Versuchsdurchführung (nicht) zu widersprechen.

Indes begegnet es Bedenken, behördliche Bewertungen ohne Rücksicht darauf, ob sie selbst einen Regelungsgehalt und Außenwirkung aufweisen, allein deshalb als Verwaltungsakte zu qualifizieren, weil die Existenz der Bewertung bestimmten Inhalts die alleinige Tatbestandsvoraussetzung oder eine von mehreren tatbestandlichen Voraussetzungen für eine gesetzlich vorgesehene Rechtsfolge ist. So wird im Schrifttum zutreffend eingewandt, eine behördliche Maßnahme erlange noch nicht dadurch unmittelbare Rechtswirkung, daß in anderen Rechtsnormen auf sie Bezug genommen und hieran eine Rechtsfolge geknüpft wird[241].

---

239 VGH Kassel, DVBl. 1962, S.605 f.(605); das Bundesverwaltungsgericht (BVerwGE 23, S. 194 ff. [197]) bemerkt demgegenüber nur lapidar, daß die Entscheidungen der Filmbewertungsstelle, „wie die Vorinstanzen mit Recht ausgeführt haben, als Verwaltungsakte anzusehen (sind)“.

240 Siehe auch schon BVerwG, DÖV 1958, S. 424 ff. (425); im Schrifttum ebenso *Janßen* in: *Obermayer*, Verwaltungsverfahrensgesetz, § 35 Rn. 52; *Obermayer*, RiA 1980, S. 121 ff. (122 f.); *Wolff/Bachof/Stober*, Verwaltungsrecht Band 2, § 46 Rn. 7; indifferent hierzu *Löwer*, JuS 1980, S. 805 ff. (809).

241 So *Grupp*, JuS 1983, S. 351 ff. (353), im Hinblick auf ein Urteil des VG Sigmaringen, in dem die Frage der Rechtsnatur einer Prüfungsnote eine Rolle spielte; ähnlich *Löwer*, DVBl. 1980, S. 952 ff. (958) zu Einzelnoten im Abiturszeugnis im Hinblick auf das Numerus-Clausus-Verfahren; vgl. auch *P.Stelkens/U.Stelkens* in: *Stelkens/Bonk/Sachs* (Hrsg.), Verwaltungsverfah-

Nun wird zwar, was die durch das ablehnende Kommissionsvotum ausgelöste Rechtsfolge „Widerspruchsbefugnis des Bundesinstituts“ betrifft, nicht in einer anderen Rechtsnorm, sondern in genau derselben Rechtsnorm auf das ablehnende Votum Bezug genommen, indem diesem jene Rechtsfolge zugeordnet wird. Gleichwohl ergibt sich auch nicht dann, wenn in *derselben* Rechtsnorm auf die Behördenmaßnahme Bezug genommen wird, gleichsam „automatisch“ eine Verwaltungsaktsqualität der betreffenden Maßnahme. Ein Gesetz kann nämlich, wie der VGH Baden-Württemberg[242] und ihm folgend das Bundesverwaltungsgericht[243] zutreffend ausgeführt haben, eine Rechtsfolge auch an ein behördliches Handeln anknüpfen, das nicht die Rechtsqualität eines Verwaltungsaktes hat; auch in einem solchen Fall wird die gesetzlich geregelte Folge nicht zum Inhalt der durch die Behörde getroffenen Maßnahme[244].

Die Rechtsprechung des VGH Baden-Württemberg und des Bundesverwaltungsgerichts hatten jeweils eine behördliche Entscheidung über die Fortführung des Verfahrens der Versetzung in den Ruhestand wegen Dienstunfähigkeit zum Gegenstand. Die Entscheidung, das Verfahren auf Versetzung in den Ruhestand fortzuführen, war Tatbestandsvoraussetzung für den Eintritt einer gesetzlichen Rechtsfolge, nämlich der – in derselben Rechtsvorschrift statuierten – Rechtsfolge im Beamtenrecht, daß bei einer Fortführung des Verfahrens der Versetzung in den Ruhestand die das Ruhegehalt übersteigenden Besoldungsbezüge einzubehalten sind[245]. Trotz der Eigenschaft der Fortsetzungsentscheidung als Tatbestandsvoraussetzung der beamtenrechtlichen Rechtsfolge sprachen sich sowohl der VGH als auch das Bundesverwaltungs-

---

rensgesetz, § 35 Rn. 129 (anders noch in der Vorauflage [5. Auflage 1998], § 35 Rn. 144); a.A. *Obermayer*, RiA 1980, S. 121 ff. (123).

242 VGH Baden-Württemberg, Beschluß vom 1. Juli 1985, Az.:4 S 979/85 (abgedruckt bei *Schütz/Maiwald*, Beamtenrecht, Entscheidungssammlung Ordner 1, ES/A II 5.5 Nr. 8, S. 22 ff.).

243 BVerwG, NVwZ 1992, S. 379 f.; diese Rechtsprechung des Bundesverwaltungsgerichts läßt eine Abkehr von seiner früheren, eine extensive Handhabung des Verwaltungsaktsbegriffes praktizierende Rechtsprechung erkennen.

244 So das BVerwG, NVwZ 1992, S. 380, und der VGH Baden-Württemberg, Beschluß vom 1. Juli 1985, Az: 4 S 979/85, abgedruckt bei *Schütz/Maiwald*, Beamtenrecht, Entscheidungssammlung Ordner 1, ES/A II 5.5 Nr. 8, S. 23.

245 Am Beispiel des § 55 bad.-württ. LBG, dessen Absatz 4 Satz 1 lautet: „Wird das Verfahren fortgeführt, so sind mit dem Ablauf der drei Monate, die auf den Monat der Mitteilung der Entscheidung folgen, bis zum Beginn des Ruhestands die das Ruhegehalt übersteigenden Besoldungsbezüge einzubehalten.“

gericht gegen die Qualifizierung der Fortsetzungsentscheidung als Verwaltungsakt aus[246].

Aus alledem folgt, daß sich die Verwaltungsaktsqualität einer Behördenmaßnahme im allgemeinen und hier des Kommissionsvotums im besonderen nicht zwangsläufig aus ihrer Eigenschaft als Tatbestandsvoraussetzung einer gesetzlichen Rechtsfolge ergibt und sie somit nicht unter Verzicht auf eine nähere Untersuchung der gemäß der Legaldefinition des Verwaltungsakts (§ 35 VwVfG) wesentlichen Verwaltungsaktsmerkmale „Regelung" und „Außenwirkung" bejaht werden kann. Denn die Grenzen des Verwaltungsaktsbegriffs werden immer unklarer, wenn man sich von den Tatbestandsmerkmalen des § 35 VwVfG löst. Auch in den Fällen „automatischer" Verknüpfung von behördlicher Maßnahme und gesetzlich angeordneter Rechtsfolge[247] kann, um die behördliche Maßnahme als Verwaltungsakt einstufen zu können, daher nicht von der Prüfung abgerückt werden, ob und inwieweit es sich bei der Behördenmaßnahme nicht doch um eine final auf die Bewirkung von Rechtsfolgen gerichtete Erklärung handelt[248].

---

246 Die wesentliche Passage aus dem Beschluß des VGH (siehe Fn. 242) lautet auszugsweise: „Die Entscheidung, das Verfahren fortzuführen, erhält auch insoweit nicht den Charakter eines Verwaltungsaktes, als es die durch § 55 Abs. 4 Satz 1 LBG geregelte Rechtsfolge über die Einbehaltung der Dienstbezüge nach sich zieht. Die Regelung bedeutet, daß der betroffene Beamte in der Höhe des einzubehaltenden Betrages zumindest bis zum Abschluß des Verfahrens keinen Anspruch auf Auszahlung seiner Dienstbezüge hat. Insoweit hat die Fortsetzungsentscheidung unmittelbare materiell-rechtliche Auswirkungen auf die Rechtsstellung des Beamten. *Diese Rechtsfolge wird aber durch die Fortsetzungsentscheidung nicht geregelt, sondern ist ihr kraft Gesetzes zwingend zugeordnet. Eine Rechtsfolge, die sich nicht aus dem Regelungsinhalt eines Verwaltungsaktes ergibt, sondern durch gesetzliche Vorschrift lediglich an die äußere Tatsache anknüpft, daß ein bestimmter Verwaltungsakt anderen Inhalts ergangen ist, wird als Tatbestandswirkung bezeichnet, weil der Verwaltungsakt dann zum Tatbestand einer gesetzlichen Rechtsfolgenregelung gehört* (...). Die Besonderheit der Tatbestandswirkung besteht darin, daß sie durch den Regelungsinhalt des Verwaltungsaktes nicht erfaßt wird, wobei sich allerdings die Frage stellen kann, ob die Anwendung der Gesetzesvorschrift nicht auch die Unanfechtbarkeit oder Vollziehbarkeit des Verwaltungsaktes voraussetzt. Jedoch kommt es hierauf im vorliegenden Fall nicht an, da es sich bei der Fortsetzungsentscheidung nicht um einen Verwaltungsakt handelt. *Es steht nichts entgegen, daß das Gesetz eine Rechtsfolge auch an ein behördliches Handeln anknüpft, das nicht die Rechtsqualität eines Verwaltungsaktes hat. Aber auch in diesem Falle wird die gesetzlich geregelte Folge nicht zum Inhalt einer durch die Behörde getroffenen Regelung.* Die Fortsetzungsentscheidung nimmt daher auch unter Berücksichtigung der durch § 55 Abs. 4 Satz 1 LBG geregelten Rechtsfolge nicht den Charakter eines Verwaltungsaktes an (...)". (*Hervorhebungen* nicht im Originaltext).

247 Vgl. *Hoffmann-Becking*, DÖV 1972, S. 196 ff. (201).

248 Vgl. *Appel/Melchinger*, VerwArchiv 84 (1993), S. 349 ff. (359).

Es stellt sich also die Frage, ob dem ablehnenden Votum mit Blick auf die Rechtsfolge „bundesoberbehördliche Widerspruchsbefugnis" Regelungscharakter und Außenwirkung zukommt. Diese Frage soll im folgenden zusammen mit der parallelen Fragestellung, ob das zustimmende Kommissionsvotum bezüglich der Zulässigkeit der klinischen Prüfung als Rechtsfolge Regelungsqualität besitzt, in einer vergleichenden, die Gemeinsamkeiten und die Unterschiede der gegensätzlichen Kommissionsvoten herausarbeitenden Betrachtung behandelt werden.

(a) Regelungsgehalt

Die Terminologie in der Literatur zum Begriff der Regelung ist uneinheitlich und bisweilen unpräzise. So setzt ein Teil des Schrifttums, ungeachtet des Umstandes, daß rechtsgestaltender Regelungscharakter kein zwingendes Begriffsmerkmal des Verwaltungsakts ist und auch de facto nicht alle Verwaltungsakte rechtsgestaltenden Regelungscharakter besitzen, Regelung mit Rechtsgestaltung gleich[249] oder versteht darunter den verfügenden Teil eines Verwaltungsakts[250]. Andererseits wird der Begriff der Regelung häufig mit der Formel „Setzen einer Rechtsfolge" umschrieben[251], ohne daß klargestellt wird, ob hierunter die behördliche Festlegung einer Rechtsfolge oder aber die Schaffung der Voraussetzungen für den Eintritt einer gesetzlichen Rechtsfolge infolge einer behördlichen Entscheidung, welche die Rechtsfolge nicht selbst anordnet, verstanden wird. Statt des Begriffes des „Setzens" einer Rechtsfolge sollte daher dann, wenn sich die Rechtsfolge bereits mehr oder weniger klar aus der einschlägigen Rechtsvorschrift ergibt, von der Herbeiführung, Auslösung oder Aktualisierung[252] einer Rechtsfolge gesprochen werden. Demgegenüber sollte, entgegen der üblichen Terminologie, der Begriff des „Setzens" einer Rechtsfolge durch die Behörde allein den Fallgruppen vorbehalten bleiben, daß der Behörde aufgrund von Ermessensvorschriften entweder ein Handlungsspielraum oder aber ein Spielraum auf der Rechtsfolgenseite dahingehend eingeräumt ist, daß sie selbst aus mehreren denkbaren Rechtsfolgen die ihrer Auffassung nach sachgemäße Rechtsfolge auswählen und festlegen kann[253].

249 So *Jachmann*, Allgemeines Verwaltungsrecht, Rn. 60.

250 So *Peine*, Allgemeines Verwaltungsrecht, Rn. 120: „Behördliche Maßnahmen, denen ein verfügender Teil, also eine Regelung fehlt, sind niemals VA".

251 So z.B. *Maurer*, Allgemeines Verwaltungsrecht, § 9 Rn. 6; *Erichsen* in: *Erichsen/Ehlers* (Hrsg.), Allgemeines Verwaltungsrecht, § 12 Rn. 26.

252 So die Terminologie von *Appel/Melchinger*, VerwArchiv 84 (1993), S. 349 ff. (367).

253 Kritisch ggü. der Formel vom Setzen einer Rechtsfolge auch *Appel/Melchinger*, VerwArchiv 84 (1993), S. 349 ff. (366).

Einer behördlichen Maßnahme kommt unter zwei Voraussetzungen Regelungscharakter zu: Erstens muß durch die Maßnahme eine *Rechtsfolge* ausgelöst werden, wobei die Herbeiführung der Rechtsfolge auf unterschiedlichem Wege erfolgen kann[254]. Zweitens muß die Rechtsfolgenherbeiführung unter *Rechtsanwendung* geschehen, d.h. der Auslösung der Rechtsfolge muß eine Rechtsanwendung auf Seiten der Behörde vorausgehen. Dem Aspekt der Rechtsanwendung wird in der Literatur oft zu wenig Beachtung geschenkt und folglich eine zu sehr auf die Rechtsfolgenseite fixierte Definition des Regelungscharakters vorgenommen[255].

(aa) Rechtsfolgenauslösung in Form des „Setzens" der Rechtsfolge

Da § 40 Abs. 1 S. 2 AMG den Ethik-Kommissionen keine Wahlmöglichkeit zwischen mehreren denkbaren Rechtsfolgen einräumt, scheidet eine Rechtsfolgenauslösung in Gestalt des „Setzens" einer Rechtsfolge im hier verstandenen Sinne aus.

(bb) Rechtsfolgenauslösung im Wege des Ausspruchs der Rechtsfolge

Fraglich ist, ob die Ethik-Kommission mit und in Gestalt ihrer Bewertung eine Rechtsfolge (ausdrücklich oder konkludent) ausspricht.

Der Fall des Ausspruchs einer Rechtsfolge ist etwa bei der Erteilung einer Baugenehmigung gegeben. Hier erklärt die Behörde ausdrücklich, daß das Bauvorhaben genehmigt wird. Sie selbst spricht in ihrem Bescheid die gesetzlich vorgegebene Rechtsfolge aus, nimmt also in ihren Ausspruch die Rechtsfolge auf.

Weder beim zustimmenden noch beim ablehnenden Kommissionsvotum werden indes die Rechtsfolgen „Durchführbarkeit der klinischen Prüfung" bzw. „Widerspruchsbefugnis des Bundesinstituts" ausgesprochen. Im Falle des zustimmenden Votums etwa lautet die Entscheidung der Ethik-Kommission nicht: „Die klinische Prüfung wird genehmigt" oder „Die klinische Prüfung wird für zulässig erklärt", sondern sie lautet: „Die klinische Prüfung wird zustimmend bewertet". Die Ethik-Kommission gibt also nicht ihre Zustimmung, sondern sie gibt eine *Bewertung* ab,

254 Zu eng auf die Herbeiführung der Rechtsfolge durch behördliche *Erklärung* abstellend *Bull*, Allgemeines Verwaltungsrecht, Rn. 523.

255 Vgl. *Appel/Melchinger*, VerwArchiv 84 (1993), S. 349 ff. (366).

die *zustimmend* oder *ablehnend* ausfallen kann[256]. Dies erhellt schon der unterschiedliche gesetzliche Wortlaut: Während das Gesetz im Zusammenhang mit der Tätigkeit der Ethik-Kommission nicht von einer „Zustimmung" sondern von einer „zustimmenden Bewertung[257]" spricht, verwendet es im Zusammenhang mit dem Bundesinstitut für Arzneimittel und Medizinprodukte den Begriff „Widerspruch" und nicht etwa „ablehnende Bewertung" oder „widersprechende Bewertung".

Allenfalls im Hinblick auf das zustimmende Votum könnte an eine *konkludente* Rechtsfolgenerklärung gedacht werden, da die Ethik-Kommission weiß, daß aufgrund ihrer zustimmenden Bewertung die klinische Prüfung durchgeführt werden kann, und sie diese Rechtsfolge auch eintreten lassen möchte. Für die ablehnende Bewertung ist jedoch sehr fraglich, ob die Ethik-Kommission hier die Rechtsfolge der Widerspruchsbefugnis des Bundesinstituts konkludent erklärt. Diese Rechtsfolge ist zwar vom Gesetz vorgesehen und der Ethik-Kommission bekannt, doch steht sie für die Ethik-Kommission nicht im Vordergrund ihrer ablehnenden Bewertung. In erster Linie möchte die Ethik-Kommission mit ihrer ablehnenden Bewertung dem *Forscher* zeigen, daß die geplante Studie nicht durch sie, die Ethik-Kommission, „abgesegnet" ist, und gerade durch *ihr* Votum den Forscher veranlassen, von der Versuchsdurchführung in der ursprünglich geplanten Form Abstand zu nehmen.

(cc) Rechtsfolgenauslösung in Gestalt der Aktualisierung einer Rechtsfolge durch Rechtsanwendung

Ohne eine Rechtsfolge ausdrücklich auszusprechen, aktualisiert die Ethik-Kommission durch ihre Bewertung eine sich bereits aus dem Gesetz ergebende Rechtsfolge. So ist der zustimmenden Kommissionsbewertung die Rechtsfolge „Zulässigkeit der klinischen Prüfung", der ablehnenden Kommissionsbewertung die Rechtsfolge „Widerspruchsbefugnis des Bundesinstituts" gesetzlich zugeordnet. Dabei unterscheiden sich die durch das jeweilige Votum aktualisierten Rechtsfolgen hinsichtlich ihrer Wirkung auf die materielle Rechtslage.

---

256 Streng genommen stellt der Terminus „zustimmende Bewertung" eine contradictio in adjectu dar; denn die zustimmende Bewertung ist weder eine reine Bewertung (wie es etwa eine Bewertung der klinischen Prüfung als „ärztlich vertretbar" wäre) noch eine Zustimmung im Sinne eines ausdrücklichen Ausspruchs der Ethik-Kommission, daß die klinische Prüfung nun erlaubt sei.

257 Daneben in § 40 Abs. 1 S. 1 Nr. 6 AMG von „Votum".

Wird durch die Aktualisierung einer Rechtsfolge eine Veränderung der materiellen Rechtslage[258] herbeigeführt, so kommt der die Rechtsfolge auslösenden Behördenmaßnahme rechtsgestaltende Wirkung zu; wird die materielle Rechtslage hingegen nicht verändert, so kommt der Behördenmaßnahme möglicherweise feststellende[259], jedenfalls aber keine rechtsgestaltende Wirkung zu.

Bei der zustimmenden Kommissionsbewertung handelt es sich um eine Maßnahme mit rechtsgestaltender Wirkung. Denn durch das zustimmende Votum wird das vorläufige Verbot des § 40 Abs. 1 S. 2 i.V.m. S. 3 AMG aufgehoben, die Zulässigkeit der klinischen Prüfung herbeigeführt und insoweit die Rechtslage für den Forscher verändert. Das zustimmende Votum könnte daher, wenn auch nicht seiner äußeren Form nach, so doch inhaltlich möglicherweise eine Genehmigung darstellen, sofern das weitere – für die Bejahung eines Regelungsgehaltes notwendige – Erfordernis der Rechtsanwendung sowie die weitere – für die Bejahung der Verwaltungsaktsqualität erforderliche – Voraussetzung der Außenwirkung erfüllt sind.

Dem ablehnenden Kommissionsvotum kommt demgegenüber keine rechtsgestaltende Wirkung zu. Denn durch die bundesoberbehördliche Widerspruchs*befugnis* (als die durch das ablehnende Votum ausgelöste Rechtsfolge) als solche wird noch keine Änderung der materiellen Rechtslage im Hinblick auf die Rechtsstellung des Forschers herbeigeführt. Dennoch kann es sich auch beim ablehnenden Votum um eine Maßnahme mit Regelungsqualität handeln, sofern das Kriterium der Rechtsanwendung erfüllt ist.

Mithin ungeachtet der Verschiedenheit der ausgelösten Rechtsfolgen, was ihre Wirkung auf die materielle Rechtslage betrifft, kommt es für beide Kommissionsvoten,

---

258 Eine Änderung der materiellen Rechtslage liegt vor, wenn ein konkretes Rechtsverhältnis begründet, abgeändert oder aufgehoben wird. Die im Schrifttum übliche Einteilung der Verwaltungsakte in solche mit „rechtsgestaltendem" und solche mit „feststellendem" Regelungscharakter erfolgt anhand des Kriteriums, ob der VA die materielle Rechtslage ändert oder nicht, vgl. etwa *Bull*, Allgemeines Verwaltungsrecht, Rn. 545; *Erichsen* in: *Erichsen/Ehlers* (Hrsg.), Allgemeines Verwaltungsrecht, § 12 Rn. 27; *Maurer*, Allgemeines Verwaltungsrecht, § 9 Rn. 45; *P.Stelkens/U.Stelkens* in: *Stelkens/Bonk/Sachs* (Hrsg.), Verwaltungsverfahrensgesetz, § 35 Rn. 139 b; *Schmalz*, Allgemeines Verwaltungsrecht, Rn. 166; *Ule/Laubinger*, Verwaltungsverfahrensrecht, § 48 Rn.17; *Wolff/Bachof/Stober*, Verwaltungsrecht Band 2, § 46 Rn. 3; anders, sow. ers., nur *Appel/Melchinger*, VerwArchiv 84 (1993), S. 349 ff. (360 ff.).

259 Vgl. BayVGH, BayVBl. 2000, S. 470 f. (470); *P. Stelkens/U. Stelkens* in: *Stelkens/Bonk/Sachs* (Hrsg.), Verwaltungsverfahrensgesetz, § 35 Rn. 142; *Ule/Laubinger*, Verwaltungsverfahrensrecht, § 48 Rn. 17.

für das zustimmende ebenso wie für das ablehnende, im Hinblick auf ihren Regelungscharakter gleichermaßen darauf an, ob die Aktualisierung der Rechtsfolgen dadurch erfolgt, daß die Ethik-Kommission bei ihrer Bewertung Recht anwendet.

Jede behördliche Anwendung einer Rechtsvorschrift, die der Behörde einen Anwendungsspielraum beläßt, besitzt Regelungscharakter[260]. Der Vorgang der Rechtsanwendung durch die Behörde ist das entscheidende Kriterium, das aus einer bloßen Feststellung eine Regelung werden läßt[261]. Auch in der scheinbar bloßen Wiedergabe der bestehenden und bereits weitgehend verdichteten Rechtslage kann dann eine Regelung liegen, wenn und soweit der Behörde hierbei ein Interpretations- oder Konkretisierungsspielraum verbleibt[262], wie ihn etwa Ermessensnormen oder Normen mit unbestimmten Rechtsbegriffen einräumen[263].

Es gilt daher zunächst, die Kommissionsbewertung daraufhin zu untersuchen, ob in ihr eine Feststellung im Sinne der Wiedergabe einer Rechtslage liegt, und sodann, ob der Ethik-Kommission bei dieser Feststellung ein Interpretations- oder Konkretisierungsspielraum verbleibt.

Das Gesetz spricht nicht davon, daß die Kommission das Vorliegen der in § 40 Abs. 1 S. 1 Nr. 1 bis 8 AMG enumerativ genannten Voraussetzungen für die Durchführung der Arzneimittelprüfung ausdrücklich festzustellen habe; es sagt lediglich, daß die Beachtung der Vorschriften in Satz 1 Voraussetzung für die zustimmende Bewertung sei. Da § 40 Abs. 1 S. 2, 2. HS AMG aber die zustimmende Bewertung vom Vorliegen der in § 40 Abs. 1 S. 1 AMG[264] aufgeführten Voraussetzungen abhängig macht, hat die Ethik-Kommission das Vorliegen dieser Voraussetzungen zu prüfen, so daß ihr zustimmendes oder ablehnendes Votum indirekt eine Aussage dahingehend trifft, daß diese Voraussetzungen erfüllt bzw. nicht erfüllt sind. Die Ethik-Kommission stellt mithin implizit und konkludent das Vorliegen bzw. Nichtvorliegen der in § 40 Abs. 1 S. 1 AMG genannten Voraussetzungen fest.

---

260 *Appel/Melchinger*, VerwArchiv 84 (1993), S. 349 ff. (363).

261 Vgl. *Appel/Melchinger*, VerwArchiv 84 (1993), S. 349 ff. (364).

262 Vgl. *Appel/Melchinger*, VerwArchiv 84 (1993), S. 349 ff. (364).

263 Zur Differenzierung nach Normen und Norminhalten ausführlich *Appel/Melchinger*, VerwArchiv 84 (1993), S. 349 ff. (364 ff.).

264 Folgerichtig mit Ausnahme der Nr. 6, soweit sie das Kommissionsvotum betrifft.

Die sich nun anschließende Frage, ob der Ethik-Kommission bei dieser Feststellung ein Interpretations- oder Konkretisierungsspielraum verbleibt, kann allerdings nicht schon dann bejaht werden, wenn § 40 Abs. 1 AMG der Ethik-Kommission einen „wie auch immer gearteten Deutungs- oder Konkretisierungsspielraum beläßt“[265]. Vielmehr ist erforderlich, daß es sich bei dem Anwendungsspielraum inhaltlich um einen solchen des Rechts handelt. Daher stellen etwa an metajuristischen Maßstäben und Kriterien ausgerichtete Entscheidungen keine Rechtsanwendung im eigentlichen Sinne dar, da sie auf Erwägungen außerhalb des rechtlich faßbaren Bereichs beruhen[266]. Entscheidend ist also, daß die Ethik-Kommission tatsächlich „Rechts“-Anwendung betreibt, indem sie an den zuvor ermittelten Sachverhalt *rechtliche* Kriterien und Maßstäbe anlegt[267].

Folgt man der Ansicht von *Rupp*[268], so ist diese Voraussetzung nicht gegeben. Nach seiner Auffassung handelt es sich bei den Kommissionsbewertungen um bloße berufsethische oder berufsrechtliche Ratschläge und somit Akte außerhalb des Rechts. Die Abwägung, die für die Bejahung oder Verneinung der ärztlichen Vertretbarkeit der Risiken eines Forschungsvorhabens getroffen werden müsse, könne nur auf ethischen Bewußtseinsprägungen beruhen, die es nicht erlaubten, den Forscher von der ethischen Verantwortlichkeit für sein Vorhaben kraft Verwaltungsakts zu entlasten[269]. Demzufolge käme es, so *Rupp*, einer Anmaßung gleich, würde die Ethik-Kommission kraft öffentlich-rechtlichen Rechtsakts dem Forscher verbindlich vorschreiben, was ethisch richtig oder falsch, erlaubt oder verboten ist[270].

Der Ansicht von *Rupp* ist insoweit zuzustimmen, als ethische Fragestellungen und Problemkomplexe tatsächlich nicht geeignet wären, aus dem Recht und durch Rechtsspruch verbindlich entschieden zu werden[271]. Bildeten sie die alleinige Grundlage der Kommissionsentscheidung, so könnte die Ethik-Kommission gegenüber

265 So aber allgemein *Appel/Melchinger*, VerwArchiv 84 (1993), S. 349 ff. (362).

266 Vgl. *Grupp* in: Festschrift für Blümel, S. 139 ff. (149).

267 Vgl. *Appel/Melchinger*, VerwArchiv 84 (1993), S. 349 ff. (364).

268 *Rupp* in: Festschrift für Heckel, S. 839 ff.

269 *Rupp* in: Festschrift für Heckel, S. 839 ff. (847).

270 *Rupp* in: Festschrift für Heckel, S. 839 ff. (848); ähnlich auch *Rosenau* in *Deutsch/Taupitz* (Hrsg.), Forschungsfreiheit, S.63 ff. (78); allgemein zur Nichtregelbarkeit ethischer Prinzipien durch den Gesetzgeber *Hailbronner*, WissR 13 (1980), S. 212 ff. (220), m.w.N: „Die Rechtsordnung hat sich auf das rechtlich Regelbare zu beschränken. Moralische und ethische Pflichten sind als solche kein möglicher Regelungsgegenstand des Gesetzgebers.“

271 Vgl. *Pfeiffer*, VersR 1994, S. 1377 ff. (1381).

dem Arzt in der Tat nicht, um in den Worten *Otto Mayers* zu sprechen, festlegen, „was für ihn Rechtens sein soll“[272].

Indes beruht die Sichtweise von *Rupp,* wenn er die Kommissionsvoten als bloße berufsethische Ratschläge qualifiziert, auf einem verkürzten Verständnis von der Natur der Kommissionsvoten. Denn die Ethik-Kommission hat bei ihrer Begutachtung nicht nur und nicht einmal primär ethische Fragestellungen[273] zu berücksichtigen[274], sondern auf die Einhaltung normativ vorgegebener Tatbestände zu achten[275]. So bindet der Gesetzgeber in § 40 Abs. 1 S. 2, 2. HS i.V.m. Abs. 1 AMG, insbesondere den Nr. 2–8, die zustimmende Bewertung der Ethik-Kommission an das Vorliegen ganz bestimmter tatsächlicher Voraussetzungen, welche sämtlich erfüllt sein müssen, damit der Arzt mit der klinischen Prüfung beginnen kann.

Da die Ethik-Kommission zumindest insoweit, als sie den durch sie zu begutachtenden und zu bewertenden Sachverhalt (i.e. das konkrete Forschungsvorhaben) unter die in § 40 Abs. 1 S. 1 *Nr. 2 bis 8* AMG festgelegten Erfordernisse subsumiert, rechtliche Kriterien an den Sachverhalt anlegt, scheitert die Annahme eines Regelungsgehalts der Kommissionsvoten jedenfalls nicht am Merkmal der „Rechts“-Anwendung.

Der Ethik-Kommission müßte jedoch darüber hinaus gerade mit Blick auf die rechtlichen Kriterien ein Anwendungs*spielraum* zustehen. Ein solcher Rechtsanwendungsspielraum der Kommission erscheint zwar auf den ersten Blick deshalb zweifelhaft, weil einerseits der Prüfrahmen der Ethik-Kommission im Arzneimittelrecht vom Gesetzgeber abschließend vorgegeben ist, so daß die Kommission ihre zustimmende Bewertung nicht noch von weiteren Bedingungen abhängig machen darf[276], und weil andererseits von den in § 40 Abs. 1 S. 1 AMG genannten Voraussetzungen die in Nr. 2 bis 8 niedergelegten Erfordernisse augenscheinlich einen reinen „Check-Ka-

---

272 *Mayer*, Deutsches Verwaltungsrecht I, S. 93.

273 So weist *Rupp* in: Festschrift für Heckel, S. 839 ff. (856) selbst darauf hin, daß sich auf die ethische Bewertung durch die Ethik-Kommission lediglich § 40 Abs.1 S.1 Nr.1 des Arzneimittelgesetzes beziehe.

274 Vgl. *Steigleder*, Kontrollierte Selbstregulierung, S. 70, der vor diesem Hintergrund sogar die Frage stellt, ob Ethik-Kommissionen ihren Namen zurecht tragen.

275 *Arndt*, PharmR 1996, S. 72 ff. (75); *Deutsch* in *Deutsch/Lippert* (Hrsg.), Arzneimittelgesetz, § 40 Rn. 15.

276 *Arndt*, PharmR 1996, S. 72 ff. (75); *Rehmann*, Arzneimittelgesetz, § 40 Rn. 13; *Sander*, Arzneimittelrecht, Band 1 Teil C, Erl. § 40 Ziff. 13 a; *Schiwy*, Arzneimittelgesetz, Band I, § 40 S. 11.

talog“ darstellen, welcher der Kommission wenig Möglichkeit für eine wertende Beurteilung[277] zu lassen scheint.

Jedoch könnte bei näherer Betrachtung ein Rechtsanwendungsspielraum der Ethik-Kommission zumindest in Ansehung der Bestimmung des § 40 Abs. 1 S. 1 Nr.1 AMG zu bejahen sein: Das zentrale wertausfüllungsbedürftige Kriterium, bei welchem die Ethik-Kommission einen Beurteilungsspielraum und daher eine Auslegung und Abwägung zu treffen hat, ist die Prüfung der ärztlichen Vertretbarkeit[278], d.h. in den – an die Revidierte Deklaration von Helsinki angelehnten – Worten des § 40 Abs. 1 S. 1 Nr. 1 AMG die Prüfung, ob die Risiken, die mit der klinischen Arzneimittelprüfung für die Person verbunden sind, bei der sie durchgeführt werden soll, gemessen an der voraussichtlichen Bedeutung des Arzneimittels für die Heilkunde ärztlich vertretbar sind. Es stellt sich daher die Frage, ob mit der sich auf die ärztliche Vertretbarkeit beziehenden Bestimmung des § 40 Abs. 1 S. 1 Nr. 1 AMG ein Beurteilungsspielraum der Ethik-Kommission in dem Sinne begründet wird, wie er – zusammen mit dem Erfordernis der Aktualisierung einer Rechtsfolge – Voraussetzung für die Bejahung des Regelungsgehaltes einer behördlichen Maßnahme ist.

Die ärztliche Vertretbarkeit ist ein originär metajuristisches Kriterium[279]; ärztlich vertretbar ist eine klinische Prüfung dann, wenn sie den ethischen Grundsätzen ärztlichen Handelns entspricht[280]. Der Begriff der ärztlichen Vertretbarkeit beinhaltet demnach nicht etwa nur medizinisch-wissenschaftliche (und möglicherweise rechtliche), sondern auch ethische Komponenten. Damit wird aber der Begriff der Ethik als

---

277 Raum für eine wertende Beurteilung gibt etwa § 40 Abs. 1 S. 1 *Nr. 5* AMG, indem er eine Überprüfung dahin verlangt, ob eine dem jeweiligen Stand der wissenschaftlichen Erkenntnisse entsprechende pharmakologisch-toxikologische Prüfung durchgeführt worden ist; auch § 40 Abs. 1 S. 1 *Nr. 2* AMG erfordert insofern eine wertende Beurteilung, als u.a. überprüft werden muß, ob der in den Versuch einwilligende Proband durch einen Arzt über Wesen, Bedeutung und Tragweite der klinischen Prüfung aufgeklärt worden ist.

278 *Deutsch* in *Deutsch/Lippert* (Hrsg.), Arzneimittelgesetz, § 40 Rn. 7; sehr vage hingegen *Koch* in: *Korff* (Hrsg.), Lexikon der Bioethik, Band 2, S. 240: Die gesetzliche Formulierung „ärztlich vertretbar“ deute auf einen gewissen Beurteilungsspielraum hin.

279 Zur Unterscheidung zwischen Juristischem und Metajuristischem vgl. *Troller*, Rechtsprechungslehre, S. 713 ff. (713 f.); zur Frage, ob und inwieweit an metajuristischen Kriterien und Zielen ausgerichtete Entscheidungen der Verwaltung einer gerichtlichen Kontrolle unterliegen, siehe *Grupp* in: Festschrift für Blümel, S. 139 ff. (148 ff.).

280 *Kloesel/Cyran*, Arzneimittelrecht, Teil A 1, § 40 Anm. 4; *Sander*, Arzneimittelrecht, Band 1 Teil C, Erl. § 40 Ziff. 6; vgl. auch *Schreiber* in: *Deutsch/Taupitz* (Hrsg.), Forschungsfreiheit, S. 303 ff. (305 u. 312).

solcher und im weiteren auch das Verhältnis der ethischen zu den rechtlichen Gesichtspunkten angesprochen, wie überhaupt die Frage, ob es sich bei (Arzt-)Ethik und (Arzt-)Recht um zwei inhaltlich getrennte, voneinander zu unterscheidende Bereiche handelt oder ob sie sich wenigstens teilweise inhaltlich decken.

Nach einer bekannten Formel von *Georg Jellinek* stellt das Recht ein „ethisches Minimum" dar[281]. Dies ist insofern zutreffend, als Ethik und Recht keineswegs völlig deckungsgleich sind[282], sondern letzteres lediglich einen Ausschnitt aus dem Gebiet der Ethik umfassen kann und soll[283]. Es gibt Bereiche von Ethik und Sittlichkeit, welche dem Recht nicht zugänglich sind, wie z.B. alle subtileren Formen zwischenmenschlichen Umgangs wie überhaupt der Mitmenschlichkeit[284]. Umgekehrt aber regelt – und dies wird bei der Qualifizierung des Rechts als ethisches Minimum übersehen – das Recht auch Sachverhalte, die nicht in ethische Kategorien eingeordnet werden können, die mithin ethisch wertneutral sind. Den entsprechenden rechtlichen Regelungen[285] kommt in diesen Fällen keine ethische Qualität zu.

Sowohl das Recht wie die Ethik enthalten an den Menschen gerichtete Verhaltensanweisungen, die als Normen bezeichnet werden[286]. Ethik und Recht sind daher Normenordnungen. Die jeweiligen Normen werden aus hinter ihnen stehenden Werten abgeleitet. Rechtliche und ethische Gebote zielen fordernd, vorschreibend und normierend auf das menschliche Handeln[287]. Inhaltlich sind Recht und Ethik zwar weder deckungsgleich noch stellt, wie gesagt, das Recht das „ethische Minimum" dar. Rechtsnormen haben jedoch ihren Ursprung oft in übergreifenden und allgemeingültigen ethischen Werten. Mit Blick auf ihre sich insoweit *teilweise* deckenden Regelungsinhalte haben die Normensysteme Recht und Ethik eine gemeinsame Schnittmenge[288].

---

281 *Jellinek*, Die socialethische Bedeutung von Recht, Unrecht und Strafe, S. 42 f.

282 *Ankermann* in: *Schlaudraff* (Hrsg.), Ethik in der Medizin, S. 93 ff. (94); *Schreiber* in: *Doerr/Jacob/Laufs* (Hrsg.), Recht und Ethik in der Medizin, S. 15 ff. (19).

283 Vgl. *Ankermann* in: *Schlaudraff* (Hrsg.), Ethik in der Medizin, S. 93 ff. (94 f.).

284 Vgl. *Schreiber* in: *Doerr/Jacob/Laufs* (Hrsg.), Recht und Ethik in der Medizin, S. 15 ff. (19).

285 Hierzu gehören bspw. die meisten Vorschriften aus dem Bereich des Ordnungswidrigkeitenrechts.

286 *Deutsch*, VersR 1987, S. 949 ff. (950).

287 *Czwalinna*, Forschungslegitimation, S. 51. Zu möglichen Konfliktsituationen, wenn Wertordnungen unterschiedlicher Herkunft und unterschiedlichen Ranges im Einzelfall konträre Verhaltensweisen gebieten, siehe *Alber-Malchow*, Plädoyer, S. 57 ff.

288 Vgl. *Czwalinna*, Forschungslegitimation, S. 62.

Diese gemeinsame Schnittmenge von Recht und Ethik kann in bestimmten besonderen Bereichen der Ethik, wie etwa der ärztlichen Standesethik, sogar noch größer sein als mit Blick auf die „allgemeine" Ethik: „Die Standesethik steht nicht isoliert neben dem Recht, sie wirkt allenthalben und ständig in die rechtliche Beziehung des Arztes zum Patienten hinein. Was die Standesethik vom Arzt fordert, übernimmt das Recht weithin zugleich als rechtliche Pflicht. Weit mehr als sonst in den sozialen Beziehungen des Menschen fließt im ärztlichen Berufsbereich das Ethische mit dem Rechtlichen zusammen"[289].

Stimmen in der Literatur sehen folgerichtig in den §§ 40, 41 AMG den ersten Versuch in der deutschen Gesetzgebung, ethische Grundnormen für medizinisches Handeln zur Erprobung von Arzneimitteln an Menschen in Gesetzesform zu gießen[290]. Speziell mit Blick auf die Vorschrift des § 40 Abs. 1 S. 1 Nr. 1 AMG hält es *Sobota* für schwierig, unter dem Gesichtspunkt der Ethik noch Gründe zu finden, die nicht bereits in dieser Bestimmung Anklang fänden. Denn hier seien sämtliche Kriterien zusammengestellt, die – unter Einhaltung der weiteren in § 40 Abs. 1 S. 1 AMG genannten Anforderungen – für oder gegen eine klinische Prüfung sprechen, nämlich ein zu hohes Risiko für die betroffenen Patienten, eine voraussichtlich zu geringe Bedeutung des Testpräparates für die ärztliche Heilkunde und ein Mißverhältnis zwischen Risiko und Bedeutung[291].

Soweit *Sobota* mit ihrem Einwand indirekt geltend machen will, daß es sich bei der ärztlichen Vertretbarkeit nicht um ein ethisch-medizinisches, sondern ein rechtliches Kriterium handele, ist ihr insoweit zuzustimmen, als die ärztliche Vertretbarkeit zumindest *auch* eine rechtliche Wertung beinhaltet[292]. Denn bei der Einschätzung der ärztlichen Vertretbarkeit von mit klinischen Prüfungen einhergehenden Risiken für die Probanden handelt es sich nicht nur um eine von ethischen und medizinischen

289 So BVerfGE 52, S. 131 ff. (169 f.) (zitierend *Eberhard Schmidt*, Der Arzt im Strafrecht, in: *Ponsold*, Lehrbuch der gerichtlichen Medizin, 2. Auflage, 1957, S. 2). Zum Spannungsfeld zwischen Ethik und Recht bei der ärztlichen Berufsausübung siehe *Pribilla* in: *von Engelhardt* (Hrsg.), Ethik im Alltag der Medizin, S. 279 ff.

290 *Kloesel/Cyran*, Arzneimittelrecht, Teil A 1, § 40 Anm. 1; *Schröder*, Kommissionskontrolle, S. 50.

291 *Sobota*, AöR 1996, S. 229 ff. (253 f.).

292 *Deutsch* in *Deutsch/Lippert* (Hrsg.), Arzneimittelgesetz, § 40 Rn. 6; a.A. *Blasius/Müller-Römer/Fischer*, Arzneimittel und Recht in Deutschland, S. 71, sowie *Sander*, Arzneimittelrecht, Band 1 Teil C, Erl. § 40 Ziff. 6: Die Beurteilung habe ausschließlich aus der Sicht ärztlicher Ethik zu erfolgen.

Fragestellungen, sondern um eine auch ganz wesentlich, wenn nicht sogar überwiegend, von rechtlichen Maßstäben geprägte Beurteilung[293]. Im übrigen ist der Begriff der ärztlichen Vertretbarkeit dadurch, daß er in das Arzneimittelgesetz Eingang gefunden hat, verrechtlicht worden[294].

Da die Ethik-Kommission nach alledem nicht nur medizinisch-ethische, sondern auch rechtliche Kriterien zur Grundlage ihrer Bewertung zu machen hat[295], und ihr bei der Anwendung der rechtlichen Kriterien auch ein Interpretationsspielraum zusteht, konkretisiert und individualisiert sie die abstrakt-generelle arzneimittelgesetzliche Regelung verbindlich und aktualisiert dabei mit ihrer zustimmenden oder ablehnenden Bewertung die der Bewertung jeweils zugeordnete Rechtsfolge durch Rechtsanwendung.

(dd) Ergebnis zu (a)

Sowohl dem zustimmenden als auch dem ablehnenden Kommissionsvotum kommt – wenn auch in der Wirkung unterschiedlicher – Regelungsgehalt zu, da im Hinblick auf die Voten beide Voraussetzungen für die Annahme des Regelungscharakters einer behördlichen Maßnahme – Rechtsfolgenauslösung sowie Rechtsanwendung – erfüllt sind[296].

---

293 Vgl. *Freund*, MedR 2001, S. 65 ff. (69), der mit Blick auf die Ethik-Kommission am Fachbereich Humanmedizin der Universität Marburg ausführt, daß neben „kniffligen", einer fundierten rechtlichen Lösung bedürfenden Fragen regelmäßig keine „spezifisch ethischen Zusatzprobleme" mehr vorhanden seien.

294 A.A. *Rupp* in: Festschrift für Heckel, S. 839 ff. (856).

295 Vgl. *Albers*, KritV 2003, S. 419 ff. (421 f.; 426): Entscheidungsmaßstab sei eine Mischung aus Recht und Ethik; *Altner* in: *Korff* (Hrsg.), Lexikon der Bioethik, Band 1, S. 682 ff. (684): Beurteilung fachlicher, ethischer und rechtlicher Aspekte; *Dähne*, MedR 2003, S. 164 ff. (166): Ethische Fragen seien zumeist Rechtsfragen, wenn man das Recht als ethisches Minimum einer Gesellschaft sehe; *Sträter* in: *Witte et al.* (Hrsg.), Ordnungsgemäße Klinische Prüfung, S. 43 ff. (51): Die oft als „ethisch" qualifizierte Anforderung in § 40 Abs.1 S. 1 Nr.1 AMG habe auch zentrale rechtliche Bedeutung. Nicht ohne Grund spricht das Arzneimittelgesetz denn auch (umfassender) von „ärztlicher Vertretbarkeit" und nicht lediglich von „ethischer Vertretbarkeit", ein Begriff, wie ihn demgegenüber das Tierschutzgesetz im Hinblick auf die Zulässigkeit von Tierversuchen an Wirbeltieren verwendet (§ 7 Abs. 3 S. 1 TierSchG: „Versuche an Wirbeltieren dürfen nur durchgeführt werden, wenn die zu erwartenden Schmerzen, Leiden oder Schäden der Versuchstiere im Hinblick auf den Versuchszweck ethisch vertretbar sind").

296 Demgegenüber hält *Sobota*, AöR 121 (1996), S. 229 ff. (241) eine Regelung offenbar nur bei einer Rechtsgestaltung (und nicht bei einer eine Rechtsfolge auslösenden behördlichen Maßnahme ohne rechtsgestaltende Wirkung) für gegeben, wenn sie ausführt, durch die Wirkung,

(b) Außenwirkung

Auch im Hinblick auf das Verwaltungsaktsmerkmal der Außenwirkung unterscheiden sich die zustimmende und die ablehnende Kommissionsbewertung.

Dem zustimmenden Kommissionsvotum kommt aufgrund seines rechtsgestaltenden, die materielle Rechtslage verändernden Regelungscharakters Außenwirkung zu. Bei ihm könnte es sich um eine Genehmigung handeln. Gegen die Qualifizierung der zustimmenden Bewertung als Genehmigung könnte zwar sprechen, daß § 40 Abs. 1 S. 2 AMG – etwa im Unterschied zu § 8 Abs. 1 TierSchG – gerade nicht den Terminus der Genehmigung verwendet. Andererseits kommt die Verwendung des Wortes „zustimmend" dem Genehmigungsbegriff doch nahe[297], zumindest näher, als wenn das Gesetz – ebenso vorstellbar – lediglich von einer Bewertung als „medizinisch, rechtlich und ethisch unbedenklich" sprechen würde. Der Wortlaut des Gesetzes steht folglich nicht entgegen, die zustimmende Bewertung zwar nicht ihrer äußeren Form nach, wohl aber *inhaltlich* als eine Genehmigung zu qualifizieren[298].

Auch aus dem Aufbau des § 40 Abs.1 AMG kann nichts gegenteiliges hergeleitet werden: Vergleicht man den Aufbau dieser Vorschrift etwa mit demjenigen des § 8 TierSchG, so fällt zwar auf, daß beim Genehmigungsverfahren wie es in § 8 TierSchG vorgesehen ist, die Genehmigung die einzige Voraussetzung für die Versuchsdurchführung darstellt (§ 8 Abs. 1 TierSchG: „Wer Versuche an Wirbeltieren durchführen will, bedarf der Genehmigung des Versuchsvorhabens durch die zuständige Behörde"), die Genehmigungserteilung jedoch ihrerseits an verschiedene Bedingungen geknüpft wird (§ 8 Abs. 3 TierSchG: „Die Genehmigung darf nur erteilt werden, wenn ..."). Diese Bedingungen sind gesetzestechnisch keine Voraussetzungen für die Durchführung des Tierversuches, sondern Voraussetzungen für die behördliche Genehmigung der Durchführung des Tierversuchs. Im Falle des § 40 Abs. 1 AMG hingegen sind die in S. 1 genannten Erfordernisse gemäß dem Aufbau der Vorschrift sowohl Voraussetzung für die Durchführung der klinischen Prüfung als auch zugleich

---

daß der juristische Befund der Ethik-Kommission Rechtsfolgen auszulösen geeignet ist, werde das Verhalten „nicht bereits zu einem rechtsgestaltenden, und damit regelnden Akt".

297 Im Zivilrecht ist Zustimmung der Oberbegriff für die Einwillung (= vorherige Zustimmung) und die Genehmigung (= nachträgliche Zustimmung). Diese Differenzierung hat im Verwaltungsrecht allerdings keine Bedeutung, denn Genehmigungen von Vorhaben werden ja gerade nicht erst nachträglich, sondern im Voraus erteilt.

298 A.A. *Schreiber*, Transfusionsgesetz, S. 165, mit Blick auf den (entsprechenden) Wortlaut des § 8 Abs. 2 S. 1 Nr. 7 TFG.

Voraussetzung und Grundlage des zustimmenden Kommissionsvotums, das seinerseits wiederum eine Voraussetzung für die Versuchsdurchführbarkeit darstellt. Jedoch ergibt sich daraus kein sachlicher Unterschied; das Arzneimittelgesetz bedient sich lediglich einer vom Regelfall[299] abweichenden Regelungstechnik.

Entscheidend für die inhaltliche Qualifizierung des zustimmenden Kommissionsvotums als Genehmigung ist folgender Umstand: Genehmigungen (Kontrollerlaubnisse) enthalten, wie grundsätzlich jeder gestaltende Verwaltungsakt, einen feststellenden Teil, indem sie die Vereinbarkeit des vom Antragsteller gewünschten Verhaltens mit dem geltenden Recht feststellen, und einen verfügenden Teil, indem sie das gewünschte Verhalten gestatten[300]. Dieser verfügende Teil ist beim zustimmenden Kommissionsvotum gegeben: Die zustimmende Bewertung berechtigt den Arzt unmittelbar, d.h. ohne das „Placet" einer weiteren Instanz zum Beginn der klinischen Prüfung. Zwar müssen außer der zustimmenden Stellungnahme noch die übrigen Bedingungen des § 40 Abs. 1 AMG erfüllt sein, damit der Forscher mit der Durchführung seines Forschungsprojekts beginnen kann. Das Vorliegen dieser Bedingungen bildet aber gerade die Grundlage des positiven Votums der Ethik-Kommission, da § 40 Abs. 1 S. 2, 2. HS AMG die zustimmende Bewertung davon abhängig macht, daß die Bedingungen in § 40 Abs. 1 S. 1 AMG eingehalten sind[301].

299 Der tierschutzgesetzlichen Regelung entsprechen aufbautechnisch z.B. die Vorschriften über die Erteilung einer Genehmigung nach dem Bundesimmissionsschutzgesetz (§ 4 i.V.m. § 6 BImSchG), einer Fahrerlaubnis nach dem Straßenverkehrsgesetz (§ 2 Abs. 1 i.V.m. Abs. 2. StVG), einer Genehmigung nach dem Gentechnikgesetz (§ 8 Abs. 1 S. 2, Abs. 4 S. 1 i.V.m. § 13 Abs. 1 GenTG) und einer Einfuhr- bzw. Ausfuhrgenehmigung nach dem Atomgesetz (§ 3 Abs. 1 i.V.m. Abs. 2 bzw. Abs. 3 AtG).

300 Vgl. z.B. für die Baugenehmigung *Maurer*, Allgemeines Verwaltungsrecht, § 9 Rn.51: Durch die Baugenehmigung werde die Vereinbarkeit des Bauvorhabens mit dem materiellen Recht festgestellt (feststellender Teil der Baugenehmigung) und die Durchführung des Bauvorhabens erlaubt (verfügender Teil der Baugenehmigung). Ähnlich auch *P.Stelkens/U.Stelkens* in: *Stelkens/Bonk/Sachs* (Hrsg.), Verwaltungsverfahrensgesetz, § 35 Rn. 139: Die Baugenehmigung stelle fest, daß das Vorhaben mit den prüfungsrelevanten baurechtlichen öffentlich-rechtlichen Vorschriften vereinbar ist und enthalte zugleich eine gestaltende Baufreigabe. Bei Verwaltungsakten, die wie die Baugenehmigung einen feststellenden und einen verfügenden Teil besitzen, hat, wie *Fluck*, DVBl. 1999, S. 496 ff. (500) es ausdrückt, „der verfügende Teil (...) ohne einen feststellenden Teil keine Existenzberechtigung, letzterer ohne ersteren schon, gibt aber keine Handlungsbefugnis".

301 Indem das Gesetz der Ethik-Kommission die Überprüfung der in § 40 Abs. 1 S. 1 AMG aufgeführten Voraussetzungen überträgt und deren Vorliegen zur Grundlage des zustimmenden Kommissionsvotums macht, weist es dem Kommissionsvotum eine Doppelfunktion zu und räumt ihm somit eine Sonderstellung unter den übrigen Versuchsdurchführbarkeitsvoraussetzungen ein: Das Votum ist zum einen selbst eine der Voraussetzungen für die Versuchsdurch-

Beinhaltet das Kommissionsvotum gegenüber dem Forscher somit einen verfügenden (erlaubenden) Aspekt, so kann es, wenn auch nicht der äußeren Form nach, so doch seinem Inhalt nach, als Genehmigung qualifiziert werden[302]. Aus der Qualifizierung der zustimmenden Kommissionsbewertung als Genehmigung folgt, daß es bei der Mitwirkung von Ethik-Kommissionen weder um eine ausschließlich ethische Beratung des Forschers geht[303] noch darum, diesen von seiner ethischen Verantwortlichkeit zu entlasten[304]. Vielmehr kommt der prüfend bewertenden, ethisch und rechtlich begutachtenden Tätigkeit der Ethik-Kommission von Gesetzes wegen die Funktion eines präventiven Kontrollmechanismus zur Sicherstellung der Einhaltung der gesetzlichen Vorgaben zu[305]. Durch das Erfordernis der zustimmenden Bewer-

---

führung und beinhaltet zum anderen zugleich eine konkludente Feststellung des Vorliegens der übrigen Voraussetzungen, die für die Versuchsdurchführung gegeben sein müssen und deren Vorliegen die Ethik-Kommissionen zu überprüfen haben.

302 *Arndt*, PharmR 1996, S. 72 ff. (74), u. *Schiwy*, Arzneimittelgesetz, Band I, § 40 S. 11, halten das positive Votum für mit einer Genehmigung vergleichbar; laut *Sträter*, PharmR 1997, S. 337 ff. (340) unterscheidet sich die Forderung des AMG nach einem zustimmenden Votum kaum von einer Genehmigungspflicht. Von einer „faktischen Genehmigungspflicht" sprechen *Blasius/Müller-Römer/Fischer*, Arzneimittel und Recht in Deutschland, S. 73, sowie *Sträter* in: *Witte et al.* (Hrsg.), Ordnungsgemäße Klinische Prüfung, S.43 ff. (48); von einer „Entwicklung der Ethik-Kommissionen zu Quasi-Genehmigungsbehörden" ist bei *Taupitz* in: *Wiesing* (Hrsg.), Die Ethik-Kommissionen, S. 35 ff. (48), die Rede. Als VA qualifiziert auch *Grupp* in: *Sommermann* (Hrsg.), Gremienwesen, S. 133 ff. (135), das ggü. dem Antragsteller ergehende Kommissionsvotum.
Eine genehmigende Funktion der Entscheidung der Ethik-Kommissionen verneinen hingegen *Albers*, KritV 2003, S. 419 ff. (422: Ethik-Kommission entscheide nicht letztverbindlich); *Altner* in: *Korff* (Hrsg.), Lexikon der Bioethik, Band 1, S. 682 ff. (684); *Morsey*, Die Regulierung der biomedizinischen Forschung, S. 94; *Pfeiffer*, VersR 1994, S.1377 ff. (1381: Ethik-Kommission keine Genehmigungsbehörde); *Rosenau* in: *Deutsch/Taupitz* (Hrsg.), Forschungsfreiheit, S. 63 ff. (78: Genehmigungsgewalt liege beim Bundesinstitut); *Schwarz*, Klinische Prüfung, S. 113 (Zustimmendes Votum sei juristisch als antizipiertes Sachverständigengutachten anzusehen); *Sobota*, AöR 121 (1996), S. 229 ff. (240: Die Kommission bewerte nur, fälle aber keine rechtsverbindliche Entscheidung über das Schicksal des Projektes); *Steigleder*, Kontrollierte Selbstregulierung, S. 69 (Beim Kommissionsvotum handele es sich um eine Empfehlung mit Gutachtencharakter).

303 So aber *Rupp* in: Festschrift für Heckel, S. 839 ff. (847 u. 855): Der Ethik-Kommission komme nur die „ethische Beratung" zu.

304 Die in diese Richtung gehende Fragestellung von *Rupp* in: Festschrift für Heckel, S. 839 ff. (847 f.; 854) erweist sich daher als verfehlt. Darüber, daß die Ethik-Kommission dem Forscher nicht die Verantwortung abnehmen kann, besteht im Schrifttum weitgehend Einigkeit, vgl. *Freund*, MedR 2001, S. 65 ff. (66); *Graf*, NJW 2002, S. 1774 ff. (1776); *Jahrmärker*, Med. Klinik 85 (1990), S. 672 ff. (677); *Ratzel/Lippert*, Medizinproduktegesetz, Rn. 116; *Ratzel/Lippert*, Musterberufsordnung, § 15 Rn. 23; *Schlacke*, MedR 1999, S. 551 ff. (553).

305 So auch *Stamer*, Die Ethik-Kommissionen in Baden-Württemberg, S. 41.

tung wird der Ethik-Kommission über die ehemals nur beratende Rolle hinaus eine kontrollierende, das Vorliegen bestimmter gesetzlicher Voraussetzungen überprüfende Funktion zugewiesen[306].

Im Unterschied zur zustimmenden Bewertung ermangelt es dem ablehnenden Kommissionsvotum im Hinblick auf die ihm zugeordnete Rechtsfolge „bundesoberbehördliche Widerspruchsbefugnis" an der Außenwirkung[307]. Die ablehnende Kommissionsbewertung hat, indem sie die Rechtsfolge der bundesoberbehördlichen Widerspruchsbefugnis aktualisiert, noch keine unmittelbare Wirkung auf die materielle Rechtsstellung des Forschers, was die Durchführbarkeit des Versuches betrifft, und somit keine unmittelbare *Rechtswirkung* nach außen.

Am Beispiel des ablehnenden Kommissionsvotums zeigt sich, daß es für die Bejahung der Verwaltungsaktsqualität einer behördlichen Maßnahme nicht nur darauf ankommt, daß eine Rechtsfolge gesetzt wird. Wenn daher etwa *Löwer* rechtsfolgebegründenden Willenserklärungen Verwaltungsaktsqualität „ex definitione" beimißt[308], so ist diese Aussage insoweit unzutreffend, als nur solche behördlichen Willenserklärungen Verwaltungsakte darstellen können, die eine Rechtsfolge *mit unmittelbarer Außenwirkung* begründen.

---

306 Vgl. *Classen*, MedR 1995, S. 148 ff. (151).

307 Keine Außenwirkung kommt der ablehnenden Kommissionsbewertung auch mit Blick auf die mit der zeitlich begrenzten Widerspruchsbefugnis gekoppelte Rechtsfolge zu, daß die Durchführbarkeit des Versuches maximal 60 Tage bis zur bundesoberbehördlichen Entscheidung in der Schwebe hängt und der Arzt solange in der Durchführung seines Vorhabens blockiert ist. Denn insoweit ist, da der Forscher vor wie nach dem Votum der Ethik-Kommission zunächst nicht mit seiner Studie beginnen darf und die Entscheidung der Ethik-Kommission somit nicht die Rechtsstellung des Forschers verändert, die Rechtslage keine neue gegenüber derjenigen vor Einholung des Kommissionsvotums (so auch *Classen*, MedR 1995, S. 148 ff. [149]. Allerdings kann mit dieser Begründung nicht bereits das Merkmal der Regelung verneint werden (so aber *Stamer*, Die Ethik-Kommissionen in Baden-Württemberg, S. 120 f.). Denn eine Regelung muß, wie die Ausführungen auf S. 78 ff. gezeigt haben, nicht zwangsläufig rechtsgestaltenden Charakter haben; entscheidend ist nur, daß eine Rechtsfolge unter Rechtsanwendung ausgelöst wird. Insoweit kann aber für die Rechtsfolge „60-tägige Wartefrist" nichts anderes gelten als für die Rechtsfolge „bundesoberbehördliche Widerspruchsbefugnis": Auch jene Rechtsfolge wird ebenso wie diese durch Rechtsanwendung seitens der Ethik-Kommission aktualisiert. Daraus folgt, daß auch in der Perpetuierung eines schon bestehenden Zustandes, hier der (weiteren) Verzögerung des Versuchs, eine Regelung liegen kann, der aber, weil sie nicht rechtsgestaltend wirkt, keine Außenwirkung zukommt.

308 *Löwer*, DVBl. 1980, S. 952 ff. (958).

(c) Ergebnis zu (2)

Die gesetzlich vorgesehene Rechtsfolge der Widerspruchsbefugnis des Bundesinstituts für Arzneimittel und Medizinprodukte wird zwar durch das ablehnende Kommissionsvotum aktualisiert. Dem ablehnenden Votum kommt in Bezug auf diese Rechtsfolge jedoch ebensowenig wie im Hinblick auf die Rechtsfolge „endgültige Undurchführbarkeit der klinischen Prüfung“[309] Außenwirkung und damit die Qualität eines Verwaltungsakts zu.

Bei einer zusammenschauenden Betrachtung des zustimmenden und des ablehnenden Kommissionsvotums im Hinblick auf die Verwaltungsaktsmerkmale „Regelung“ und „Außenwirkung“ zeigt sich, daß die im Schrifttum übliche Einteilung zwischen „gestaltendem“ und „feststellendem“ Verwaltungsakt und die hierfür herangezogenen Kriterien den sich im Einzelfall ergebenden Besonderheiten behördlicher Maßnahmen nicht immer hinreichend Rechnung trägt. Denn es kommt für die Bejahung rechtsgestaltender Regelungsqualität eines Verwaltungsakts weder auf die Form der behördlichen Erklärung, also nicht darauf an, ob die Behörde die Rechtsfolge in ihre Erklärung aufnimmt[310], noch darauf, ob die Behörde auf der Rechtsfolgenseite einen Spielraum ausfüllt, indem sie entweder aus mehreren ihr potentiell zur Verfügung stehenden Rechtsfolgen die ihr passend erscheinende auswählt oder infolge eines ihr durch eine

309 Insoweit fehlte es zudem bereits an der Regelung (siehe oben S. 70 f.).

310 Allein aus dem Umstand, daß die Behörde die Rechtsfolge nicht selbst erklärt, kann demnach nicht gefolgert werden, es handele sich um einen (nur) feststellenden Verwaltungsakt. Indes wird diese Schlußfolgerung in der Literatur bisweilen gezogen, als Folge dessen, daß im Hinblick auf die Frage, ob ein VA rechtsgestaltenden oder feststellenden Regelungscharakter hat, zu sehr auf die äußere Seite abgestellt wird. So heißt es z.B. bei *P.Stelkens/U.Stelkens* in: *Stelkens/Bonk/Sachs* (Hrsg.), Verwaltungsverfahrensgesetz, § 35 Rn. 142, der Verfügungssatz eines feststellenden VA beschränke sich darauf, das Ergebnis eines behördlichen Subsumtionsvorgangs festzuschreiben, ohne selbst hieran Rechtsfolgen zu knüpfen; *Wolff/Bachof/Stober*, Verwaltungsrecht Band 2, § 46 Rn.2 führen aus, beim feststellenden VA prüfe die Behörde, ob ein Sachverhalt die Tatbestandsmerkmale eines Rechtssatzes erfülle. In der (verbindlichen) Feststellung dieser Prüfung erschöpfe sich die Tätigkeit der Behörde. Ungenau insoweit auch *Appel/Melchinger*, VerwArchiv 84 (1993), S. 349 ff. (364), wenn offenbar nur in dem Fall, daß die Behörde die Rechtsfolge selbst festlegt, ein gestaltender VA angenommen wird, nicht aber dann, wenn die Behörde den Sachverhalt unter eine rechtliche Norm subsumiert, aus der sich die (rechtsgestaltende) Rechtsfolge sodann ergibt. An anderer Stelle scheinen *Appel/Melchinger* (a.a.O., S. 368) allerdings wieder den Blick eher auf die Wirkungsseite zu richten, wenn sie dem feststellenden VA insofern Verwaltungsaktsqualität beimessen, als er „die Rechtslage auf den Einzelfall bezogen *gestaltet*, indem er alle anderen Möglichkeiten einer Beurteilung ausschließt“. (*Hervorhebung* durch die Verfasserin).

Ermessensnorm eingeräumten Handlungsspielraums die Rechtslage durch ihre Entscheidung erstmals „konstitutiv" begründet[311]. Entscheidend ist vielmehr, wie sich am Beispiel der Kommissionsvoten zeigt, die *Wirkung* der ausgelösten Rechtsfolge.

So hat, wie gesehen, die zustimmende Kommissionsbewertung nicht deshalb rechtsgestaltenden Regelungscharakter, weil die Änderung der materiellen Rechtslage etwa in der Weise geschieht, daß die Ethik-Kommission die Zulässigkeit der klinischen Prüfung als Rechtsfolge selbst ausspricht und diese damit selbst anordnet, sondern weil das Arzneimittelgesetz ihrer zustimmenden Bewertung die Durchführbarkeit der klinischen Prüfung als eine rechtsgestaltende Rechtsfolge zuordnet mit der Folge, daß sie mit ihrer (unter Rechtsanwendung erfolgenden) Bewertung diese rechtsgestaltende Rechtsfolge auslöst bzw. aktualisiert. Der Umstand, daß sich die Durchführbarkeit der klinischen Prüfung als Rechtsfolge bereits aus dem Gesetz ergibt, steht der Qualifizierung des zustimmenden Kommissionsvotums als *gestaltenden* Verwaltungsakt nicht entgegen[312]. Umgekehrt fehlt es der ablehnenden Kommissionsbewertung am rechtsgestaltenden Regelungscharakter nicht deshalb, weil die Ethik-Kommission keine Rechtsfolge „erklärt" oder „setzt", sondern nur deshalb, weil dem ablehnenden Votum mit der bundesoberbehördlichen Widerspruchsbefugnis keine Rechtsfolge mit rechtsgestaltender Wirkung gesetzlich zugeordnet ist.

Die Gemeinsamkeiten und Unterschiede des zustimmenden und des ablehnenden Kommissionsvotums verdeutlichen, warum für die Frage, ob einer Behördenmaßnahme rechtsgestaltender Regelungscharakter zukommt, nicht auf die äußere Form, sondern allein auf die ausgelöste Rechtsfolge abzustellen ist. Die Gemeinsamkeit beider Voten besteht darin, daß ihnen vom Gesetz eine Rechtsfolge zugeordnet ist, und daß die Herbeiführung dieser Rechtsfolge auf die gleiche Weise geschieht: In beiden Fällen hat die Ethik-Kommission bei der Überprüfung des Vorliegens der in § 40 Abs. 1 S. 1 AMG aufgestellten Voraussetzungen, also beim *Vorgang* der Bewertung, einen Rechtsanwendungsspielraum, und in beiden Fällen steht am Ende des Bewertungsvorgangs ein zwar unterschiedliches (zustimmendes oder ablehnendes) Bewertungsergebnis, jedoch in beiden Fällen (nur) „die" Bewertung *als* Ergebnis. Denn die Ethik-Kommission spricht nicht etwa im ersten Fall gegenüber dem Forscher aus: „Die

311 Vgl. *Appel/Melchinger*, VerwArchiv 84 (1993), S. 349 ff. (365).

312 Vgl. *Schmalz*, Allgemeines Verwaltungsrecht, Rn. 167, für den Verwaltungsakt allgemein: Da der VA gerade die Aufgabe habe, die gesetzliche Rechtsfolge zu bestimmen, dürfe nicht verlangt werden, daß die Maßnahme eine über das Gesetz hinausgehende oder gar von ihm abweichende Rechtsfolge herbeiführe.

Durchführung der klinischen Prüfung wird gestattet", während sie sich im zweiten Fall lediglich auf die Aussage: „Die klinische Prüfung wird ablehnend bewertet" beschränkte. Das zustimmende und das ablehnende Kommissionsvotum unterscheiden sich nach alledem in ihrer äußeren Form – dem Ausspruch einer (bloßen) Bewertung – nicht, sondern der Unterschied liegt nur in ihrem inhaltlich abweichenden Bewertungs*ergebnis* („zustimmend" bzw. „ablehnend") und in der durch das Bewertungsergebnis jeweils ausgelösten Rechtsfolge.

Aus alledem folgt, daß für die Bestimmung des Charakters der Regelung einer Behördenmaßnahme (rechtsgestaltend oder feststellend) maßgeblich ist, welche *Wirkung* die ausgelöste Rechtsfolge hat. Aus diesem Blickwinkel heraus betrachtet „gestaltet" die Behörde nicht nur, wenn sie aus mehreren in Betracht kommenden Rechtsfolgen die ihr am geeignetsten erscheinende auswählt, sondern sie „gestaltet" auch dann, wenn sie durch Rechtsanwendung eine (gesetzliche) Rechtsfolge mit rechtsgestaltender (und damit Außen-)Wirkung[313] auslöst.

Dies erhellt, daß die übliche Unterscheidung zwischen gestaltendem und feststellendem Verwaltungsakt nicht immer so trennscharf ist[314] wie dies gemeinhin angenommen wird. So wird denn auch nicht zu Unrecht der feststellende Verwaltungsakt dann, wenn mit der behördlichen Feststellung eine konkludente Rechtsfolgenanordnung verbunden ist, als „versteckt gestaltender" Verwaltungsakt bezeichnet[315]. Auch wohnt jedem Verwaltungsakt, ob gestaltend oder nicht, stets ein die Rechtslage feststellendes Element inne[316].

Obwohl die Bewertung der Ethik-Kommission letztlich nichts anderes ist als das Ergebnis einer Subsumtion des ihr konkret vorliegenden Sachverhaltes unter die Bestimmung des § 40 Abs. 1 S. 1 AMG, sie mit ihrer Bewertung also das Vorliegen der

---

313 Kommt es mithin entscheidend auf die *Wirkungsseite* an, so zeigt sich, daß zwischen den – im Schrifttum gewöhnlich getrennt behandelten – Verwaltungsaktsmerkmalen der „Regelung" und der „Außenwirkung" ein Zusammenhang besteht: So kommt einer Behördenmaßnahme mit rechtsgestaltendem Regelungscharakter zwangsläufig Außenwirkung (und damit Verwaltungsaktsqualität) zu. Denn Außenwirkung einer behördlichen Maßnahme ist stets zu bejahen, wenn durch die Behördenentscheidung die materielle Rechtslage verändert, also „gestaltet" wird.

314 Darauf weisen auch *Appel/Melchinger*, AöR 84 (1993), S. 349 ff. (368) hin.

315 So *Hoffmann-Becking*, DÖV 1972, S. 196 ff. (200).

316 *Martens*, Die Praxis des Verwaltungsverfahrens, Rn. 256, hält es aus diesem Grund für wenig zweckmäßig, den feststellenden VA als besondere Kategorie vorzustellen.

in § 40 Abs. 1 S. 1 Nr. 1 bis 8 AMG genannten Voraussetzungen (konkludent) feststellt, ist das zustimmende Votum gleichwohl nicht feststellender sondern rechtsgestaltender Verwaltungsakt deshalb, weil die durch das zustimmende Votum aktualisierte Rechtsfolge rechtsgestaltende Wirkung zeitigt, und hat das ablehnende Votum hingegen nur feststellenden Regelungscharakter, weil die ihm zugeordnete Rechtsfolge keine rechtsgestaltende Wirkung zeitigt. Seiner Rechtsnatur nach könnte das zustimmende Votum daher am ehesten als äußerlich feststellender Verwaltungsakt mit inhaltlich rechtsgestaltender Wirkung bezeichnet werden, während es sich beim ablehnenden Votum um eine feststellende Behördenmaßnahme (Form) ohne rechtsgestaltende Wirkung (Inhalt) handelt.

c) Ergebnis zu 1.

Die ablehnende Bewertung der Ethik-Kommission stellt mangels unmittelbarer Rechtswirkung nach außen keinen Verwaltungsakt dar[317] und greift daher nicht rechtlich in die Forschungsfreiheit ein.

2. Mittelbar-faktischer Eingriff durch schlichtes Verwaltungshandeln?

Führt die ablehnende Kommissionsbewertung, wie gesehen, zwar nicht aus rechtlichen Gründen zu einer Undurchführbarkeit des Versuchs, so sind neben rechtlichen

317 Im Ergebnis ebenso *Classen*, MedR 1995, S. 148 ff. (149); *Rosenau* in: *Deutsch/Taupitz* (Hrsg.), Forschungsfreiheit, S.63 ff.(78); *Sobota*, AöR 121(1996), S.229 ff.(241); *Stamer*, Die Ethik-Kommissionen in Baden-Württemberg, S.121; indirekt auch *Grupp* in: *Sommermann* (Hrsg.), Gremienwesen, S. 133 ff. (135): Die Stellungnahme einer Ethik-Kommission sei nur dann als VA einzustufen, wenn sie ggü. dem Antragsteller ergehe und damit unmittelbare Außenwirkung besitze. Die Frage lediglich aufwerfend *Deutsch/Lippert*, Ethikkommission und klinische Prüfung, S. 48; bewußt offenlassend *Doppelfeld* in: *Deutsch/Taupitz* (Hrsg.), Forschungsfreiheit, S. 341 ff. (346): Es falle schwer, eindeutig Stellung zu nehmen zum Rechtscharakter der Voten der Ethik-Kommissionen. Verwaltungsaktsqualität der Kommissionsvoten – ohne Differenzierung zwischen dem zustimmenden und dem ablehnenden Votum – bejahend hingegen *Deutsch*, VersR 1995, S. 121 ff. (124): Die positive oder negative Bewertung eines Antrags durch die Ethik-Kommission könne als VA gedeutet werden, und etwas ausführlicher in *Deutsch/Spickhoff*, Medizinrecht, Rn. 760: „Nach der gängigen Definition des Verwaltungsaktes, nämlich daß es sich um eine Einzelregelung eines öffentlich-rechtlichen Verhältnisses mit Außenwirkung handelt, wird man nicht umhinkommen, in der zustimmenden oder ablehnenden Bewertung durch die Ethik-Kommission einen Verwaltungsakt zu sehen. Jedenfalls gilt das für die Bewertung, welche der Bundesoberbehörde mitgeteilt wird. Bei einer multizentrischen Studie erlassen die Kommissionen, welche der federführenden Kommission zuarbeiten, wohl keine Verwaltungsakte, da es an der Außenwirkung fehlt".

Eingriffen in Grundrechte jedoch auch faktische Grundrechtsbeeinträchtigungen denkbar[318]. Beim ablehnenden Kommissionsvotum als einer dem Bereich des schlichten Verwaltungshandelns zuzurechnenden Maßnahme[319] handelt es sich auch dann um einen grundrechtsrelevanten Eingriff, wenn es mittelbar-faktische Wirkungen entfaltet, die dem Staat zurechenbar sind.

a) Mittelbar-faktische Wirkungen des Kommissionsvotums

Mittelbar-faktische Wirkung kommt insbesondere hoheitlichen Äußerungen mit verhaltenssteuerndem Charakter zu. Hier wirkt sich die Äußerung nicht unmittelbar, sondern erst über das Verhalten der Adressaten und mithin lediglich faktisch und nicht rechtlich auf die Grundrechtspositionen des Betroffenen aus[320]. Eine derartige indirekte verhaltenssteuernde Wirkung geht auch von der ablehnenden Bewertung der Ethik-Kommission aus[321]:

Die nachteiligen Wirkungen, die ein ablehnendes Kommissionsvotum in der Regel für den Forscher zur Folge hat, zeigt insbesondere *Sobota* auf: Das nunmehr als unethisch geltende Forschungsprojekt finde keine finanzielle Unterstützung und eine Publikation des Forschungsergebnisses in einer Fachzeitschrift werde nicht möglich sein[322]. Darüber hinaus werde das Risiko haftungsrechtlicher und möglicherweise

318 Siehe schon unter B.I.4., S. 16 ff.

319 So auch – allerdings ohne Differenzierung zwischen dem zustimmenden und dem ablehnenden Votum – *Morsey*, Die Regulierung der biomedizinischen Forschung, S. 94 (Realakt); *Rosenau* in: *Deutsch/Taupitz* (Hrsg.), Forschungsfreiheit, S. 63 ff. (78); *Sobota*, AöR 121 (1996), S. 229 ff. (241); für die Zeit vor der fünften Novelle des AMG *Bork*, Verfahren vor den Ethik-Kommissionen, S. 72.

320 *Leidinger*, DÖV 1993, S. 925 ff. (928).

321 *Gross*, Das Kollegialprinzip in der Verwaltungsorganisation, S. 92; *Grupp* in: *Furkel/Jung* (Hrsg.), Bioethik und Menschenrechte, S. 125 ff. (136).

322 *Sobota*, AöR 1996, S. 229 ff. (236 f.); ebenso *Deutsch*, NJW 2001, S. 857 ff. (858 f.: „Veröffentlichungssperre"), *Losch/Radau*, NVwZ 2003, S. 390 ff. (394 f.), *Steigleder*, Kontrollierte Selbstregulierung, S. 70, sowie speziell zur Unverwertbarkeit der in einer medizinischen Dissertation mit Versuchen am Menschen gewonnenen Ergebnisse, wenn kein Votum einer Ethik-Kommission eingeholt wurde *Lippert*, MedR 2002, S. 353 f. (354). Siehe in diesem Zusammenhang auch die in *Deutsch/Taupitz* (Hrsg.), Forschungsfreiheit, S. 362 ff. abgedruckten Ergebnisse des Internationalen Symposions „Forschungsfreiheit und Forschungskontrolle in der Medizin – zur geplanten Revision der Deklaration von Helsinki – vom 07.04. bis 11.04.1999 in Göttingen („Göttinger Papier") unter Punkt 12: „Das Recht des Forschers zur freien Veröffentlichung der Forschungsergebnisse sollte respektiert werden. Allerdings sollte gewährleistet werden, daß Berichte über Forschungen nicht veröffentlicht werden, wenn die Forschung nicht

strafrechtlicher Konsequenzen den Arzt von der Durchführung des Versuches abhalten[323]. Auch *Gramm* mißt der „ethischen Evaluation" einer Kommission erhebliche Auswirkungen auf die Forschungschancen des antragstellenden Wissenschaftlers bei: Ungeachtet des gesetzlichen Wortlauts könne Wissenschaft gegen eine Ethik-Kommission faktisch kaum mehr betrieben werden[324]. Schließlich weist auch *Rupp* auf die faktische Breiten- und Steuerungswirkung der Kommissionsvoten hin, durch die das Schicksal eines Forschungsvorhabens de facto – nicht de jure – in gewisser Weise mitbestimmt werde[325].

Allerdings ist zu bedenken, daß sich die im älteren Schrifttum[326] aufgezeigten Folgewirkungen der ablehnenden Kommissionsbewertung auf eine Rechtslage bezogen, die dadurch gekennzeichnet war, daß noch für keinen Bereich humanmedizinischer Forschungsvorhaben ein zweistufiger, durch ein Zusammenspiel von Ethik-Kommission und Bundesoberbehörde[327] bzw. zuständiger Landesbehörde[328] charakterisierter Kontrollmechanismus gesetzlich geschaffen worden war, und somit die Ethik-Kommission die einzige Instanz war, welche geplante Forschungsvorhaben auf ihre medizinische, rechtliche und ethische Vertretbarkeit hin überprüfte. Im Hinblick auf For-

---

in Übereinstimmung mit den in der Deklaration niedergelegten Grundsätzen durchgeführt wurde, insbesondere das positive Votum der Ethikkommission fehlt."

323 Vgl. *Sobota*, AöR 1996, S. 229 ff.(237); zu Haftungsfragen im Zusammenhang mit der Tätigkeit von Ethik-Kommissionen ausführlich *Kollhosser* in *Toellner* (Hrsg.), Die Ethik-Kommission in der Medizin, S. 79 ff. (83 ff.), *Kreß*, Die Ethik-Kommissionen im System der Haftung, und *Scheffold*, Haftungsfragen.

324 *Gramm*, WissR 1999, S. 209 ff. (216).

325 *Rupp* in: Festschrift für Heckel, S. 839 ff. (841), und WissR Beiheft 10 (1993), S. 53 ff. (59 f.).

326 Hier Literatur *vor* Inkrafttreten der fünften Novelle zum AMG und des MPG: *Bork*, Verfahren vor den Ethik-Kommissionen, S. 34 („faktischer Zwang"); *Grupp* in: *Furkel/Jung* (Hrsg.), Bioethik und Menschenrechte, S. 125 ff. (128) („gewichtige faktische Zwänge") u. *ders.* a.a.O. S. 137 („erhebliche faktische Relevanz der Entscheidungen"); *Pfeiffer*, VersR 1990, S. 685 ff. (685) („faktischer Zwang") und *Tiedemann*, ZRP 1991, S. 54 ff. (58) („faktisch zwingend"); anders *Schröder*, Kommissionskontrolle, S. 191 Fn. 47: Die Bindungswirkung der Ethik-Kommissionen werde nicht durch Zwang hervorgerufen, sondern es sei vor allem die psychologische Wirkung eines fundierten Rates auf einen (vorsichtigen) Forscher, welche diesen motiviere, das Votum in der Regel zu akzeptieren und zu befolgen.

327 So bei der klinischen Prüfung von Arzneimitteln (§ 40 Abs. 1 S. 2 i.V.m. S. 3 AMG).

328 So bei der klinischen Prüfung von Medizinprodukten (§ 20 Abs. 7 S. 1 i.V.m. S. 4 MPG sowie vor dem 2. MPG-ÄndG § 17 Abs. 6 S. 1 i.V.m. S. 3 MPG).

schungsvorhaben *außerhalb* des Anwendungsbereiches des Arzneimittel- und des Medizinproduktegesetzes[329] ist diese Situation auch heute noch gegeben.

Hier, im Falle der „Alleinherrschaft“ der Ethik-Kommission bei medizinischen Forschungsprojekten außerhalb des Anwendungsbereichs von Arzneimittel- und Medizinproduktegesetz ist der Eintritt der faktischen Folgen der Kommissionsbewertung als sehr wahrscheinlich anzusehen. Es ist sogar anzunehmen, daß hinter der in den standesrechtlichen Bestimmungen statuierten ärztlichen Verpflichtung, vor Durchführung eines humanmedizinischen Experiments eine Ethik-Kommission zu konsultieren, geradezu die Intention liegt, die Durchführung des Versuchs bei einem ablehnenden Kommissionsvotum de facto unmöglich zu machen.

Fraglich ist aber, ob der Eintritt der aufgezeigten nachteiligen Folgen auch im Falle von klinischen Arzneimittelprüfungen als wahrscheinlich angesehen werden kann, also auch dann, wenn – rechtlich betrachtet – bei fehlendem Widerspruch des Bundesinstituts für Arzneimittel und Medizinprodukte nach Ablauf von 60 Tagen mit der Prüfung begonnen werden darf. Insoweit fällt mit Blick auf die – faktische Wirkungen der Kommissionsvoten bejahende – jüngere Literatur[330] auf, daß entweder nicht danach differenziert wird, im Rahmen welcher humanmedizinischer Versuche die Ethik-Kommissionen Bewertungen abgeben, oder aber daß, sofern sich die Ausführungen auf die klinische Prüfung von Arzneimitteln und/oder Medizinprodukten beziehen, dem Umstand, daß hier noch eine weitere staatliche Instanz eingeschaltet ist, überhaupt keine Beachtung geschenkt[331] oder jedenfalls kein Gewicht beigemessen[332] wird.

---

329 Dazu gehören bspw. Versuche in der Chirurgie, Forschung an Embryonen und Gameten, epidemiologische Forschungsvorhaben mit personenbezogenen Daten.

330 Hier Schrifttum *nach* Inkrafttreten der fünften Novelle zum AMG und des MPG: *Doppelfeld* in *Deutsch/Taupitz* (Hrsg.), Forschungsfreiheit, S. 341 ff. (346): „De facto scheint es so zu sein, daß die Ethik-Kommission mit ihrem Votum über die Durchführung eines Projektes entscheidet“; *Freund*, MedR 2001, S.65 ff. (65); *Morsey*, Die Regulierung der biomedizinischen Forschung, S.95 f.; *Morsey* in: *Wagner* (Hrsg.), Rechtliche Rahmenbedingungen für Wissenschaft und Forschung, Band 3, S. 57 Fn. 130; und *Rosenau* in: *Deutsch/Taupitz* (Hrsg.), Forschungsfreiheit, S. 63 ff. (65 f.).

331 Vgl. etwa *Habermann* in: *Ott/Hefendehl/Grosdanoff* (Hrsg.), Arzneimittel und Medizinprodukte, S. 17 ff. (21): „Das neue Arzneimittelgesetz weist den Ethik-Kommissionen endlich de jure den Platz bei der Nutzen/Risiko-Abwägung zu, den sie de facto seit Jahren eingenommen haben. Sie stimmen zu oder lehnen ab, als seien sie eine Behörde. Ohne sie erhielte der Forscher kein Geld von der DFG; seine Publikationen würden von ernsthaften Journalen abgelehnt, er verstieße gegen die ärztliche Berufsordnung, und keine Versicherung würde haften.“

332 Vgl. etwa *Sobota*, AöR 1996, S. 229 ff. (236), die ausdrücklich mit Blick auf die gegenwärtige Rechtslage bei Arzneimittelprüfungen die Aussage trifft, daß bei einer weder zustimmenden

Faktische Wirkungen der Kommissionsbewertungen könnten im Anwendungsbereich des Arzneimittelgesetzes und des Medizinproduktegesetzes deshalb zweifelhaft und auf den ersten Blick weniger wahrscheinlich als in den anderen Fallgruppen erscheinen, weil hier hinter der Ethik-Kommission ja immerhin noch eine weitere (staatliche) Instanz steht, deren Widerspruchsverzicht von den Fachkreisen als eine Art „Placet" zu dem Versuch interpretiert werden könnte. Dies trifft jedoch de facto nicht zu: Durch die Mitwirkung des Bundesinstituts hat sich nichts daran geändert, daß in der Praxis nach wie vor auf das Votum der Ethik-Kommission abgestellt wird. So findet sich etwa in den Hinweisen der Deutschen Forschungsgemeinschaft (DFG) zur Antragstellung für Sonderforschungsbereiche[333] die Bestimmung, daß der DFG eine Kopie der Zustimmung der Ethik-Kommission zu den geplanten Untersuchungen bereits zur Begutachtung vorzulegen ist. Auch das Bundesministerium für Bildung und Forschung weist den Fördermittel beantragenden Forscher in Gestalt einer Nebenbestimmung[334] auf die Notwendigkeit einer zustimmenden Kommissionsbewertung hin. Obgleich also das Kommissionsvotum von Rechts wegen die Wirkung der Undurchführbarkeit des Versuches jedenfalls im Anwendungsbereich des Arzneimittelgesetzes (und des Medizinproduktegesetzes) nach dem Willen des Gesetzgebers gerade nicht haben soll, kommt ihm diese Wirkung de facto gleichwohl zu[335].

---

noch ablehnenden Äußerung des Bundesinstituts nach 60 Tagen mit der Prüfung begonnen werden könnte, tatsächlich jedoch das Vorhaben eingestellt werden müsse. Ähnlich auch *Blasius/Müller-Römer/Fischer*, Arzneimittel und Recht in Deutschland, S. 74: Bei fehlendem Widerspruch des Bundesinstituts könne der Antragsteller formal mit der Prüfung beginnen. Dennoch könnten die Ablehnungsgründe der Ethik-Kommission so schwerwiegend sein, daß eine klinische Prüfung „unethisch" und daher unzulässig wäre.

333 Im Internet veröffentlicht unter www.dfg.de/forschungsfoerderung/formulare/download/60_11.pdf. Der Hinweis auf das Erfordernis der Zustimmung seitens der Ethik-Kommission findet sich unter der Überschrift „Zu 3.1.5".

334 Laut Auskunft des BMBF ist die Nebenbestimmung bei den im Rahmen des Gesundheitsforschungsprogramms der Bundesregierung geförderten Vorhaben, die Untersuchungen am Menschen enthalten, Teil des Zuwendungsbescheides. Die wesentliche Passage der Nebenbestimmung lautet in der derzeit geltenden Fassung: „Vor Beginn der Untersuchungen am Menschen und/oder der Gewinnung bzw. Verwendung von menschlichem Probenmaterial ist dem Projektträger/uns das uneingeschränkt positive Votum der zuständigen Ethikkommission vorzulegen. Falls diese ein Votum nicht für erforderlich hält, ist eine entsprechende Erklärung der Ethikkommission vorzulegen."

335 *Doppelfeld* in: *Deutsch/Taupitz* (Hrsg.), Forschungsfreiheit, S. 341 ff.(346), und Jahrbuch, S. 121 ff.(132), weist darauf hin, daß bisher in der Bundesrepublik Deutschland kein Fall bekannt geworden sei, daß ein Forscher sein Forschungsvorhaben entgegen dem endgültigen ablehnenden Votum der für ihn zuständigen Ethik-Kommission gestartet habe.

Nach alledem zeitigt die ablehnende Kommissionsbewertung auf dem Gebiet der Arzneimittelprüfung eine mittelbar-faktische Wirkung.

b) Die mittelbar-faktische Wirkung als grundrechtsrelevanter Eingriff

Damit mittelbar-faktische Grundrechtsbeeinträchtigungen als grundrechtsrelevante Eingriffe qualifiziert werden können, ist Voraussetzung, daß die mittelbar-faktische Wirkung von einem zurechenbaren Verhalten der öffentlichen Gewalt ausgeht[336]. Hierfür ist – die hier zu bejahende – Kausalität zwar zwingende Voraussetzung, jedoch als alleiniges Kriterium nicht ausreichend. So hat das Bundesverwaltungsgericht im sog. Transparenzlistenfall[337] für die Zurechenbarkeit das Vorliegen einer „grundrechtsspezifischen Maßnahme" – in Abgrenzung zur Veränderung sozialer Bedingungen als bloßer Reflex einer staatlichen Maßnahme – gefordert[338].

Dem Transparenzlistenfall lag der Sachverhalt zugrunde, daß eine vom Bundesminister für Jugend, Familie und Gesundheit berufene Kommission („Transparenzkommission") Arzneimittel-Transparenzlisten mit der Angabe von Qualitätssicherungskennzeichen veröffentlicht hatte. Gedacht als Entscheidungshilfe für den Arzt, waren in der Liste qualitativ hochwertige und doch preisgünstige Medikamente ausgezeichnet. Das Gericht hielt es für wahrscheinlich, daß Präparate, die im Gegensatz zu anderen vergleichbaren Arzneimitteln von der Transparenzkommission keine (positiven) Qualitätssicherungskennzeichen erhalten hatten, von den die Liste gebrauchenden Ärzten kaum noch verschrieben würden und es dadurch beim jeweiligen Hersteller zu nicht unerheblichen Einbußen kommen würde. Da die Veröffentlichung der Liste einer rechtlichen Grundlage entbehrte, erblickte das Gericht in ihr einen verfassungswidrigen Eingriff in das Recht der Arzneimittelhersteller auf freie Berufsausübung.

Die Qualifikation als Grundrechtseingriff stützte das Bundesverwaltungsgericht auf mehrere Gesichtspunkte: Bei der Vergabe oder Nichtvergabe von Qualitätssicherungskennzeichen handele es sich um ein von einer staatlichen Stelle abgegebenes, also mit amtlicher Autorität ausgestattetes Werturteil[339]. Die Preis-, Wirksamkeits-

336 Zur Grundrechtsrelevanz mittelbar-faktischer Eingriffe siehe auch schon oben unter B.I.4., S. 16 ff.

337 BVerwG, NJW 1985, S. 2774 ff.

338 BVerwG, NJW 1985, S.2774 ff. (2776).

339 BVerwG, NJW 1985, S. 2774 ff. (2777).

und Qualitätssicherungsangaben in den amtlichen Charakter tragenden Transparenzlisten in Verbindung damit, daß der verordnende Arzt gehalten sei, dem Gebot der Wirtschaftlichkeit gerecht zu werden, würden den Transparenzlisten eine Durchschlagskraft verleihen, die der Wirkung eines unmittelbaren staatlichen Zwangseingriffs in das Marktgeschehen zu Lasten einzelner Unternehmer gleichkomme[340]. Im Gegensatz zu einer Veränderung sozialer Bedingungen als bloßer Reflex einer staatlichen Maßnahme handele es sich auch um „grundrechtsspezifische" Maßnahmen. Im Rahmen von Art. 12 Abs. 1 GG seien dies Maßnahmen, die eindeutig auf einen nachteiligen Effekt auf Seiten des Unternehmens abzielten und diesen Effekt nicht lediglich als Begleiterscheinung mit sich brächten[341].

Unter Zugrundelegung der Argumentation des Bundesverwaltungsgerichts muß gleiches für das Tätigwerden der Ethik-Kommissionen mit Blick auf Art. 5 Abs. 3 GG gelten: Das Grundrecht der Forschungsfreiheit schützt die Durchführung von Forschungsvorhaben in allen Stadien von der Projektplanung bis zur Veröffentlichung der Forschungsergebnisse. Das ablehnende Kommissionsvotum kann nachteilige Folgen sowohl auf die Durchführbarkeit des Forschungsprojekts (Finanzierung) als auch auf die gewonnenen Ergebnisse des Forschungsprojekts (Publizierung) haben. Somit stellt das ablehnende Votum der Ethik-Kommissionen eine grundrechtsspezifische Einschränkung der Forschungsfreiheit dar.

Die grundrechtsspezifische Einschränkung der Forschungsfreiheit geht auch auf ein zielgerichtetes Handeln der Ethik-Kommissionen zurück. Denn Sinn und Zweck des ablehnenden Kommissionsvotums ist es, den Arzt von der Durchführung des geplanten Projekts abzuhalten. Für die Ethik-Kommissionen sind die faktischen Folgen ihrer ablehnenden Stellungnahme durchaus vorhersehbar und werden von ihr auch beabsichtigt oder zumindest bewußt in Kauf genommen, so daß sie ihr auch zurechenbar sind[342].

Bei klinischen Prüfungen im Anwendungsbereich des Arzneimittelgesetzes stellt sich jedoch das Problem, ob es für die Frage der Zurechenbarkeit genügt, den Blick lediglich auf die Intention der Ethik-Kommission zu richten. Zu berücksichtigen ist nämlich der Umstand, daß bei klinischen Prüfungen im Anwendungsbereich des Arz-

340 BVerwG, NJW 1985, S. 2774 ff. (2777).

341 BVerwG, NJW 1985, S. 2774 ff. (2776).

342 *Discher*, JuS 1993, S. 463 ff. (467): „Sicher ist: Mittelbare Beeinträchtigungen können dem Staat immer dann zugerechnet werden, wenn sie beabsichtigt waren."

neimittelgesetzes dann, wenn die Ethik-Kommission dem Versuch nicht zustimmt, das Bundesinstitut der Versuchsdurchführung jedoch nicht widerspricht, die eigenartige Situation vorprogrammiert ist, daß die Durchführung des Vorhabens faktisch äußerst erschwert, rechtlich aber nicht nur nicht verboten, sondern sogar gesetzlich ausdrücklich gestattet ist. Besteht im Anwendungsbereich des Arzneimittelgesetzes trotz bundesoberbehördlichem Nicht-Widerspruch eine faktische Erschwernis oder gar Unmöglichkeit der Versuchsdurchführung, so ist es nicht die Legislative, welche die faktischen Wirkungen des Kommissionsvotums intendiert. Vielmehr gewinnt man sogar den gegenteiligen Eindruck, daß der Gesetzgeber die faktischen Wirkungen des ablehnenden Kommissionsvotums durch eine weitere in das Verfahren eingebundene Instanz bewußt wieder „auszuhebeln" gedachte, indem er an den Nicht-Widerspruch des Bundesinstituts für Arzneimittel und Medizinprodukte die Durchführbarkeit der klinischen Studie als Rechtsfolge geknüpft hat[343]. Dies wirft die Fra ge auf, wie die besondere Situation „rechtliche Zulässigkeit versus faktische Undurchführbarkeit" mit Blick auf das Zurechnungskriterium der Finalität zu behandeln ist, d.h. konkret, ob sich dann etwas an der Zurechenbarkeit des faktischen Eingriffs ändert, wenn ein Teil *einer* Staatsgewalt (hier die Ethik-Kommission als Teil der Exekutive) eine bestimmte Folge herbeizuführen beabsichtigt, der Vorsatz der *anderen* Staatsgewalt (hier der Legislative)[344] hingegen auf die genau gegenteilige Folge gerichtet ist.

Dies ist indes nicht der Fall: Das Finalitätskriterium – und damit Vorsatz – ist (zwar hinreichende, aber) nicht notwendige Bedingung für die Grundrechtsrelevanz einer mittelbaren Beeinträchtigung[345]. Denn bei der Problematik des mittelbar-faktischen Eingriffs geht es nicht um Haftung, sondern um die Frage der Notwendigkeit einer Grundrechtsbeeinträchtigungen rechtfertigenden Ermächtigungsgrundlage[346]. Diese kann vom Staat nicht nur bei vorsätzlichem Handeln, sondern immer dann verlangt werden, wenn Normierbarkeit vorliegt; normierbar ist aber wiederum alles, was typi-

343 Nach *Stamer*, Die Ethik-Kommissionen in Baden-Württemberg, S. 120, hat der Gesetzgeber im Bewußtsein um die faktischen Auswirkungen eines ablehnenden Votums seitens der Ethik-Kommission eine Art Berufungsinstanz schaffen wollen, so daß wirklich nur diejenigen Forschungsprojekte nicht durchgeführt werden können, die einer zweimaligen Überprüfung ihrer rechtlichen und ethischen Gesichtspunkte nicht standhalten.

344 „Öffentliche Gewalt" sind hier die Ethik-Kommissionen auf der einen Seite und der Gesetzgeber auf der anderen Seite.

345 *Discher*, JuS 1993, S. 463 ff. (465); *Epping*, Grundrechte, Rn. 320; vgl. auch *Spaeth*, Grundrechtseingriff durch Information, S. 150.

346 *Discher*, JuS 1993, S. 463 ff. (465).

scherweise und nicht nur aufgrund der Besonderheiten des Einzelfalles eintritt[347]. Es kann daher festgehalten werden, daß zwar nicht die Finalität, wohl aber die Typizität und damit die Vorhersehbarkeit der Folgewirkungen eines Verhaltens notwendige Bedingung für die Annahme eines grundrechtsrelevanten mittelbaren Eingriffs ist[348].

Da die mittelbar-faktischen Folgen des ablehnenden Kommissionsvotums auch im Anwendungsbereich des Arzneimittelgesetzes vorhersehbar sind und typischerweise eintreten, handelt es sich bei diesen um dem Staat zurechenbare (im Sinne von ihn zur Schaffung einer gesetzlichen Grundlage verpflichtende) grundrechtsrelevante mittelbar-faktische Eingriffe.

c) Ergebnis

Die ablehnende Kommissionsbewertung stellt einen mittelbar-faktischen, grundrechtsrelevanten Eingriff in die Forschungsfreiheit des Arztes dar.

IV. Eingriff in das Grundrecht des Arztes aus Art. 5 Abs. 3 GG durch den bundesoberbehördlichen Widerspruch

1. Die Rechtsnatur des bundesoberbehördlichen Widerspruchs

Beim Widerspruch des Bundesinstituts für Arzneimittel und Medizinprodukte könnte es sich um einen Verwaltungsakt und damit um einen rechtlichen Eingriff in die Forschungsfreiheit des Arztes handeln.

Das Bundesinstitut für Arzneimittel und Medizinprodukte ist eine Behörde i.S.d. §§ 1 Abs. 4, 35 S. 1 VwVfG, die, wenn sie über die Durchführung einer klinischen Arzneimittelprüfung befindet, öffentlich-rechtlich tätig wird.

Widerspricht das Bundesinstitut für Arzneimittel und Medizinprodukte dem Forschungsvorhaben, darf der Forscher die geplante Studie nicht durchführen. Das legt die Qualifizierung des Widerspruchs als einer Maßnahme mit rechtsgestaltendem Regelungscharakter nahe. Zwar könnte der Regelungscharakter des Widerspruchs auf den ersten Blick insofern fraglich sein, als bereits vor seiner Existenz die Versuchsdurchführung gesetzlich verboten ist. Da es sich bei diesem gesetzlichen präventiven

347 *Discher*, JuS 1993, S. 463 ff. (465).

348 *Discher*, JuS 1993, S. 463 ff. (466); *Epping*, Grundrechte, Rn. 320.

Verbot indes um ein nur vorläufiges Verbot handelt, wirkt das Bundesinstitut mit seinem Widerspruch auf die materielle Rechtslage dahin ein, daß es das gesetzliche vorläufige Verbot in ein endgültiges umwandelt[349], die zunächst vorläufig verbotene klinische Arzneimittelprüfung also endgültig zum Scheitern bringt.

Fehlt es dem Widerspruch mithin nicht am verfügenden Teil, so stellt sich mit Blick auf den feststellenden Teil, der grundsätzlich jedem gestaltenden Verwaltungsakt innewohnt[350], die Frage, ob dem Widerspruch des Bundesinstituts dieselbe Bewertungs- und Entscheidungsgrundlage zugrundeliegt wie dem Votum der Ethik-Kommission.

Eine Identität der Entscheidungsgrundlage der Ethik-Kommission und des Bundesinstituts wird im Schrifttum von *Rupp*[351] verneint. *Rupp* ist der Auffassung, daß das Bewertungsspektrum des Bundesinstituts sowohl thematisch als auch qualitativ ein anderes ist als das der Ethik-Kommission. Eine Identität der Entscheidungsgrundlage scheide deshalb aus, weil das Bundesinstitut anderenfalls kraft staatlicher Hoheitsgewalt über berufsethische Fragen verbindlich entscheiden müßte[352]. Dies sei indiskutabel, da dem Forscher die ethische Verantwortung für sein Vorhaben weder von der Ethik-Kommission noch von einer Staatsbehörde abgenommen werden könne[353]. Angesichts dieses Befundes bleibe nur die mit dem Gesetz übereinstimmende Lösung, daß der Ethik-Kommission die ethische Beratung und Bewertung[354] zukomme, dem Bundesinstitut hingegen nur Rechtsmaßstäbe zur Verfügung stünden, die nicht deckungsgleich seien mit den von der Ethik-Kommission bei ihrer Bewertung des Forschungsprojektes zugrundegelegten ethischen Maßstäben[355].

---

349 Vgl. *Schmalz*, Allgemeines Verwaltungsrecht, Rn. 378.

350 *Appel/Melchinger*, AöR 84 (1993), S. 349 ff. (368); *Wolff/Bachof/Stober*, § 46 Rn. 2.

351 *Rupp* in: Festschrift für Heckel, S. 839 ff. (855).

352 *Rupp* in: Festschrift für Heckel, S. 839 ff. (854).

353 *Rupp* in: Festschrift für Heckel, S. 839 ff. (854).

354 Auf die *ethische* Bewertung durch die Ethik-Kommission bezieht sich nach *Rupp* in: Festschrift für Heckel, S. 839 ff. (856), allerdings lediglich § 40 Abs. 1 S. 1 Nr. 1 AMG.

355 *Rupp* in: Festschrift für Heckel, S. 839 ff. (855). Angesichts dessen, daß § 40 Abs.1 S. 2, 2. HS AMG explizit die Beachtung *aller* in § 40 Abs. 1 S. 1 AMG genannten Erfordernisse und eben nicht nur das in § 40 Abs. 1 S. 1 Nr. 1 AMG bestimmte Erfordernis der ärztlichen Vertretbarkeit zur Voraussetzung einer zustimmenden Kommissionsbewertung macht, bleibt allerdings fraglich, inwiefern diese Lösung mit dem Gesetz übereinstimmen kann. Denn es bleibt, wenn laut *Rupp*, a.a.O., S. 856 f., der Ethik-Kommission nur die *ethische* Bewertung (und damit folgerichtig nur die Überprüfung der Nr. 1 des § 40 Abs. 1 S. 1 AMG) zukommt, für das Bundesinstitut aber wiederum nur aus dem Medizinproduktegesetz herzuleitende Rechtsmaßstäbe als

Diese Rechtsmaßstäbe leitet *Rupp* aus dem Medizinproduktegesetz her. Dort hieß es in der „Parallelvorschrift" des (vor dem 2. MPG-ÄndG geltenden[356]) § 17 Abs. 6 MPG, daß auch bei Fehlen einer zustimmenden Stellungnahme der Ethik-Kommission die klinische Prüfung nach Ablauf einer Frist von 60 Tagen begonnen werden kann, „es sei denn, die zuständigen Behörden haben (...) innerhalb dieser Frist eine auf Gründe der öffentlichen Gesundheit oder der öffentlichen Ordnung gestützte gegenteilige Entscheidung mitgeteilt."

Wenn *Rupp* das Bewertungsspektrum des Bundesinstituts dem Polizei- und Ordnungsrecht entstammen läßt und, um eine entsprechende Entscheidungsgrundlage des Bundesinstituts zu begründen, die Regelung im Medizinproduktegesetz heranzieht, so ist ihm hierin nicht zu folgen. Zunächst ist festzuhalten, daß das Arzneimittelgesetz in seiner Regelungstechnik zwar von der sonst üblichen Gestaltung gesetzlicher Ermächtigungsgrundlagen abweicht[357], indem in § 40 Abs. 1 S. 3 AMG selbst nur vom (Nicht-)Widerspruch des Bundesinstituts als solchem die Rede ist, das Gesetz aber dem Bundesinstitut direkt keine Entscheidungsgrundlage zuweist, welche dieses seinem Widerspruch (oder Widerspruchsverzicht) zugrundezulegen hat.

Eine Rechts- bzw. Ermächtigungsgrundlage für einen belastenden Verwaltungsakt muß indes nicht so formuliert sein, daß in ihr stets die Versagungsgründe[358] (hier: Widerspruchsgründe) enthalten sein müssen. Sie kann vielmehr auch so aufgebaut sein, daß die Gründe für die Erteilung des begünstigenden Verwaltungsaktes genannt werden[359], woraus sich dann indirekt ergibt, in welchen Fällen – nämlich bei Nichtvorliegen dieser Gründe – der belastende Verwaltungsakt zu ergehen hat[360]. Vorliegend stellt sich gesetzestechnisch die Rechtslage insoweit noch als etwas komplizier-

---

Prüfungsmaßstab zur Verfügung stehen, offen, wer dann die in den Nr. 2-8 des § 40 Abs.1 S.1 AMG aufgestellten Voraussetzungen zu überprüfen hat.

356 Seit Inkrafttreten des 2. MPG-ÄndG am 1. Januar 2002: § 20 Abs. 7 MPG, in dem nicht mehr von den „zuständigen Behörden", sondern nur noch von der „zuständigen Behörde" die Rede ist (§ 20 Abs. 7 S. 4 MPG).

357 Siehe dazu schon oben S. 87 f.

358 Versagungsgründe werden z.B. aufgestellt in § 4 Abs. 1 GaststättG u. § 7 Abs. 1 PaßG.

359 Diese Art von Regelungstechnik findet sich bspw. im BImSchG (§ 6 Abs. 1: „Die Genehmigung ist zu erteilen, wenn ..."), im GenTG (§ 13 Abs. 1: „Die Genehmigung zur Errichtung und zum Betrieb einer gentechnischen Anlage nach § 8 Abs. 1 S. 2 oder Abs. 4 ist zu erteilen, wenn ...") und im StVG (§ 2 Abs. 2: „Die Fahrerlaubnis ist für die jeweilige Klasse zu erteilen, wenn ...").

360 Vgl. *Schmalz*, Allgemeines Verwaltungsrecht, Rn. 263 u. 266.

ter dar, als das Gesetz das Vorliegen der in § 40 Abs. 1 S. 1 AMG aufgestellten Erfordernisse explizit nur als eine Voraussetzung für die zustimmende Bewertung der *Ethik-Kommission* ausweist („Voraussetzung einer zustimmenden Bewertung ist die Einhaltung der ...“). Indem jedoch gemäß § 40 Abs. 1 S. 1 Nr. 6 AMG dem Bundesinstitut das Votum der Ethik-Kommission vorzulegen ist, die Entscheidungsgrundlage der Ethik-Kommission aber wiederum der in § 40 Abs. 1 S. 1 AMG aufgelistete Prüfungskatalog bildet, stellen die in diesem Katalog aufgeführten Voraussetzungen auch die Entscheidungsgrundlage des Bundesinstituts dar. § 40 Abs. 1 S. 3 AMG darf mithin nicht isoliert betrachtet, sondern muß im Zusammenhang mit Satz 1 und Satz 2 gelesen werden.

Folglich besteht entgegen der Ansicht von *Rupp*, derzufolge der Ethik-Kommission ausschließlich ethische und dem Bundesinstitut ausschließlich rechtliche Maßstäbe an die Hand gegeben sind[361], zwischen der Entscheidungsgrundlage der Ethik-Kommission und derjenigen des Bundesinstituts Übereinstimmung. Dies gilt für die rein „rechtliche“ Seite, soweit also die in § 40 Abs. 1 S. 1 Nr. 2 bis 8 AMG genannten Voraussetzungen in Rede stehen, ebenso wie für die auch durch metajuristische Kriterien mitbestimmte „ethische“ Seite[362]: Auch die Überprüfung der ärztlichen Vertretbarkeit ist dem Bundesinstitut von Gesetzes wegen nicht dergestalt „entzogen“, daß es sich in diesem Punkt immer und ausnahmslos der Auffassung der Ethik-Kommission anzuschließen hätte.

Rupp hingegen möchte die Regelung des § 17 Abs. 6 MPG[363] im Arzneimittelrecht analog anwenden, d.h. die polizei- und ordnungsrechtlichen Rechtsmaßstäbe als Entscheidungsgrundlage des Bundesinstituts in die Bestimmung des § 40 Abs. 1 S. 2 i.V.m. S. 3 AMG hineinlesen, um „die Rechtsprobleme, die diese Vorschrift birgt, einigermaßen befriedigend und konsistent (zu) lösen“[364]. Für eine solche Vorgehensweise besteht jedoch kein Grund: Zum einen enthält die arzneimittelgesetzliche

361 *Rupp* in: Festschrift für Heckel, S. 839 ff. (855). Aufgrund der Zugehörigkeit des Bewertungsspektrums der Ethik-Kommission zur Ethik qualifiziert *Rupp*, a.a.O., S. 855, die Bewertung der Ethik-Kommission als bloßen – wenn auch für den Betroffenen wichtigen – Ratschlag.

362 Vgl. *Grupp* in: *Sommermann* (Hrsg.), Gremienwesen, S. 133 ff. (145): Die Verfolgung außerrechtlicher Zwecke zeige sich etwa deutlich bei der Beurteilung von klinischen Prüfungen bezüglich ihrer ethischen Vertretbarkeit.

363 Seit Inkrafttreten des 2. MPG-ÄndG: § 20 Abs. 7 u. 8 MPG.

364 *Rupp* in: Festschrift für Heckel, S. 839 ff. (855).

Norm keine Regelungslücke[365]. Durch § 40 Abs. 1 AMG werden Leben und Gesundheit (vgl. § 40 Abs. 1 S. 1 Nr. 1 AMG) sowie das Selbstbestimmungsrecht (vgl. § 40 Abs. 1 S. 1 Nr. 2 AMG) der Studienteilnehmer geschützt; diese Aspekte sind materiell dem Gefahrenabwehrrecht[366] zuzurechnen[367], so daß es für dessen Heranziehung eines Rückgriffs auf das Medizinproduktegesetz nicht bedarf. Zum anderen spricht nichts dagegen, Ethik-Kommission und Bundesinstitut dieselbe Entscheidungsgrundlage an die Hand zu geben. Wenn *Rupp* eine Identität der Entscheidungsgrundlage von Ethik-Kommission und Bundesinstitut mit der Begründung verneint, es wäre, da dem Forscher die ethische Verantwortung für sein Vorhaben weder von der Ethik-Kommission noch von einer Staatsbehörde abgenommen werden könne[368], indiskutabel, müßte das Bundesinstitut kraft staatlicher Hoheitsgewalt über berufsethische Fragen verbindlich entscheiden[369], dann ist diese Argumentation schon im Ansatz verfehlt. Denn es geht nicht darum, den Forscher von seiner *ethischen Verantwortung* zu entlasten, sondern um die *rechtliche Zulässigkeit* der klinischen Arzneimittelstudie. Widerspricht das Bundesinstitut nicht, so handelt der Forscher nicht rechtswidrig, wenn er sein Forschungsvorhaben durchführt; seine ethische Verantwortung bleibt davon indes unberührt.

---

365 Im übrigen wäre äußerst fraglich, ob eine Regelungslücke – ihr Vorliegen unterstellt – im Wege der von *Rupp* vorgenommenen Konstruktion behoben werden könnte. Methode und Möglichkeit der analogen Anwendung des (vor Inkrafttreten des 2. MPG-ÄndG geltenden) § 17 Abs. 6 MPG, soweit dieser eine „auf Gründe der öffentlichen Gesundheit oder öffentlichen Ordnung" gestützte Entscheidung der zuständigen Behörde vorsieht, sind in ihrer Reichweite begrenzt: Mittels der Analogie könnte zwar (bei unterstellter Regelungslücke) die Entscheidungsgrundlage des Bundesinstituts konstruiert, nicht aber zugleich eine – an verfassungsrechtlichen Maßstäben gemessen – unzureichende Regelungsdichte des § 40 Abs. 1 S. 3 AMG, also ein verfassungsrechtliches Defizit „geheilt" werden. Soweit letzteres das Ziel einer Analogie wäre, ginge sie ins Leere bzw. wäre sie unzulässig. Denn die unter dem Gesichtspunkt des Parlamentsvorbehalts unzureichende Regelungsdichte einer Norm stellt keine Regelungslücke dar, die über die analoge Anwendung der Regelung in einer anderen Vorschrift geschlossen zu werden vermag. Die Methode der Analogie findet mithin dort ihre Grenzen, wo die normative Regelungslücke in einer unzulänglichen, der Wesentlichkeitslehre nicht entsprechenden Regelungsdichte liegt.

366 Beim Arzneimittelgesetz handelt es sich insgesamt vorwiegend um öffentliches Gefahrenabwehrrecht, siehe *Jenke*, Haftung für fehlerhafte Arzneimittel und Medizinprodukte, S. 17.

367 Vgl. *Nöthlichs/Weber*, Kommentar zum MPG, Kennzahl 9072, S. 14: Aus Gründen der öffentlichen Gesundheit darf untersagt werden, wenn auch nur der Verdacht begründet ist, daß die Risiken, die mit der klinischen Prüfung verbunden sind, ärztlich nicht zu vertreten sind.

368 *Rupp* in: Festschrift für Heckel, S. 839 ff. (854).

369 *Rupp* in: Festschrift für Heckel, S. 839 ff. (854).

Da nach alledem auch das Bundesinstitut das Vorliegen der in § 40 Abs. 1 S. 1 Nr. 1 bis 8 AMG genannten Voraussetzungen einschließlich des Vorhandenseins eines Kommissionsvotums (§ 40 Abs. 1 S. 1 Nr. 6 AMG) kontrolliert und ihm hierbei ein Rechtsanwendungsspielraum eröffnet ist, erfüllt der bundesoberbehördliche Widerspruch auch mit Blick auf den feststellenden Teil die Voraussetzungen, die an einen Verwaltungsakt zu stellen sind.

Im Ergebnis läßt sich daher festhalten, daß es sich beim Widerspruch des Bundesinstituts um einen rechtsgestaltenden Verwaltungsakt handelt[370], welcher einen rechtlichen Eingriff in die Forschungsfreiheit des Arztes darstellt.

2. Die Rechtsnatur des bundesoberbehördlichen Widerspruchsverzichts

Anders als das ablehnende Votum der Ethik-Kommission und der Widerspruch des Bundesinstituts greift der bundesoberbehördliche Widerspruchsverzicht nicht in die Forschungsfreiheit des Arztes ein, sondern hat die rechtliche Zulässigkeit der klinischen Arzneimittelprüfung zur Folge. Gleichwohl soll noch der Frage nachgegangen werden, ob es sich beim Schweigen des Bundesinstituts ebenso wie beim Widerspruch dieser Behörde um einen Verwaltungsakt handelt.

Der Verwaltungsaktsqualität der Nichtäußerung des Bundesinstituts steht zunächst nicht entgegen, daß sie weder eine schriftliche noch eine mündliche Äußerung darstellt. Denn gemäß § 37 Abs. 2 S. 1 VwVfG kann der Verwaltungsakt schriftlich, mündlich oder in anderer Weise erlassen werden. Bei der bundesoberbehördlichen Widerspruchsabsenz könnte es sich um eine stillschweigende Regelungsmaßnahme handeln. Die stillschweigende Regelungsmaßnahme bezeichnet zwei völlig unterschiedliche Phänomene, nämlich zum einen die konkludente Erklärung und zum anderen die gesetzliche Fiktion[371] einer behördlichen Maßnahme[372].

Im Falle des konkludenten Verwaltungsakts ist eine behördliche Willenserklärung gegeben, welche zwar nicht expressis verbis, wohl aber durch rechtlich gleichwerti-

370 Die Verwaltungsaktsqualität des bundesoberbehördlichen Widerspruchs bejahen auch *Sander*, Arzneimittelrecht, Band 1 Teil C, Erl. § 40 Ziff. 13 a; *Stamer*, Die Ethik-Kommissionen in Baden-Württemberg, S. 117 Fn. 543.

371 Umfassend zu den Gesetzesfiktionen im öffentlichen Recht *Jachmann*, Die Fiktion im öffentlichen Recht.

372 Vgl. *Krause*, Rechtsformen des Verwaltungshandelns, S. 75.

ges Verhalten[373] existent geworden ist[374]. Demgegenüber knüpft die Verwaltungsaktsfiktion an ein behördliches Verhalten an, das für sich genommen keinen Erklärungsgehalt aufweist, wie es auf die schlichte Untätigkeit der Behörde im Regelfall zutrifft[375]. Als reine Nicht-Äußerung könnte der bundesoberbehördliche Nicht-Widerspruch demnach eher den Fallgruppen der sog. „fiktiven Verwaltungsakte" denn denjenigen der konkludenten Verwaltungsakte zuzurechnen sein[376]. Unter jenen sind begünstigende Zulassungsentscheidungen zu einem bestimmten Verhalten zu verstehen, die nicht selbst von der Behörde erlassen, sondern nach Ablauf einer gesetzlichen Frist durch eine Rechtsnorm unterstellt werden[377]. So ist etwa im Tierversuchsrecht (§ 8 Abs. 5 a TierSchG) bestimmt, daß dann, wenn die Behörde über den Antrag auf Genehmigung eines geplanten Experimentes an Wirbeltieren nicht innerhalb einer Frist von drei Monaten[378] schriftlich entschieden hat, die Genehmigung als erteilt gilt[379]. Ähnlich verhält es sich im Falle des § 40 Abs. 1 S. 3 AMG, welcher dem Bundesinstitut für Arzneimittel und Medizinprodukte ein Widerspruchsrecht innerhalb eines Zeitraumes von 60 Tagen nach Eingang der ihm vorzulegenden Unterlagen einräumt und an das Unterbleiben dieses Widerspruchs die Durchführbarkeit der Studie knüpft.

Allerdings liegt, wenn das Gesetz an das Verstreichen einer der Behörde eingeräumten Äußerungsfrist das Entstehen einer Befugnis knüpft, nicht zwingend eine Verwaltungsaktsfiktion vor, sondern dies kann auch als Begründung eines selbständigen gesetzlichen Erlaubnistatbestandes gedeutet werden[380]. Die Annahme eines solchen gesetzlichen Erlaubnistatbestandes wird nahegelegt, wenn sich das Gesetz des Wor-

---

373 So bspw. das Handzeichen eines Polizeibeamten zur Verkehrsregelung; weitere Beispiele bei *Kopp/Ramsauer*, Verwaltungsverfahrensgesetz, § 35 Rn. 22.

374 *Henneke* in: *Knack*, Verwaltungsverfahrensgesetz, § 35 Rn. 86; *Martens*, Die Praxis des Verwaltungsverfahrens, Rn. 302.

375 Vgl. *Oldiges*, UTR 54 (2000), S. 50.

376 A.A. *Stamer*, Die Ethik-Kommissionen in Baden-Württemberg, S. 117 Fn. 543: Konkludentes Verhalten, einer Durchführung nicht zu widersprechen.

377 So die anschauliche Umschreibung von *Caspar*, AöR 125 (2000), S. 131 ff. (131). Zu eng („Genehmigung") hingegen *Henneke* in *Knack*, Verwaltungsverfahrensgesetz, § 35 Rn. 88: „Ein sog. fiktiver VA kommt zustande, wenn ein Schweigen der Behörde nach einer bestimmten Frist als Genehmigung eines Antrags gilt."

378 Im Falle von Versuchen an betäubten Tieren, die noch unter dieser Betäubung getötet werden, nicht innerhalb einer Frist von zwei Monaten (§ 8 a Satz 1 TierSchG).

379 Weitere Beispiele bei *Caspar*, AöR 125 (2000), S. 131 ff. (133 ff).

380 Vgl. *Oldiges*, UTR 54 (2000), S. 41 ff. (49).

tes „dürfen“ bedient. So verhält es sich z.B. im Falle der als eine unmittelbar kraft Gesetzes entstehende Erlaubnis zu qualifizierenden gaststättenrechtlichen Weiterführungsbefugnis[381]: Laut § 10 S. 1 GaststättG „darf“ das Gaststättengewerbe nach dem Tode des Inhabers einer gaststättenrechtlichen Erlaubnis u.a. durch den Ehegatten auf Grund der bisherigen Erlaubnis weitergeführt werden.

Nun heißt es in § 40 Abs. 1 S. 3 AMG zwar – anders als etwa in § 8 Abs. 5 a TierSchG, wonach in bestimmten Fällen behördlicher Untätigkeit die Genehmigung „als erteilt gilt“ –, daß die klinische Arzneimittelprüfung erst begonnen werden „darf“, wenn das Bundesinstitut nicht innerhalb eines bestimmten Zeitraums widerspricht. Ein Unterschied zwischen der gaststättenrechtlichen und der arzneimittelgesetzlichen Vorschrift besteht jedoch darin, daß im Falle des Arzneimittelgesetzes das Dürfen an das Vorliegen eines bestimmten behördlichen Verhaltens, nämlich an das Unterlassen eines Widerspruchs seitens des Bundesinstituts für Arzneimittel und Medizinprodukte geknüpft wird. Dieser Umstand spricht gegen die Qualifizierung des § 40 Abs.1 S. 3 AMG als gesetzlichen Erlaubnistatbestand und für die Qualifizierung der bundesoberbehördlichen Widerspruchsabsenz als fiktiven begünstigenden Verwaltungsakt[382]. So wie das zustimmende Kommissionsvotum seinem Inhalt nach eine Genehmigung darstellt, so handelt es sich in entsprechender Weise bei der arzneimittelgesetzlichen Regelung in § 40 Abs. 1 S. 3, derzufolge die klinische Arzneimittelprüfung auch im Falle des Unterbleibens eines bundesoberbehördlichen Widerspruchs rechtlich zulässig ist, um die gesetzliche Fiktion einer Genehmigung[383].

Interessant ist in diesem Zusammenhang noch die Frage, ob es in den Fallkonstellationen der gesetzlichen Fiktion einer Behördenentscheidung die Behörde oder das Gesetz ist, welche die gesetzlich vorgesehene Rechtsfolge auslöst. So findet sich im Schrifttum die Formulierung, hinter einer normativen Fiktion stehe eine Rechtsfolge,

---

381 So die zutreffende Einstufung von *Schildmann*, GewArch 1996, S. 366 ff. (368) m.w.N.; anderer, aber abzulehnender Ansicht *Jachmann*, Die Fiktion im öffentlichen Recht, S. 359: Gesetzliche Fiktion der Erteilung einer Erlaubnis an den Fortführenden.

382 So auch *Arndt*, PharmR 1996, S. 72 ff. (74); *Schiwy*, Arzneimittelgesetz, Band I, § 40 S. 11 spricht von einer „fiktiven Erlaubnis“.

383 In der „Rolle einer Art Genehmigungsbehörde für Forschungsvorhaben, ohne daß hier ausdrücklich der Terminus Genehmigung der klinischen Prüfung verwendet wird“, sieht auch *Hasskarl* in: Festschrift für Deutsch, S. 577 ff. (583), das Bundesinstitut; *Pabel*, Arzneimittelgesetz, S. 192, qualifiziert das Bundesinstitut für Arzneimittel und Medizinprodukte als „Zulassungsbehörde“; *Rosenau* in: *Deutsch/Taupitz* (Hrsg.), Forschungsfreiheit, S. 63 ff. (78) spricht von einer „Genehmigungsgewalt“ des Bundesinstituts für Arzneimittel und Medizinprodukte.

die jedoch nicht von der Behörde herbeigeführt werde, sondern gleichsam automatisch nach Ablauf der Frist eintrete[384]. Dies bedeute, daß in diesen Fällen kein Raum für eine gestaltende behördliche Entscheidung bleibe[385]; denn anders als beim realen Verwaltungsakt beruhe die Regelungswirkung des fingierten Verwaltungsaktes gerade nicht auf einer Behördenentscheidung[386], sondern sie folge unmittelbar aus der Verwirklichung eines gesetzlichen Fiktionstatbestandes[387].

Dieser Auffassung ist dann zuzustimmen, wenn die Behörde die gesetzliche Frist ohne jede Prüfung – etwa versehentlich – verstreichen läßt. Tritt die Behörde hingegen in eine detaillierte Prüfung ein, um dann durch die Entscheidung, daß kein Widerspruch geäußert wird, die gesetzlich vorgesehene Rechtsfolge auszulösen, dann ist es die Behörde, welche die gesetzliche Rechtsfolge bewußt herbeigeführt hat. Daraus folgt, daß mit Blick auf die Frage der Rechtsfolgenherbeiführung danach differenziert werden muß, ob die Behörde die gesetzliche Frist bewußt oder unbewußt, also etwa versehentlich, verstreichen läßt.

V. Ergebnis

In die Berufsfreiheit der freien Ethik-Kommissionen greift die Bestimmung des § 40 Abs. 1 S. 2 AMG ein, indem sie dadurch, daß sie nur die Bewertungen „nach Landesrecht gebildeter" Ethik-Kommissionen anerkennt, eine faktische Monopolstellung der bei den Ärztekammern und Universitäten errichteten Ethik-Kommissionen herbeigeführt hat.

In die Forschungsfreiheit des Arztes greift die Bestimmung des § 40 Abs. 1 S. 2 i.V.m. S. 3 AMG ein, indem sie die klinische Arzneimittelprüfung behindert, unter ein präventives Verbot mit Billigungsvorbehalt stellt und dem Bundesinstitut für Arzneimittel und Medizinprodukte die Möglichkeit eröffnet, die Durchführung der klinischen Prüfung durch Widerspruch endgültig zu Fall zu bringen.

---

384 So *Caspar*, AöR 125 (2000), S. 131 ff. (139)

385 *Caspar*, AöR 125 (2000), S. 131 ff. (139).

386 Vgl. *Krause*, Rechtsformen des Verwaltungshandelns, S. 75: Eine fingierte Maßnahme ist keine Verwaltungshandlung.

387 *Oldiges*, UTR 54 (2000), S. 41 ff. (57). Da sich die Fiktionsregelungen darin erschöpften, begünstigende Rechtsfolgen für die Vorhabenträger zu fingieren, werden gegen den Terminus des fiktiven oder fingierten VA Bedenken erhoben, z.B. von *Caspar*, AöR 125 (2000), S. 131 ff. (140), der vorschlägt, statt dieses zu weit gefaßten Begriffes besser von „fiktiven Zulassungsbestimmungen" zu sprechen.

Neben der Vorschrift des § 40 Abs. 1 S. 2 i.V.m. S. 3 AMG greift die ablehnende Bewertung der Ethik-Kommission in die Forschungsfreiheit ein. Dieser mittelbar-faktische Eingriff geht insofern über den gesetzlichen Eingriff hinaus, als dem ablehnenden Votum der Ethik-Kommission vom Gesetz her lediglich die Widerspruchsbefugnis des Bundesinstituts für Arzneimittel und Medizinprodukte als Rechtsfolge zugeordnet ist, die die Forschungsfreiheit beeinträchtigenden faktischen Wirkungen des ablehnenden Kommissionsvotums jedoch nicht vom Gesetz her intendiert sind. § 40 Abs. 1 S. 2 i.V.m. S. 3 AMG bildet zwar (zusammen mit den landesrechtlichen Bestimmungen über Ethik-Kommissionen) die Rechtsgrundlage für die ablehnende Kommissionsbewertung, doch keine Ermächtigungsgrundlage in dem Sinne, daß er die Ethik-Kommission zu Eingriffen in das Grundrecht der Forschungsfreiheit ermächtigte.

C. Verfassungsrechtliche Beurteilung der Eingriffe

I. Der Eingriff in die Berufsfreiheit

Art. 12 Abs. 1 GG ist ein unter einem Gesetzesvorbehalt stehendes Grundrecht. Entgegen dem Wortlaut wird der Regelungsvorbehalt des Art. 12 Abs. 1 S. 2 GG als Gesetzesvorbehalt verstanden, der, da Art. 12 Abs. 1 GG als einheitliches Grundrecht betrachtet wird, auf alle Aspekte des Art. 12 Abs. 1 GG erstreckt wird[388]. Jedes der Schutzgüter des Art. 12 Abs. 1 GG kann folglich „durch Gesetz“ oder „auf Grund eines Gesetzes“ beschränkt werden, wobei im einzelnen – im Rahmen der Verhältnismäßigkeitsprüfung – unterschiedlich hohe Anforderungen gelten.

1. Vorbehalt des Gesetzes, Parlamentsvorbehalt

Wenn Art. 12 Abs. 1 S. 2 GG von „Gesetz“ spricht, ist damit ein Parlamentsgesetz gemeint[389]. Einer solchen parlamentsgesetzlichen Grundlage bedürfen auch mittelbar-faktische Eingriffe in die Berufsfreiheit[390]. Da es hier eine parlamentsgesetzliche Bestimmung selbst ist, die zu dem faktischen Eingriff in die Berufsfreiheit der priva-

388 BVerfGE 7, S. 377 ff. (401 ff.) bzgl. Berufswahl und -ausübung; 33, S. 329 ff. (336) bzgl. Ausbildungsstätte; 84, S. 133 ff. (146) bzgl. Arbeitsplatz; *Manssen*, Staatsrecht II, Rn. 627.

389 BVerwGE 94, S. 269 ff. (277); *Siekmann/Duttge*, Grundrechte, Rn. 592.

390 BVerwG, NJW 1985, S. 2774 ff. (2778): Gesetzliche Ermächtigung für die Veröffentlichung der Arzneimittel-Transparenzliste erforderlich. Allgemein zum Vorbehalt des Gesetzes bei faktischen Grundrechtseingriffen *Ossenbühl*, Umweltpflege, S. 38 ff.; *Roth*, Faktische Eingriffe in Freiheit und Eigentum, S. 598 ff.

ten Ethik-Kommissionen führt, wirft die Frage des Vorbehalts des (Parlaments-)Gesetzes keine Probleme auf.

2. Beachtung des Verhältnismäßigkeitsprinzips

Fraglich ist jedoch, ob der rechtsstaatliche Grundsatz der Verhältnismäßigkeit gewahrt ist. Was dieses Kriterium betrifft, so hängen die Anforderungen an die verfassungsrechtliche Rechtfertigung eines Eingriffs in das Grundrecht der Berufsfreiheit davon ab, in welches der von Art. 12 Abs. 1 GG verbürgten Rechte im einzelnen eingegriffen wird. Art. 12 Abs. 1 GG gewährleistet die freie Wahl des Berufes, des Arbeitsplatzes und der Ausbildungsstätte sowie die freie Berufsausübung.

Gemäß der vom Bundesverfassungsgericht im Apothekenurteil[391] entwickelten sog. Stufentheorie[392], welche sich als Ergebnis einer strikten Anwendung des Verhältnismäßigkeitsgrundsatzes auf Eingriffe in das Grundrecht der Berufsfreiheit darstellt[393], wird bei Art. 12 Abs. 1 GG die Verhältnismäßigkeit stufenspezifisch geprüft: Zunächst wird danach unterschieden, ob die Berufswahl oder die Berufsausübung geregelt wird. Liegt eine Regelung der Berufswahl durch bestimmte Zulassungsvoraussetzungen vor, so ist wiederum danach zu differenzieren, ob es sich hierbei um subjektive oder objektive Zulassungsvoraussetzungen handelt. Die Eingriffsrechtfertigung hängt dann davon ab, auf welcher Stufe der Eingriff erfolgt: Während die Freiheit der Berufsausübung beschränkt werden kann, soweit vernünftige Erwägungen des Gemeinwohls es zweckmäßig erscheinen lassen, darf die Freiheit der Berufswahl nur eingeschränkt werden, soweit der Schutz besonders wichtiger Gemeinschaftsgüter – als gesteigerter Gemeinwohlbelang[394] – es zwingend erfordert[395].

a) Eingriff in die Berufswahl oder in die Berufsausübung?

Speziell mit Blick auf Verwaltungsmonopole gilt folgendes: Rechtsprechung und herrschende Lehre qualifizieren Verwaltungsmonopole in ihrer Wirkung als Beschränkungen der freien Berufswahl, und zwar als eine objektive Zulassungsschran-

391 BVerfGE 7, S. 377 ff.

392 Kritisch zu dieser Theorie *Ipsen*, JuS 1990, S. 634 ff.

393 BVerfGE 46, S. 120 ff. (138).

394 Vgl. *Ipsen*, JuS 1990, S. 634 ff. (638).

395 BVerfGE 7, S. 377 ff. (378 u. 405 ff.).

ke hinsichtlich der monopolisierten beruflichen Tätigkeit[396]. Teilweise wird auch die Auffassung vertreten, daß es sich bei staatlichen Monopolen sogar um eine noch schärfere Ingerenz handele[397]. Denn obwohl objektive Zulassungsvoraussetzungen zwar nachhaltig in die Freiheit der Berufswahl eingriffen, so erhielten sie doch bei einer generellen Betrachtung die Möglichkeit für private Unternehmer aufrecht, den betreffenden Beruf zu wählen und auszuüben, wohingegen staatliche Monopole eine absolute Berufssperre bedeuteten, weil für eine entsprechende (selbständige) Tätigkeit Privater überhaupt kein Raum mehr sei[398].

Nun unterscheidet sich die durch die arzneimittelgesetzliche Regelung entstandene Situation von derjenigen eines rechtlichen Verwaltungsmonopols zwar dadurch, daß den freien Ethik-Kommissionen die Begutachtungstätigkeit auf dem Gebiet der Arzneimittelprüfung weder untersagt noch die Normwirkung an die forschenden Ärzte in der Weise adressiert wird, daß ihnen die *ausschließliche* Inanspruchnahme der bei den Kammern und medizinischen Fakultäten gebildeten Ethik-Kommissionen aufgegeben wird. Für die grundrechtliche Beurteilung ist jedoch nicht entscheidend, ob das Verwaltungsmonopol durch direkten oder indirekten Ausschluß Privater begründet worden ist[399]. Im Ergebnis macht es für die freien Ethik-Kommissionen keinen Unterschied, ob sie deshalb eines weiten und umfangreichen Tätigkeitsfeldes beraubt werden, weil die Ärzte, welche eine klinische Arzneimittelstudie durchzuführen beabsichtigen, von Rechts wegen ausschließlich öffentlich-rechtliche Ethik-Kommissionen in Anspruch nehmen *dürfen*, oder deshalb, weil die forschungswilligen Ärzte infolge der gesetzlichen Lage faktisch nur noch öffentlich-rechtliche Ethik-Kommissionen in Anspruch *nehmen.* Aus grundrechtlicher Sicht sind beide Monopolarten – rechtliches und faktisches Verwaltungsmonopol – gleich eingriffswirksam[400] und unterliegen daher denselben verfassungsrechtlichen Rechtmäßigkeitsanforderungen.

396 BVerfGE 21, S. 245 ff. (251); 21, S. 261 ff. (266 ff.); 46, S. 120 ff. (136); BVerwGE 39, S. 159 ff. (168); 62, S. 224 ff. (230); 97, S. 79 ff. (84). *Epping*, Grundrechte, Rn. 336; *Jarass in: Jarass/Pieroth,* Grundgesetz, Art. 12 Rn. 61; *Langer*, Monopole, S. 70; *Pieroth/Schlink*, Grundrechte, Rn. 829; *Schenke*, NJW 1996, S. 745 ff. (747) m.w.N.

397 So *Gubelt* in: *von Münch/Kunig* (Hrsg.), GG-Kommentar, Band 1, Art. 12 Rn. 72; *Tettinger* in *Sachs* (Hrsg.), GG-Kommentar, Art. 12 Rn. 113.

398 *Breuer* in: *Isensee/Kirchhof* (Hrsg.), Handbuch des Staatsrechts, Band VI, § 148 Rn. 62.

399 Vgl. *Breuer* in: *Isensee/Kirchhof* (Hrsg.), Handbuch des Staatsrechts, Band VI, § 148 Rn. 63, und *Papier* in: *Benda/Maihofer/Vogel* (Hrsg.), Handbuch des Verfassungsrechts, § 18 Rn. 40.

400 *Scholz* in: *Maunz/Dürig*, GG-Kommentar, Band 2, Art. 12 Rn. 408; vgl. auch BVerwGE 62, S. 224 ff. (230), wo ein „Quasi-Monopol" am Maßstab des Art. 12 GG geprüft wird. Siehe auch *Langer*, Monopole, S. 150: „Die Teilnahme am Wettbewerb muß nicht nur möglich sein, sie muß auch eine sinnvolle Grundrechtsbetätigung zulassen. Daran fehlt es aber, wenn eine

Weiter fragt sich, ob der Umstand, daß den freien Ethik-Kommissionen noch die ethische Beratung im Vorfeld von klinischen Erprobungen von Medizinprodukten, mithin ihre Beratungstätigkeit auf einem Teilgebiet verbleibt, eine andere Beurteilung, nämlich eine Beurteilung dahin erfordert, daß es sich „nur" um einen – weniger strengen Anforderungen unterliegenden – Eingriff in die Berufsausübung und nicht in die Berufswahl handelt.

Dies ist indes nicht der Fall: Der Begutachtung klinischer Forschungsvorhaben auf dem Gebiet der Erprobung von Medizinprodukten kommt im Vergleich zu klinische Arzneimittelstudien betreffenden Bewertungen ein weitaus geringeres Gewicht zu[401]. Fällt dieser Bereich für die freien Ethik-Kommissionen – wie de facto der Fall – fast gänzlich[402] weg, so wird ihr Betätigungsfeld in so erheblicher Weise[403] eingeschränkt, daß die Wirkungen für die freien Kommissionen denjenigen einer objektiven Zulassungsschranke entsprechen[404].

b) Rechtmäßigkeitsanforderungen gemäß der Stufenlehre

Als objektive Zulassungsschranke kann der von einem Verwaltungsmonopol ausgehende Eingriff in das Grundrecht der freien Berufswahl nach der Rechtsprechung von Bundesverfassungsgericht und Bundesverwaltungsgericht nur unter zwei Bedin-

---

sinnvolle und unterhaltssichernde Betätigung nicht erwartet werden kann. Ist dieser Fall gegeben, so steht die tatsächliche Entwicklung der rechtlich begründeten Monopolisierung gleich."

401 *Schenke*, NJW 1996, S. 745 ff. (748 f.); siehe auch S. 5 Fn. 20.

402 Freie Ethik-Kommissionen werden aus Zeit- und Kostengründen kaum noch *zusätzlich* zu den öffentlich-rechtlichen Kommissionen um Begutachtungen auf dem Gebiet der Arzneimittelprüfung ersucht (siehe hierzu S. 10 Fn. 37).

403 *Becker-Platen*, Die Kammern der freien Heilberufe, S. 168, macht zutreffend geltend, daß das den freien Ethik-Kommissionen verbleibende Tätigkeitsfeld ihnen ein „wirtschaftliches Überleben" nicht sichern könne.

404 Selbst wenn man im Hinblick auf die den freien Ethik-Kommissionen weiterhin offenstehende Möglichkeit einer Bewertungstätigkeit auf dem Gebiet der klinischen Prüfung von Medizinprodukten nur einen Eingriff in die Freiheit der *Berufsausübung* annähme, so müßte dieser Eingriff gleichwohl an den für Eingriffe in die *Berufswahl* durch objektive Zulassungsvoraussetzungen geltenden Kriterien gemessen werden. Denn Berufsausübungsregelungen unterliegen dann, wenn sie gravierende Auswirkungen auf die Berufswahlfreiheit haben, denselben verfassungsrechtlichen Rechtmäßigkeitsvoraussetzungen wie Berufswahlregelungen, um verfassungsmäßig zu sein (vgl. BVerfGE 61, S. 291 ff. [311]; 77, S. 84 ff. [106]; *Ipsen*, JuS 1990, S. 634 ff. [635 f.]; *Schenke*, NJW 1996, S. 745 ff. [749]; *Stamer*, Die Ethik-Kommission in Baden-Württemberg, S. 67).

gungen Bestand haben: Erstens muß das Monopol den Schutz besonders wichtiger Gemeinschaftsgüter bezwecken; dabei müssen die dem Gemeinschaftsgut drohenden Gefahren schwer sowie nachweisbar oder höchstwahrscheinlich sein. Zweitens muß das Monopol als Mittel zur Abwehr dieser Gefahren unentbehrlich sein[405].

In Anwendung dieser Grundsätze, die für den von einem faktischen Verwaltungsmonopol ausgehenden, wie eine objektive Zulassungsschranke *wirkenden* Eingriff entsprechend zu gelten haben, ergibt sich mit Blick auf die ein faktisches Monopol der öffentlich-rechtlichen Ethik-Kommissionen bewirkende Vorschrift des § 40 Abs.1 S.2 AMG folgendes: Die Begutachtung und Bewertung eines Forschungsvorhabens durch eine nach Landesrecht gebildete Ethik-Kommission bezweckt dreierlei[406]: sie dient in erster Linie dem Schutz von Leben und Gesundheit der Versuchsteilnehmer; daneben soll sie den Forscher davor bewahren, im Forschungsdrang die zulässigen Grenzen zu überschreiten; schließlich dient sie auch dem Schutz der Öffentlichkeit vor ethisch oder rechtlich bedenklicher Forschung. Es besteht mithin kein Zweifel, daß bei humanmedizinischen Versuchen wie der klinischen Arzneimittelprüfung besonders wichtige Gemeinschaftsgüter[407] betroffen sind. Sofern es sich wie bei den Gemeinschaftsgütern „Leben“ und „körperliche Unversehrtheit“ der Studienteilnehmer um Grundrechte handelt, besteht eine Schutzpflicht des Staates[408], da diese Rechtsgüter durch eigene Vorkehrungen nicht wirksam geschützt werden können[409].

Zweifelhaft erscheint jedoch, ob ohne das Monopol der öffentlich-rechtlichen Ethik-Kommissionen, also bei einer rechtlich relevanten Mitwirkung der freien Ethik-Kommissionen dergestalt, daß auch ihren Voten im Rahmen klinischer Arzneimittelprüfungen Rechtserheblichkeit zukommt, den erwähnten Gemeinschaftsgütern

405 BVerfGE 21, S. 245 ff. (251); BVerwGE 39, S. 159 ff. (168); siehe im Schrifttum hierzu: *Breuer* in: *Isensee/Kirchhof* (Hrsg.), Handbuch des Staatsrechts, Band VI, § 148 Rn. 64 ff. (68); *Epping*, Grundrechte, Rn. 343; *Grupp*, ZHR 140 (1976), S. 367 ff. (390); *Papier* in: *Benda/Maihofer/Vogel* (Hrsg.), Handbuch des Verfassungsrechts, § 18 Rn. 40; *Scholz* in: Festschrift für Sieg, S. 507 ff. (520); *Tiedemann*, ZRP 1991, S. 54 ff. (59).

406 Vgl. *Jahrmärker*, MedKlinik 85 (1990), S. 672 ff. (677 f.).

407 Dies gilt jedenfalls im Hinblick auf Leben und Gesundheit der Studienteilnehmer, vgl. BVerfGE 78, S. 179 ff. (192), wo die Gesundheit der Bevölkerung explizit als besonders wichtiges Gemeinschaftsgut bezeichnet wird.

408 Siehe etwa BVerfGE 39, S. 1 ff. (41 ff.) u. 46, S. 160 ff. (164 f.) zu der aus Art. 2 GG erwachsenden Schutzpflicht des Staates; umfassend zu den grundrechtlichen Schutzpflichten *Isensee* in: *Isensee/Kirchhof* (Hrsg.), Handbuch des Staatsrechts, Band V, § 111, S. 143 ff.

409 Vgl. *Trute*, Forschung, S. 167, der die staatliche Schutzpflicht für die Probandenrechte vornehmlich aus dem Informationsgefälle zwischen Arzt und Probanden herleitet.

schwere und nachweisbare oder höchstwahrscheinliche Gefahren drohen, welche, falls zu bejahen, nur im Wege der Aufrechterhaltung des Monopols der öffentlich-rechtlichen Kommissionen abgewehrt werden können.

Eine schwere und höchstwahrscheinliche Gefahr für Leben und Gesundheit der Versuchsteilnehmer bei rechtserheblicher Mitwirkung der freien Ethik-Kommissionen könnte mit Blick auf den Umstand erwogen werden, daß die freien Kommissionen als wirtschaftliche Unternehmen eine Vergütung für ihre Tätigkeit verlangen, also gewinnorientiert arbeiten. So werden auch im Schrifttum Bedenken dahin geäußert, daß die freien Kommissionen im Hinblick auf weitere Aufträge, also aus einem (wirtschaftlichen) Eigeninteresse heraus, einen großzügigen Maßstab bei der Prüfung anlegen und ihre Voten zwecks Sicherung eines festen Kundenstammes zu kundenfreundlich fällen könnten[410]. Die Richtigkeit dieser Erwägungen unterstellt, wäre eine zu ausgeprägte „Kundenfreundlichkeit" der freien Ethik-Kommissionen ihrer Unabhängigkeit und damit dem Schutz der Rechte der Versuchsteilnehmer in der Tat abträglich, da dann eine unzureichende Berücksichtigung der Belange dieser Personengruppe zu befürchten stünde.

Die vorgebrachten Bedenken sind indes aus mehreren Gründen nicht stichhaltig[411]: Zum einen werden auch die Ethik-Kommissionen an den Ärztekammern und den

410 Bedenken in dieser Richtung äußert vornehmlich *Deutsch*, NJW 1995, S. 752 ff. (754), der gegen die medizinproduktegesetzliche Regelung, derzufolge Erfordernis für die Registrierung einer Ethik-Kommission beim Bundesinstitut für Arzneimittel und Medizinprodukte ist, daß in einer veröffentlichten Verfahrensordnung u.a. eine „angemessene Vergütung" aufgeführt ist, mit der Bemerkung zu Felde zieht: „Ist die Gleichung Ethik gegen Gebühr nunmehr gesetzliche Maxime geworden?" Daß die öffentlich-rechtlichen Ethik-Kommissionen hingegen in ihrer Beurteilung „strenger" sind, ist nicht ersichtlich. Sogar *Deutsch* selbst(!) trifft an anderer Stelle (VersR 1999, S. 1 ff. [8]) die auf die öffentlich-rechtlichen Kommissionen bezogene Aussage: „Die hohen Raten der Zustimmung von Ethik-Kommissionen zu den Versuchen (bis zu 98 %) sprechen auch dafür, daß ihre Prüfungen nicht übermäßig einschneidend sind." Vgl. insoweit auch *Freund*, MedR 2001, S. 65 ff. (66): Die Zahl definitiver Ablehnungen sei sehr gering.

411 Zurecht bezeichnet *Stamer*, Die Ethik-Kommissionen in Baden-Württemberg, S. 70, das gegen die freien Ethik-Kommissionen ins Feld geführte Argument der Gewinnorientierung als ein „schwaches Argument". Im übrigen könnten dieselben Bedenken durchaus auch im Hinblick auf die Unabhängigkeit der öffentlich-rechtlichen Ethik-Kommissionen aufgeworfen werden: Auch diese Gremien sind, wie es *Rosenau* in: *Deutsch/Taupitz* (Hrsg.), Forschungsfreiheit, S. 63 ff. (77) ausdrückt, „nicht vor unbotmäßiger Einflußnahme von außen gefeit". Denn auch diejenigen Institutionen, in welche die öffentlich-rechtlichen Ethik-Kommissionen eingebunden sind (i.e. die forschenden Universitätskliniken sowie die Ärztekammern), können, worauf *Wölk*, Ethik Med 2002, S. 252 ff. (262) zutreffend hinweist, sich auf die Unabhängigkeit der

medizinischen Fakultäten nicht gänzlich gebührenfrei tätig[412]. Zum anderen sind die Mitglieder der freien Ethik-Kommissionen bereits im Falle nur leichter Fahrlässigkeit einem persönlichen Haftungsrisiko ausgesetzt (§ 823 Abs.1 BGB u. § 823 Abs.2 BGB i.V.m. § 40 AMG als Schutzgesetz)[413], während für die Mitglieder einer öffentlich-rechtlichen Kommission eine Eigenhaftung nur im Falle vorsätzlichen oder grob fahrlässigen Handelns eintritt (Art.34 GG i.V.m. § 839 BGB)[414]. Dieses erhöhte Haftungsrisiko der freien Ethik-Kommissionen[415] wirkt eventuellen Gefahren eines Interessenkonflikts selbstregulierend entgegen. Außerdem bestünde die Gefahr der rufschädigenden Wirkung einer fehlerhaften, parteiischen oder unseriösen Beratung[416]. Weiter ist zu bedenken, daß den Ethik-Kommissionen durch das Arzneimittelgesetz inhaltliche Kriterien – als eine Art „Prüfrahmen" – an die Hand gegeben werden, die sie bei ihren Begutachtungen und anschließenden Bewertungen zu beachten haben. So darf nach § 40 Abs. 1 S. 2, 2. HS AMG eine zustimmende Bewertung nur beim Vorliegen der in § 40 Abs. 1 S. 1 AMG genannten Voraussetzungen erfolgen. Damit ist zwar noch nicht gewährleistet, daß die Ethik-Kommission diese gesetzliche Maßgabe beachtet. Da aber der Forscher gemäß § 40 Abs. 1 S. 1 Nr. 6 AMG auch das

---

Ethik-Kommissionen negativ auswirkende Eigeninteressen an den zu überprüfenden Forschungsvorhaben haben.

412 Siehe etwa einerseits Ziff. 3 der Gebührenordnung für die Ethik-Kommission der Friedrich-Schiller-Universität Jena an der Medizinischen Fakultät (www.med.uni-jena.de/ethik): „Für Anträge auf Beurteilung von Forschungsvorhaben, die nicht öffentlich-rechtlich finanziert werden, gelten folgende Gebühren: a) Prüfung von Arzneimittelstudien € 750 bis 2000 (...) f) Prüfung von klinischen Versuchen, die keine Arzneimittelstudie zum Gegenstand haben € 750 bis 2000", sowie andererseits § 4 S. 2 des Statuts der Ethik-Kommission bei der Ärztekammer des Saarlandes (www.aerztekammer-saarland.de/30/04Satzungen/StatutEth.html): „Für die Tätigkeit der Ethik-Kommission werden Gebühren nach Maßgabe der Verwaltungsgebührenordnung der Ärztekammer des Saarlandes in der jeweils geltenden Fassung erhoben".

413 Allerdings kann der Proband nur das Mitglied oder die Mitglieder der freien Ethik-Kommission auf Schadensersatz in Anspruch nehmen, das bzw. die den Deliktstatbestand eigenhändig verwirklicht hat/haben, so zutreffend *Kollhosser* in: *Toellner* (Hrsg.), Die Ethik-Kommission in der Medizin, S. 79 ff. (88), und *Kreß*, Die Ethik-Kommissionen im System der Haftung, S. 219; zu den deliktischen Anspruchsgrundlagen siehe auch *Scheffold*, Haftungsfragen, S. 182 f.

414 Nur bei Vorsatz oder grober Fahrlässigkeit bleibt der Rückgriff vorbehalten (Art. 34 S. 2 GG); zum Regreß gegen die Mitglieder öffentlich-rechtlicher Ethik-Kommissionen siehe *Kreß*, Die Ethik-Kommissionen im System der Haftung, S. 181 ff.

415 *Scheffold*, Haftungsfragen, S. 183, spricht zutreffend von einer „verschärften Haftung", welcher die freien Kommissionen unterliegen, und bezeichnet die „Annahme einer haftungsrechtlichen Unverbindlichkeit" als „Trugschluß".

416 Vgl. *Becker-Platen*, Die Kammern der freien Heilberufe, S. 176 Fn. 632; *Schenke*, NJW 1996, S. 745 ff. (751).

Kommissionsvotum dem Bundesinstitut für Arzneimittel und Medizinprodukte vorzulegen hat, wird dieser Behörde die Stellungnahme der Ethik-Kommission immerhin zur Kenntnis gebracht[417].

Die gewinnorientierte Tätigkeit der freien Ethik-Kommissionen begründet nach alledem keine schweren und höchstwahrscheinlichen Gefahren für Leib und Leben der an klinischen Arzneimittelprüfungen teilnehmenden Personen.

Zu einer solchen Gefahr könnte es aber bei einer inadäquaten Besetzung und/oder Verfahrensweise der freien Ethik-Kommissionen kommen. So werden namentlich von *Deutsch* Bedenken gegen die personelle Besetzung der freien Ethik-Kommissionen, insbesondere mit Blick auf die fachliche Qualifikation der nichtmedizinischen Mitglieder der freien Ethik-Kommissionen erhoben[418].

In Hinsicht auf die personelle Besetzung von Ethik-Kommissionen gilt zunächst, daß die Beurteilung von klinischen Prüfungen, da diese im wesentlichen medizinische, rechtliche und ethische Fragestellungen aufwerfen, eine interdisziplinäre Zusammensetzung der Ethik-Kommissionen erfordert. Nicht ohne Grund sind daher in den Ethik-Kommissionen – den öffentlich-rechtlichen wie den freien – nicht nur Mediziner, sondern auch Juristen und Vertreter anderer Fachrichtungen vertreten[419].

---

417 Zur Erwägung, eine inhaltliche Kontrolle dergestalt vorzusehen, daß dem Bundesinstitut auch im Falle einer zustimmenden Kommissionsbewertung eine Entscheidungsbefugnis eingeräumt wird, siehe im folgenden S. 124.

418 *Deutsch* in: Festschrift für Bydlinski, S. 105 ff. (116), sowie in NJW 1995, S. 752 ff. (754) mit der polemischen Fragestellung: „Wie ist die erforderliche Fachkompetenz, insbesondere der nicht medizinischen Mitglieder zu beurteilen? Genügt es, wenn es sich um die Ehefrau des Inhabers einer freien Ethik-Kommission handelt?“ Zur Beteiligung von Laien in Ethik-Kommissionen siehe andererseits (nämlich befürwortend) die in *Deutsch/Taupitz* (Hrsg.), Forschungsfreiheit, S. 362 ff. abgedruckten Ergebnisse des Internationalen Symposions „Forschungsfreiheit und Forschungskontrolle in der Medizin – zur geplanten Revision der Deklaration von Helsinki – vom 07.04. bis 11.04.1999 in Göttingen („Göttinger Papier“) unter Punkt 16: „Die Beteiligung von Laien in den Ethikkommissionen sollte gefördert werden.“ Auch *Classen*, MedR 1995, S. 148 ff. (151) hält die Mitwirkung von Laien in Ethik-Kommissionen für wichtig, um „professionelle Blindheit“ zu vermeiden.

419 Siehe zur personellen Besetzung der öffentlich-rechlichen Ethik-Kommissionen *Wilkening*, MedR 2001, S. 301 ff. (301-303): Die Ethik-Kommissionen an den Ärztekammern und Universitäten haben zwischen fünf und neunzehn Mitglieder, wobei die Mitgliederzahl im Durchschnitt 8,6 beträgt. Rund 65 Prozent der Mitglieder sind Mediziner, Juristen sind in nahezu allen Kommissionen vertreten (*Wilkening*, a.a.O., S. 302 f.).
Die Freiburger Ethik-Kommission International setzt sich gemäß ihrer Verfahrensordnung aus mindestens sieben Mitgliedern zusammen: Mindestens drei Ärzten verschiedener Fachrichtun-

Was im speziellen die ethischen Fragestellungen betrifft, so ist zu bedenken, daß besondere Sachkenntnis auf medizinischem oder juristischem Gebiet allein noch keine Kompetenz im Umgang mit ethischen Fragen verleiht, ethische Urteilskraft im Prinzip vielmehr jedem ernsthaften Bürger zukommt[420]. Daraus folgt, daß für alle jene Fragen und Probleme *ethischer* Natur, welche ein durch die Ethik-Kommission zu beurteilendes Forschungsprojekt *über medizinische und rechtliche Fragestellungen hinaus* aufwirft, keine bestimmte Fachkompetenz der Kommissionsmitglieder zu verlangen ist, und folglich die fehlende Fachkompetenz eines medizinischen Laien als Mitglied einer freien Ethik-Kommission nicht bemängelt werden dürfte[421]. Denn auch die Kompetenz der ärztlichen Mitglieder einer öffentlich-rechtlichen Ethik-Kommission liegt auf medizinischem Gebiet; daß sie über Fragen der Ethik fachlich fundierter entscheiden als medizinische Laien, kann nicht behauptet werden[422]. Im übrigen könnten die ethischen Maßstäbe einer speziellen Berufsgruppe, selbst wenn diese besondere Sachkenntnis besitzt, nicht ohne weiteres für alle verbindlich sein[423].

---

gen, einem Pharmakologen, einem Volljuristen sowie mindestens zwei weiteren medizinischen Laien. Nach der Verfahrensordnung der International Medical & Dental Ethics Commission setzt sich diese zusammen aus mindestens 12 Männern und Frauen, darunter mindestens sechs Ärzte verschiedener Fachgebiete, zwei Volljuristen und Personen aus mindestens drei weiteren Berufen.

420 So *Gramm*, WissR 32 (1999), S. 209 ff. (213), der zurecht weiter ausführt: „Mediziner sind zwar mit Fragen der Forschung am Menschen in besonderer Weise befaßt. Diese Nähe zur Sache macht sie allerdings noch nicht zu professionellen Ethik- bzw. Normexperten."

421 Es wäre also nicht zu beanstanden, wenn – *neben* einer ausreichenden Zahl an Medizinern und Juristen und ggf. auch Vertretern anderer Fachrichtungen – auch *additiv* eine Person mitwirkte, die ein Laie auf allen Gebieten wäre. Die Besonderheit ethischer Fragestellungen bringt es eben mit sich, daß sie „fächerübergreifend" sind und die persönliche Fähigkeit zu ihrer Diskussion nicht z.B. von einem Hochschulstudium abhängig ist (vgl. auch *Altner* in: *Korff* (Hrsg.), Lexikon der Bioethik, Band 1, S. 682 ff. [690]: Im Bewußtsein des Laien spiegele sich nicht nur die potentielle Betroffenheit durch den zukünftigen medizinischen Fortschritt, sondern ebenso auch eine lebensweltliche Erfahrung, die nicht durch den wissenschaftlichen Sachverstand ersetzt werden könne). Für eine Beteiligung von Laien – aus Gründen der Akzeptanz – ausdrücklich auch *Lindemann* in: „Waffen-Gleichheit", S. 135 ff. (139 f.), der sogar für eine additive Hinzuziehung von Bürgern als Nichtbetroffenen plädiert mit der Begründung, die Sichtweise nicht betroffener Laien sei vor allem bei Vorhaben, welche die Öffentlichkeit bewegen, unverzichtbar. Im übrigen bestehen, worauf *Wilkening*, MedR 2001, S. 301 ff. (303; 305) mit Blick auf die personelle Besetzung der öffentlich-rechtlichen Kommissionen hinweist, Defizite auch noch, was die fachliche Ausrichtung gerade der *medizinischen* Mitglieder (fehlende Repräsentanz etwa von Biometrikern, Pharmakologen, Medizintechnikern und Statistikern) betrifft.

422 *Sobota*, AöR 121 (1996), S. 229 ff. (241).

423 *Taupitz*, Die Standesordnungen der freien Berufe, S. 191 f.

Schlagen somit zwar die konkreten Bedenken von *Deutsch* im Hinblick auf die möglicherweise fehlende Fachkompetenz medizinischer Laien in freien Ethik-Kommissionen nicht durch, so wird durch die obenstehenden Ausführungen indes noch nicht zugleich die Möglichkeit einer schweren und höchstwahrscheinlichen Gefahr für die Rechte der Versuchsteilnehmer infolge einer inadäquaten Besetzung oder Verfahrensweise einer freien Ethik-Kommission ausgeräumt. Insoweit bestehen keine Zweifel dahingehend, daß den Gemeinschaftsgütern „Leben und Gesundheit" der Probanden eine solche Gefahr droht, wenn eine freie Ethik-Kommission tatsächlich inadäquat besetzt ist oder nach einer unangemessenen Verfahrensweise verfährt. Diese Gefahr könnte auch nicht etwa mit der Begründung von der Hand gewiesen werden, daß die öffentlich-rechtlichen und die freien Ethik-Kommissionen in ihren Verfahrensweisen und in ihrer personellen Besetzung *de facto* nicht wesentlich voneinander abweichen[424] und eine unangemessene personelle Besetzung oder eine unsachgemäße Verfahrensweise freier Ethik-Kommissionen ausgeschlossen oder nicht zu erwarten sei[425]. Während sich nämlich Zusammensetzung und Verfahren der öffentlich-rechtlichen Ethik-Kommissionen nach den vom Arbeitskreis medizinischer Ethik-Kommissionen beschlossenen Verfahrensgrundsätzen richten[426], fehlt für die freien Ethik-Kommissionen ein vergleichbarer Orientierungsmaßstab.

Ist daher zwar das Vorliegen einer schweren und höchstwahrscheinlichen Gefahr für die in Rede stehenden Gemeinschaftsgüter im Falle einer inadäquaten Besetzung oder Verfahrensweise der freien Kommissionen zu bejahen, so stellt sich jedoch die

---

424 Vergleiche auf Seiten der freien Kommissionen die Verfahrensordnung der Freiburger Ethik-Kommission International (www.feki.com/d/satzung/index.html) und der International Medical & Dental Ethics Commission (www.imdec.org/ rules_d.htm), sowie auf Seiten der öffentlich-rechtlichen Kommissionen die Satzungen der Ethik-Kommissionen der Universitäten Bonn (http://ethik.meb.uni-bonn.de/satzung.html) und Göttingen (www.mi.med.uni-goettingen.de/Ethik/satzung.htm) und der Ethik-Kommission der Ärztekammer Mecklenburg-Vorpommern (www.rechtsmedizin.uni-rostock.de/ethik/satzung.htm).

425 Aus der vorbildlichen, aber für andere Kommissionen unverbindlichen Zusammensetzung der Freiburger Ethik-Kommission International und der International Medical & Dental Ethics Commission kann nicht geschlossen werden, daß jede freie Ethik-Kommission eine so ausgewogene Besetzung aufweisen würde.

426 Die vom Arbeitskreis medizinischer Ethik-Kommissionen für die öffentlich-rechtlichen Ethik-Kommissionen beschlossenen Verfahrensgrundsätze (abgedruckt bei *Toellner* [Hrsg.], Die Ethik-Kommission in der Medizin, S. 163 ff.) sehen – ebenso wie die Empfehlung der Bundesärztekammer – eine multi- und interdisziplinäre Zusammensetzung aus mindestens vier Ärzten sowie einem Juristen vor. Von den Ärzten sollen zwei erfahrene Kliniker sein, ein Arzt soll im Bereich der theoretischen Medizin besondere Erfahrung haben und nach Möglichkeit soll auch ein Rechtsmediziner mitwirken.

weitere Frage, ob zur Abwendung dieser Gefahr das – die faktische Monopolstellung der öffentlich-rechtlichen Ethik-Kommissionen schaffende – Erfordernis der Bewertung durch eine öffentlich-rechtliche Kommission unentbehrlich ist. Gemäß der bundesverfassungsgerichtlichen Stufentheorie ist der Gesetzgeber gehalten, Regelungen nach Art. 12 Abs. 1 S. 2 GG jeweils auf der Stufe vorzunehmen, die den geringsten Eingriff in die Freiheit der Berufswahl mit sich bringt; er darf die nächsthöhere Stufe immer erst dann betreten, wenn mit hoher Wahrscheinlichkeit dargetan werden kann, daß die befürchteten Gefahren mit (verfassungsgemäßen) Mitteln der vorausgehenden Stufe nicht wirksam bekämpft werden können[427]. Mit diesem Grundsatz nähert sich das Bundesverfassungsgericht dem Verhältnismäßigkeitsprinzip, und zwar dem Teilaspekt der Erforderlichkeit einer staatlichen Maßnahme[428].

Folgerichtig ist die Unentbehrlichkeit eines öffentlich-rechtlichen Monopols dann zu verneinen, wenn ein milderes Mittel zur Verfügung steht, welches zur Abwehr der dem Gemeinschaftsgut drohenden Gefahr ebenso geeignet ist[429]. Im Rahmen eines Eingriffs in Art. 12 Abs. 1 GG kann, wenn der Eingriff auf der „höchsten“ Stufe in Gestalt objektiver Zulassungsbeschränkungen – wie sie auch durch ein Monopol geschaffen werden – erfolgt, ein milderes Mittel in der Aufstellung subjektiver Zulassungsvoraussetzungen oder bloßer Berufsausübungsregelungen liegen.

Vorliegend ist unschwer ersichtlich, daß die Gefahr für die Rechte der Studienteilnehmer infolge inadäquater Besetzung oder Verfahrensweise freier Ethik-Kommissionen nicht ausschließlich durch eine Monopolstellung der nach Landesrecht gebildeten öffentlich-rechtlichen Kommissionen, sondern bereits dadurch abgewendet werden könnte, daß für freie Ethik-Kommissionen subjektive Zulassungsvoraussetzungen oder zumindest Ausübungsregelungen für ihre Tätigkeit gesetzlich geschaffen würden. Hier wären im einzelnen verschiedene Modelle denkbar:

Eine Möglichkeit wäre etwa die Statuierung eines Zulassungs- oder Anerkennungsverfahrens[430], wie es etwa für die Anerkennung von Kraftfahrzeugwerkstätten als

427 BVerfGE 7, S. 377 ff. (408).

428 Vgl. *Ipsen*, JuS 1990, S. 634 ff. (636).

429 In der Terminologie des (allgemeinen, nicht „stufenspezifisch“ auf Art. 12 GG bezogenen) Verhältnismäßigkeitsgrundsatzes bedeutet Unentbehrlichkeit nichts anderes als Notwendigkeit. Ein Mittel ist dann nicht notwendig bzw. unentbehrlich, wenn ein milderes, jedoch ebenso geeignetes Mittel zur Verfügung steht.

430 So schon *Tiedemann*, ZRP 1991, S. 54 ff. (60).

Prüfstellen des Technischen Überwachungsvereins (TÜV) praktiziert wird[431]. Auch die Prüfstellen des TÜV sind Privatunternehmer, die aber mit der Wahrnehmung hoheitlicher Aufgaben betraut (=„beliehen“) werden. Existenz und Tätigkeit der TÜV-Prüfstellen einerseits und der Ethik-Kommissionen andererseits bezwecken gleichermaßen den Schutz überragend wichtiger Gemeinschaftsgüter: So wie die bewertende Tätigkeit der Ethik-Kommissionen dem Schutz von Leben und Gesundheit der Versuchsteilnehmer dient, so dient die kontrollierende Tätigkeit der TÜV-Prüfstellen dem Schutz von Leben und Gesundheit der Verkehrsteilnehmer. Würde in entsprechender Weise die Tätigkeit freier Ethik-Kommissionen von einer Anerkennung oder einer Zulassung abhängig gemacht, für die der Nachweis z.B. der Qualifikation der Mitglieder, der Wahrung der Unabhängigkeit sowie die Einhaltung unverzichtbarer Verfahrensprinzipien erforderlich ist, so handelte es sich dabei um die Aufstellung subjektiver Zulassungsvoraussetzungen, welche in Anbetracht des hohen Wertes des zu schützenden Gemeinschaftsguts (Leben, Gesundheit und Autonomie der Probanden) verfassungsrechtlich gerechtfertigt wäre[432].

Als Alternative zum staatlichen Anerkennungsverfahren bietet sich auch das in § 20 Abs. 7 u. 8 MPG, § 28 g RöV sowie § 92 StrlSchV vorgesehene *Registrierungsverfahren* als praktikables Modell an[433]. Öffentlich-rechtliche und freie Ethik-Kommis-

---

431 Siehe dazu im einzelnen die StVZO-Anlage VIII b betreffend die Anerkennung von Überwachungsorganisationen und die Anerkennung von Kraftfahrzeugwerkstätten zur Durchführung von Sicherheitsprüfungen.

432 *Tiedemann*, ZRP 1991, S. 54 ff. (60).

433 Der Umstand, daß das Modell der auch den freien Ethik-Kommissionen offen stehenden Registrierung im durch das 2. MPG-ÄndG novellierten § 20 Abs. 7 u. 8 MPG beibehalten und darüber hinaus sogar in weiteren Rechtsnormen (§§ 92 StrlSchV, 28 g RöV) festgelegt wurde, kann im übrigen als weiterer Einwand gegen das öffentlich-rechtliche System der Ethik-Kommissionen im Anwendungsbereich des Arzneimittelgesetzes angeführt werden. Denn gegenüber der Verfassungsmäßigkeit dieser Bestimmungen müßten in der Literatur von den „Verfechtern“ des öffentlich-rechtlichen Systems erhebliche Zweifel geäußert werden. Eine Verfassungswidrigkeit der (im Vergleich zu den Bestimmungen der StrlSchV und der RöV älteren und daher bekannteren) medizinproduktegesetzlichen Norm wurde und wird indes, sow. ers., von niemandem behauptet oder auch nur in Erwägung gezogen. Allerdings wird die Nichtübereinstimmung der arzneimittelgesetzlichen und der medizinproduktegesetzlichen Vorschrift als solche kritisiert, z.T. ironisch als „Geniestreich des Gesetzgebers“ bezeichnet (so *Lippert*, DMW 1995, S.1296 ff. [1296], *Ratzel/Lippert*, Medizinproduktegesetz, Rn.122 und *Ratzel/Lippert*, Musterberufsordnung, § 15 Rn.12) und de lege ferenda eine Angleichung der beiden divergierenden Bestimmungen gefordert (so von *Schwarz/Wachenhausen* in: *Anhalt/ Dieners* (Hrsg)., Handbuch des Medizinprodukterechts, Rn. 61 ff. (65); *Deutsch*, NJW 1995, S. 752 ff. [754], *Spickhoff*, NJW 2003, S. 1701 ff. [1702] und *Stock*, Probandenschutz, S. 91).

sionen gleichermaßen werden beim Bundesinstitut für Arzneimittel und Medizinprodukte nur registriert, wenn sie bestimmten, im Gesetz dargelegten Voraussetzungen genügen. Beim Registrierungsmodell handelt es sich um eine die Berufsausübung betreffende Regelung, die für die Gewährleistung einer qualitativ kompetenten Stellungnahme der Ethik-Kommission insofern ausreichend erscheint, als das Bundesinstitut für Arzneimittel und Medizinprodukte vor der und für die Registrierung der Kommission die Fachkompetenz der namentlich genannten Kommissionsmitglieder festzustellen hat[434].

Denkbar wäre auch, daß die freien Ethik-Kommissionen – über die Registrierung hinaus – unter staatliche Aufsicht gestellt werden[435], indem sie bestimmten Verpflichtungen – etwa Anzeige- und Meldepflichten sowie der Pflicht zur Aufstellung eines die Transparenz sicherstellenden Tätigkeitsberichtes – unterworfen würden[436].

Der Gefahr einer unseriösen, nachlässigen, zu liberalen oder gar „kundenfreundlichen" Bewertung durch die freien (und ebenso auch durch die öffentlich-rechtlichen) Ethik-Kommissionen könnte ferner dadurch entgegengetreten werden, daß dem Bundesinstitut für Arzneimittel und Medizinprodukte auch im Falle einer zustimmenden Kommissionsbewertung eine Entscheidungsbefugnis eingeräumt wird. Diese nach geltendem Recht nicht vorgesehene Möglichkeit wäre sachdienlich und im übrigen auch dem Schutz der Probandenrechte förderlich. Ebenso wie das Bundesinstitut einer ablehnenden Kommissionsbewertung nicht zwangsläufig folgen muß, so ist es auch umgekehrt nicht a priori ausgeschlossen, daß sich das Bundesinstitut einer zustimmenden Kommissionsbewertung nicht anschließt. Nach der arzneimittelrechtlichen Regelung steht ihm aber das Recht zum Widerspruch oder zum Widerspruchsverzicht nur bei einer ablehnenden Kommissionsbewertung zu. Es ist indes nicht einzusehen, warum es bei einer zustimmenden Kommissionsbewertung keine Handhabe hat. Sowohl im Interesse eines umfassenden Probandenschutzes wie auch als weitere Kontrollmöglichkeit gegenüber den freien Ethik-Kommissionen sollte dem Bundesinstitut daher eine Entscheidungsbefugnis unabhängig davon eingeräumt werden, ob die Kommissionsbewertung zustimmend oder ablehnend ausfällt.

---

434 Vgl. *Schorn*, Medizinprodukte-Recht, M 2-3, Rn.34; dies scheint *Deutsch*, NJW 2002, S.491 f. (492) u. NJW 2003, S. 949 f. (949), zu übersehen, wenn er die Voraussetzungen für die Registrierung als „mäßig" bzw. „gering" erachtet.

435 So *Becker-Platen*, Die Kammern der freien Heilberufe, S. 176.

436 So *Tiedemann*, ZRP 1991, S. 54 ff. (59).

Stehen nach alledem in den aufgezeigten Maßnahmen im Vergleich zum Ausschluß der freien Ethik-Kommissionen mildere, jedoch zum Schutz der Probandenrechte ebenso wirksame Mittel zur Verfügung, so kann die Unentbehrlichkeit eines Monopols der öffentlich-rechtlichen Kommissionen im übrigen auch nicht mit der Begründung angenommen werden, daß den Rechtsgütern der Studienteilnehmer schwere und höchstwahrscheinliche Gefahren unter *dem* Gesichtspunkt drohten, daß eine freie Ethik-Kommission nicht in der Lage wäre, in einer angemessenen Weise zu reagieren[437], wenn ihr im Verlauf der Studie auftretende schwerwiegende oder unerwartete unerwünschte Ereignisse mitgeteilt[438] würden. Denn es bleibt im Hinblick auf die studienbegleitenden Mitteilungspflichten gemäß § 40 Abs. 1 S. 4 AMG offen, welche Funktion die Ethik-Kommission – sei es eine nach Landesrecht gebildete, sei es eine freie – einnehmen soll, wenn es zu solchen Zwischenfällen kommt, d.h. ob und wie sie in diesen Fällen reagieren soll und kann. Auch die Kommissionen bei den Ärztekammern und Universitäten haben keine weitergehenden Handlungsmöglichkeiten als die zuständige Überwachungsbehörde zu informieren, eine Handlungsmöglichkeit, die ebenso auch einer freien Ethik-Kommission offen steht[439].

Schließlich liefert auch der Umstand, daß sowohl die Mitglieder der Ethik-Kommission einer Landesärztekammer als auch diejenigen einer medizinischen Fakultät durch Wahl bzw. Bestellung demokratisch legitimiert[440] sind[441], keine Rechtferti-

---

437 Davon geht aber *Deutsch*, NJW 1995, S. 752 ff. (754) aus, wenn er fragt, was eine freie Ethik-Kommission tun solle, wenn ihr schwerwiegende oder unerwartete unerwünschte Ereignisse mitgeteilt werden, die die Sicherheit der Studienteilnehmer oder die Durchführung der Studie beeinträchtigen können.

438 Zu dieser Mitteilung ist der Forscher gemäß § 40 Abs. 1 S. 4 AMG verpflichtet. Dort heißt es: „Über alle schwerwiegenden oder unerwarteten unerwünschten Ereignisse, die während der Studie auftreten und die Sicherheit der Studienteilnehmer oder die Durchführung der Studie beeinträchtigen könnten, muß die Ethik-Kommission unterrichtet werden.

439 *Stamer*, Die Ethik-Kommission in Baden-Württemberg, S. 76 f.

440 Während die freien Ethik-Kommissionen selbst über ihre Besetzung befinden, erfolgt die Besetzung der öffentlich-rechtlichen Ethik-Kommissionen durch Berufung, vgl. § 2 Abs. 3 der vom Arbeitskreis medizinischer Ethik-Kommissionen beschlossenen Verfahrensgrundsätze (abgedruckt in *Toellner* [Hrsg.], Die Ethik-Kommission in der Medizin, S. 163 ff.): „Die Mitglieder der Kommission bei der Ärztekammer werden vom Vorstand der Ärztekammer für die Dauer von mindestens 4 Jahren berufen. Die Berufung der Mitglieder der Kommission der medizinischen Fakultät richtet sich nach den örtlichen Gegebenheiten." Zur demokratischen Legitimation der Mitglieder der öffentlich-rechtlichen Ethik-Kommissionen z.B. in Baden-Württemberg siehe *Stamer*, Die Ethik-Kommissionen in Baden-Württemberg, S. 70 f.

441 Für *Stamer*, Die Ethik-Kommissionen in Baden-Württemberg, S. 70, ist die demokratische Legitimation der Mitglieder öffentlich-rechtlicher Ethik-Kommissionen einerseits das „schlagen-

gung für die Monopolisierung. Denn abgesehen davon, daß dies auf alle Verwaltungsmonopole zutrifft, Verwaltungsmonopole jedoch nicht schon allein aus diesem Grund zulässig sind, ist zu bedenken, daß gerade die Wahl bzw. Bestellung der Kommissionsmitglieder durch Personen, die ihrerseits einer Kontrolle durch die Ethik-Kommission unterliegen, die Gefahr gewisser Abhängigkeiten in sich birgt und somit jedenfalls nicht als ein Vorteil gegenüber freien Ethik-Kommissionen zu veranschlagen ist[442]. Zu Recht weist *Pfeiffer* auf den rechtsstaatlichen Grundsatz hin, daß die zu Kontrollierenden nicht die Kontrolleure bestimmen dürfen[443].

Selbst wenn aber – entgegen der hier vertretenen Auffassung – die personelle demokratische Legitimation als ein *für* die öffentlich-rechtlichen Ethik-Kommissionen sprechender Gesichtspunkt erachtet wird, so rechtfertigt er noch lange nicht eine Monopolstellung der öffentlich-rechtlichen Ethik-Kommissionen. Denn durch die fehlende personelle demokratische Legitimation der Mitglieder freier Ethik-Kommissionen drohen den Gemeinschaftsgütern „Leben" und „Gesundheit" der Probanden keine schweren und höchstwahrscheinlichen Gefahren.

Dies zeigt im übrigen die in der Vergangenheit mit den freien Ethik-Kommissionen gemachte Erfahrung[444]. Sie bestätigt, daß eine unseriöse oder mißbräuchliche ethi-

---

de Argument" für eine gesetzliche Pflicht zur Beratung durch eine institutionalisierte Ethik-Kommission, doch andererseits räumt sie an späterer Stelle (S. 73) selbst ein, daß die demokratische Legitimation nicht von Verfassungs wegen geboten sei, da die Begutachtung klinischer Humanexperimente keine Staatsaufgabe, sondern nur eine öffentliche Aufgabe darstelle, so daß grundsätzlich die Möglichkeit bestehe, die Begutachtung klinischer Forschungsvorhaben privatwirtschaftlichen Ethik-Kommissionen zu übertragen. Im übrigen erläutert *Stamer* auch nicht, inwiefern die fehlende demokratische Legitimierung der Mitglieder der freien Ethik-Kommissionen schwere und höchstwahrscheinliche Gefahren für die Rechte der Studienteilnehmer befürchten läßt.

442 *Schenke*, NJW 1996, S. 745 ff. (750). In diesem Sinne auch das VG Berlin in seinem (sow. ers. unveröffentlichten) Urteil vom 6. Mai 1999 (Az.: VG 14 A 434.97): Für eine Einrichtung wie die Ethik-Kommission könne „nicht nur die Unabhängigkeit von Behörden oder Sponsoren, sondern auch die von Ärzten im Interesse von Probanden und Patienten gelegentlich durchaus erwünscht sein".

443 *Pfeiffer*, ZRP 1998, S. 43 ff. (45).

444 Das VG Berlin spricht in seinem Urteil vom 6. Mai 1999 (Az.: VG 14 A 434.97) von einer „langjährigen erfolgreichen Tätigkeit privater Ethik-Kommissionen". Was die bereits bestehenden, beim Bundesinstitut für Arzneimittel und Medizinprodukte gemäß § 20 Abs. 7 S. 1 i.V.m. Abs. 8 S. 2 (früher: § 17 Abs. 7 S. 1 i.V.m. S. 3) MPG registrierten freien Ethik-Kommissionen betrifft, so ist zudem zu bedenken, daß das Bundesinstitut durch die Registrierung die Unabhängigkeit und fachliche Qualität dieser Kommissionen bestätigt hat (so auch das VG Berlin a.a.O.).

sche Beratung durch freie Ethik-Kommissionen nicht zu befürchten steht, schwere Gefahren für Leben, Gesundheit oder Persönlichkeitsrechte von Probanden und Patienten infolge einer möglicherweise zu forscherfreundlichen Begutachtungstätigkeit weder nachweisbar noch höchstwahrscheinlich sind und somit keine zwingenden und überragenden Gründe für eine Monopolstellung der öffentlich-rechtlichen Ethik-Kommissionen sprechen[445]. Vielmehr gewinnt hier zudem noch der Umstand an Bedeutung, daß zu einer Zeit, als noch in keinem Bundesland in einer ärztlichen Berufsordnung die Verpflichtung zur Konsultation einer Ethik-Kommission festgeschrieben war und (dementsprechend) öffentlich-rechtliche Ethik-Kommissionen noch dünn gesäht waren[446], schon Ethik-Kommissionen in privatrechtlicher Form existierten. So wurde bspw. die Freiburger Ethik-Kommission International bereits 1980 gegründet, während die meisten Ethik-Kommissionen an den Ärztekammern erst im Laufe der achtziger Jahre errichtet wurden[447], obwohl die Bundesärztekammer schon im Januar 1979 den Landesärztekammern geraten hatte, Ethik-Kommissionen einzurichten[448].

Es ist im übrigen nicht der rechtliche Status einer Ethik-Kommission, welcher Gewähr für ihre Qualifikation und für die Qualität der Bewertung eines Forschungsvor-

---

445 Vgl. *Becker-Platen*, Die Kammern der freien Heilberufe, S.175; *Pfeiffer* in: Festschrift für Salger, S. 699 ff. (705); *Rupp*, UTR 12 (1990), S. 23 ff. (51 f.); *Schenke*, NJW 1996, S. 745 ff. (751). *Altner* in: *Korff* (Hrsg.), Lexikon der Bioethik, Band 1, S. 682 ff. (683) hält die Tatsache für betonenswert, daß freie Ethik-Kommissionen in Ergänzung zu den Kommissionen bei Landesärztekammern und Fakultäten „durchaus rechtens" sind. Siehe in diesem Zusammenhang auch die BPI-Hinweise für die klinische Prüfung nach dem Medizinproduktegesetz vom Oktober 1994 (abgedruckt bei *Sander*, Arzneimittelrecht, Band 5, Anh. II/85 b), wo z.B. die Freiburger Ethik-Kommission ausdrücklich als eine derjenigen Ethik-Kommissionen genannt wird, deren Einschaltung vom BPI empfohlen wird. In der Sache unzutreffend und darüber hinaus völlig unsachlich daher die Bemerkung von *Deutsch* in: *Toellner* (Hrsg.), Die Ethik-Kommission in der Medizin, S. 67 ff. (71), die freien Ethik-Kommissionen hätten „selbsternannt und selbstherrlich alle Fragen beschieden" (etwas zurückhaltender *Deutsch* in VersR 1989, S. 429 ff. [431]: „selbsternannt und allzuständig Anträge beschieden").

446 Es handelte sich dabei ganz überwiegend um Ethik-Kommissionen an den medizinischen Fakultäten. Sie waren z.T. schon in den siebziger Jahren gegründet worden, siehe dazu die Übersicht von *Czwalinna*, Forschungslegitimation, S. 132.

447 Vgl. die Tabelle in *Toellner* (Hrsg.), Die Ethik-Kommission in der Medizin, S. 44, und *Graf*, Krankenhausarzt 1992, S. 66 ff. (66), der daraus nicht zu Unrecht ein damals geringes Problembewußtsein bei den Ärztekammern folgert.

448 Empfehlung der Bundesärztekammer vom 12.01.1979 zur Errichtung von Ethik-Kommissionen, abgedruckt bei *Ratzel*, Ärztliches Standesrecht, S. 92.

habens bietet[449], sondern es sind Unabhängigkeit und Sachkunde[450] sowie die persönliche Integrität und Zuverlässigkeit[451] der medizinischen als auch nichtmedizinischen Mitglieder der Ethik-Kommission, sei es derjenigen einer öffentlich-rechtlichen, sei es derjenigen einer privatrechtlich organisierten[452].

Das durch § 40 Abs. 1 S. 2 AMG herbeigeführte, in die Berufsfreiheit der privaten Ethik-Kommissionen eingreifende faktische Monopol der öffentlich-rechtlichen Ethik-Kommissionen ist nach alledem nicht verfassungsrechtlich gerechtfertigt, da es zur Abwehr der den Probandengrundrechten „Leben" und „Gesundheit" drohenden Gefahren nicht notwendig („unentbehrlich") ist. Vielmehr kann dem Schutz dieser überragend wichtigen Gemeinschaftsgüter auch dadurch ausreichend Rechnung getragen werden, daß durch die Errichtung rechtlicher Mechanismen – sei es in Form eines Anerkennungsverfahrens oder in Gestalt einer Registrierung, sei es durch behördliche Überwachung – Sicherheitskorrektive eingebaut werden, welche sicherstellen, daß Zusammensetzung und Verfahren der freien Ethik-Kommissionen denen der öffentlich-rechtlichen Kommissionen weitgehend entsprechen, und dadurch die Qualität der Verfahren und Begutachtungen der freien Kommissionen gewährleisten[453]. Durch die Aufstellung normativer Vorgaben könnte insbesondere auch denje-

---

449 Vgl. *Graf*, MPR 2003, S. 77 ff. (78); *Jung* in: *Furkel/Jung* (Hrsg.), Bioethik und Menschenrechte, S. 145 ff. (147); *Schreiber*, Transfusionsgesetz, S. 168.

450 Für *Graf*, PharmR 1998, S. 236 ff. (236), sind Unabhängigkeit und Sachkunde die wichtigsten Kriterien einer Ethik-Kommission, auf die sich eine Versuchsperson absolut verlassen können müsse. Vgl. mit Blick auf das Kriterium der Unabhängigkeit auch *Kloesel/Cyran*, Arzneimittelrecht, Teil A 1, § 40 Anm. 4 b, welche die Anerkennung von Gutachten privater Ethik-Kommissionen nur dann als problematisch ansehen, wenn es sich bei diesen privaten Kommissionen um firmeninterne Ethik-Kommissionen handelt. Während diese nämlich „mit einem Vertrauensmanko behaftet" seien, bestünden „derartige Schwierigkeiten (...) bei der Tätigkeit unabhängiger Ethik-Kommissionen nicht".

451 Deren Sicherstellung ist freilich – und zwar bei öffentlich-rechtlichen wie bei freien Ethik-Kommissionen – nur begrenzt möglich. So findet sich auch in Vorschriften, in denen von der persönlichen Zuverlässigkeit die Rede ist, selten ein Hinweis, wie diese gewährleistet werden kann. So heißt es etwa in der StVZO-Anlage VIII b im Abschnitt „Anerkennung von Überwachungsorganisationen" unter Punkt 2.2. lediglich, daß die Anerkennung erteilt werden kann, wenn „die nach Gesetz, Vertrag oder Satzung zur Vertretung der Organisation berufenen Personen persönlich zuverlässig sind". Demgegenüber wird in derselben Anlage im Abschnitt „Anerkennung von Kraftfahrzeugwerkstätten zur Durchführung von Sicherheitsprüfungen" unter Punkt 2.1. nicht nur bestimmt, daß der Antragsteller sowie die für die Sicherheitsprüfungen verantwortlichen Personen persönlich zuverlässig sein müssen, sondern darüber hinaus die Vorlage eines Führungszeugnisses und eines Auszuges aus dem Verkehrszentralregister verlangt.

452 So auch *Graf*, NJW 2002, S. 1774 ff. (1774); *Tiedemann*, ZRP 1991, S. 54 ff. (56).

453 Vgl. *Wölk*, Ethik Med 2002, S. 252 ff. (262).

nigen Aspekten, die möglicherweise Bedenken aufwerfen (z.B. inadäquate Besetzung der freien Kommissionen), Rechnung getragen werden. In Gestalt eines so geschaffenen rechtlichen Rahmens für die Tätigkeit der freien Ethik-Kommissionen steht ein gegenüber ihrer faktischen Ausgrenzung milderes, zum Schutz der Probandenrechte jedoch mindestens[454] ebenso geeignetes Mittel zur Verfügung.

Die Vorschrift des § 40 Abs. 1 S. 2 AMG mit ihrer Maßgabe, daß nur nach Landesrecht gebildete und mithin nur die bei den Ärztekammern und medizinischen Fakultäten errichteten Ethik-Kommissionen rechtlich relevante Voten abgeben können, ist daher unvereinbar mit dem Grundrecht der freien Ethik-Kommissionen aus Art. 12 Abs. 1 GG[455].

II. Die Eingriffe in die Forschungsfreiheit

Die festgestellten Eingriffe in den Schutzbereich des Art. 5 Abs. 3 GG sind verfassungsrechtlich gerechtfertigt, wenn auch dem Grundrecht der Forschungsfreiheit abstrakt Schranken gesetzt sind und vorliegend konkret Platz greifen, dem Vorbehalt des Gesetzes Rechnung getragen wurde, der Verhältnismäßigkeitsgrundsatz gewahrt sowie der Wesensgehalt des Grundrechts aus Art. 5 Abs. 3 GG nicht angetastet ist. Dem Erfordernis verfassungsrechtlicher Rechtmäßigkeit unterliegt auch das ablehnende Kommissionsvotum; da dieses faktische Eingriffswirkungen zeitigt, muß es

454 Unter dem Gesichtspunkt, daß bei einer größeren Anzahl dem Forscher zur Verfügung stehender Ethik-Kommissionen einer Überlastung der bei den Ärztekammern und Universitäten gebildeten Ethik-Kommissionen und damit einhergehend einem Qualitätsverlust bei der Begutachtung und Bewertung medizinischer Forschungsvorhaben vorgebeugt würde, ist die Einbeziehung der freien Ethik-Kommissionen zum Schutz der Probandenrechte sogar *besser* geeignet (effektiver) als das Bewertungsmonopol der öffentlich-rechtlichen Kommissionen (siehe zu diesem Aspekt noch die Ausführungen im Rahmen der Prüfung der Verhältnismäßigkeit des Eingriffs in Art. 5 Abs. 3 GG unter II.2.b)bb)(5) auf S. 167 ff.

455 Im Ergebnis ebenso *Becker-Platen*, Die Kammern der freien Heilberufe, S. 170, *Pfeiffer*, ZRP 1998, S. 43 ff. (46), und *Schenke*, NJW 1996, S. 745 ff. (749 ff.). Verfassungsrechtliche Bedenken ggü. der Monopolisierung äußert auch das VG Berlin in seinem (sow. ers. unveröffentlichten) Urteil vom 6. Mai 1999 (Az.: VG 14 A 434.97): Es seien keine Anhaltspunkte dafür ersichtlich, daß eine Beratung durch unabhängige private Ethik-Kommissionen nicht in gleichem Umfang wie die staatlicher Stellen der Industrie, den Patienten, den Probanden, den Ärzten und dem klinischen Personal zugute komme. Die Monopolisierung bzw. der Ausschluß der freien Ethik-Kommissionen wird hingegen für rechtmäßig gehalten von *Classen*, MedR 1995, S. 148 ff. (148), *Schreiber*, Transfusionsgesetz, S. 168 u. 182 (für den Bereich des Transfusionsrechts), und im Ergebnis auch von *Stamer*, Die Ethik-Kommissionen in Baden-Württemberg, S. 79.

den strengen rechtsstaatlichen Anforderungen genügen, die an Akte der Eingriffsverwaltung zu stellen sind[456].

Die Untersuchung der Verfassungsmäßigkeit der Eingriffe wird im folgenden einheitlich vorgenommen, soweit nicht Besonderheiten des jeweiligen Eingriffs eine Hervorhebung erforderlich machen.

1. Schranken der Forschungsfreiheit: Zur Begrenzung des Art. 5 Abs. 3 GG geeignete Rechte

Art. 5 Abs. 3 GG ist ein formal schrankenloses Grundrecht; ihm ist kein Gesetzesvorbehalt beigefügt. Formale Schrankenlosigkeit eines Grundrechts bedeutet indes nicht absolute Unbeschränkbarkeit dieses Grundrechts. Sie bedeutet nach herrschender Auffassung, daß die Schranken nur aus der Verfassung selbst, nicht hingegen aus unterverfassungsrechtlichem Recht hergeleitet werden können[457]. Dies bringt die sog. Schrankenformel zum Ausdruck, die das Bundesverfassungsgericht für die Begrenzung vorbehaltloser Grundrechte entwickelt hat: „Nur kollidierende Grundrechte Dritter und andere mit Verfassungsrang ausgestattete Rechtswerte sind mit Rücksicht auf die Einheit der Verfassung und die von ihr geschützte gesamte Wertordnung ausnahmsweise imstande, auch uneinschränkbare Grundrechte in einzelnen Beziehungen zu begrenzen. Dabei auftretende Konflikte lassen sich nur lösen, indem ermittelt wird, welche Verfassungsbestimmung für die konkret zu entscheidende Frage das höhere Gewicht hat“[458].

Gegen die bundesverfassungsgerichtliche Schrankenformel, insbesondere ihre Brauchbarkeit bei der Lösung konkreter Rechtsprobleme, werden in der Lehre, in der sich die unterschiedlichsten Methoden und Vorschläge zur Begrenzung der vorbehaltlosen Grundrechte finden[459], nicht selten Bedenken erhoben. So macht insbesondere *Kriele*

456 Vgl. *Ossenbühl*, Umweltpflege, S. 14; siehe auch *Starck* in: *von Mangoldt/Klein/Starck*, Bonner GG, Band 1, Art. 5 Abs. 3, Rn. 384: Ethik-Kommissionen dürfen nur diejenigen Schranken geltend machen, die verfassungsrechtlich erlaubt und gesetzlich vorgesehen sind.

457 Siehe z.B. BVerwGE 102, S.304 ff. (308); *Pernice* in: *Dreier* (Hrsg.),GG-Kommentar Band I, Art. 5 III (Wissenschaft), Rn. 39 f., *Siekmann/Duttge*, Grundrechte, Rn. 517.

458 BVerfGE 28, S. 243 ff. (261). Zur Schrankenformel siehe bereits oben S. 52.

459 Als wichtigste seien genannt: Übertragung der Schranke des Art. 5 Abs. 2 GG (so *Bettermann*, Grenzen der Grundrechte, S. 27) oder unmittelbare Übertragung der Schrankentrias des Art. 2 Abs. 1 GG (so *Wehrhahn*, AöR 82 [1957], S. 250 ff. [272]) auf Art. 5 Abs. 3 GG; Begründung immanenter Schranken entweder durch mittelbare Übertragung des Soweit-Satzes des Art. 2

geltend, daß, sobald die abstrakte Ebene verlassen werde und eine Hinwendung zu den praktischen Rechtsproblemen erfolge, die sich aus der Formel ergebenden Konsequenzen nirgendwo gezogen würden[460].

Es soll nicht in Abrede gestellt werden, daß die bundesverfassungsgerichtliche Formel ihre Schwachstellen hat und nicht für sämtliche Konstellationen eine hinreichend zufriedenstellende Lösung bietet. Für die hier zu behandelnde Frage der verfassungsrechtlichen Rechtfertigung der oben festgestellten – teils rechtlichen, teils faktischen – Eingriffe kann es jedoch dahingestellt bleiben, ob die Schrankenformel die Begrenzungsmöglichkeiten dieses Grundrechts abschließend wiedergibt, oder ob es darüber hinaus „auch außerhalb einer Verfassung vom Typus des sich nicht als Kodex aller Rechtsgrundsätze verstehenden Grundgesetzes für den einzelnen und die Gemeinschaft elementare Prinzipien (gibt), die so wichtig und bedeutsam sind, daß sich auch die vorbehaltlosen Grundrechte ihnen stellen müssen und einer – durchaus strengen – Abwägung und Beschränkung nicht schlechterdings unzugänglich sind"[461]. Denn jedenfalls im Bereich der Versuche mit Menschen[462] finden sich in Gestalt der Rechte der Versuchsteilnehmer „kollisionsfähige" Grundrechte Dritter im Sinne der bundesverfassungsgerichtlichen Formel, und möglicherweise auch andere Rechtswerte mit Verfassungsrang.

Abs. 1 GG (so – bis einschließlich zur 38. Erg.-Lfg. [Stand: März 2001] – *Dürig* in: *Maunz/ Dürig*, GG-Kommentar, Band 1, Art. 2 Abs. 1, Rn. 69 ff.), oder durch das Element des „Sittengesetzes" (so *Erbel*, Das Sittengesetz als Schranke der Grundrechte, S. 186 ff.) oder durch „ethische Grundsätze" (so *Kriele* in: *Händel* [Hrsg.], Tierschutz, S. 113ff. [118 ff.]) auf Art. 5 Abs. 3 GG. Siehe zu diesen Begrenzungsmöglichkeiten im einzelnen *Alber-Malchow* in: *Wagner* (Hrsg.), Rechtliche Rahmenbedingungen für Wissenschaft und Forschung, Band 3, S. 259 ff. (289 ff.).

460 *Kriele*, Recht-Vernunft-Wirklichkeit, S. 604 ff. (607).

461 *Rupp*, WissR 32 (1999), S. 177 ff. (177), der dies bejaht.

462 Anders war die Rechtslage bei *Tierversuchen* vor der durch das Gesetz zur Änderung des Grundgesetzes (Staatsziel Tierschutz) vom 26. Juli 2002 (BGBl. 2002 I, S. 2862) erfolgten Aufnahme des Tierschutzes als Staatsziel in die Verfassung. Solange der Tierschutz noch keinen Rechtswert mit Verfassungsrang darstellte, wurde die (nicht unproblematische) Einschränkung der Forschungsfreiheit durch tierschutzgesetzliche Bestimmungen über verschiedene, z.T. bedenkliche Konstruktionen verfassungsrechtlich zu rechtfertigen versucht, siehe dazu *Alber-Malchow* in: *Wagner* (Hrsg.), Rechtliche Rahmenbedingungen für Wissenschaft und Forschung, Band 3, S. 259 ff. (285 ff.), sowie *Mädrich*, Forschungsfreiheit und Tierschutz im Spiegel des Verfassungsrechts, S. 15 ff. u. 61 ff.

a) Kollidierende Grundrechte Dritter: Rechte der Probanden und Patienten

Als zur Begrenzung der Forschungsfreiheit geeignete Rechte kommen die Menschenwürde der Probanden und Patienten (Art. 1 Abs. 1 GG) und deren Grundrechte auf freie Entfaltung ihrer Persönlichkeit (Art. 2 Abs. 1 GG) sowie auf Leben und körperliche Unversehrtheit (Art. 2 Abs. 2 S. 1 GG) in Betracht[463].

Zwischen dem Grundrecht des forschenden Arztes und den Grundrechten der Versuchsteilnehmer besteht bei humanmedizinischen Versuchen auch eine Kollisionslage: Es ist nicht denkbar, daß das eine Grundrecht ohne Einschränkung des anderen Grundrechts zur vollen Verwirklichung gelangen kann. Diese Grundrechtskollision ist durch Herstellung praktischer Konkordanz[464] im Wege fallbezogener Abwägung[465] zu beseitigen.

Da bei Arzneimittelstudien am Menschen die Gefahr besteht, daß der forschende Arzt in Rechte der Versuchsteilnehmer eingreift, ist damit auch der Tatbestand erfüllt, dessen Verwirklichung eine staatliche Schutzpflicht[466] auslöst[467], so daß – als Rechtsfolge der Schutzpflicht – der Staat hier nicht nur berechtigt, sondern sogar verpflichtet ist, rechtliche Vorkehrungen zum Schutz der Probanden und Patienten zu treffen, wobei die zum Schutz eingesetzten Mittel ihrerseits allen verfassungsrechtlichen Kriterien genügen müssen[468].

---

463 Vgl. BVerfGE 47, S. 327 ff. (382), sowie *Starck* in: *von Mangoldt/Klein/Starck*, Bonner GG, Band 1, Art. 5 Abs. 3, Rn. 378 f.

464 Zum Begriff der praktischen Konkordanz siehe *Hesse*, Grundzüge des Verfassungsrechts, Rn. 317 f.

465 BVerfGE 87, S. 37 ff. (45 f.).

466 Staatliche Schutzpflichten wurden in der verfassungsrechtlichen Rechtsprechung bejaht in BVerfGE 39, S.1 ff. (42); 88, S. 203 ff. (251 ff.); 46, S. 160 ff. (164); 56, S. 73 ff. (80 ff.). Wörtlich das BVerfG in E 46, S. 164: „Art. 2 Abs. 2 Satz 1 i.V.m. Art. 1 Abs. 1 Satz 2 GG verpflichtet den Staat, jedes menschliche Leben zu schützen. Diese Schutzpflicht ist umfassend. Sie gebietet dem Staat, sich schützend und fördernd vor dieses Leben zu stellen; d.h. vor allem, es auch vor rechtswidrigen Eingriffen von Seiten anderer zu bewahren."

467 Ein eine Schutzpflicht auslösender Tatbestand ist der rechtswidrige Eingriff eines Privaten in ein grundrechtliches Schutzgut oder die Gefahr eines solchen Eingriffs, siehe *Isensee* in: *Isensee/Kirchhof* (Hrsg.), Handbuch des Staatsrechts, Band V, § 111 Rn. 88 f.

468 *Isensee* in: *Isensee/Kirchhof* (Hrsg.), Handbuch des Staatsrechts, Band V, § 111 Rn. 90.

b) Anderer Rechtswert mit Verfassungsrang: Die objektive Dimension des Grundrechts aus Art. 5 Abs. 3 GG als eigenständiger verfassungsrechtlicher Titel zur Einschränkung der Wissenschaftsfreiheit

Im Hinblick auf den von der ablehnenden Bewertung der Ethik-Kommission ausgehenden faktischen Eingriff in die Forschungsfreiheit gilt es ferner zu prüfen, ob sich auch aus der objektiven Dimension des Grundrechts der Forschungsfreiheit ein verfassungsrechtlicher Titel zur Einschränkung der Wissenschaftsfreiheit ergibt. Dies ist dann der Fall, wenn zum einen Mechanismen der Selbstkontrolle zur objektiven Dimension des Grundrechts der Wissenschaftsfreiheit gehören und zum anderen die Tätigkeit der Ethik-Kommissionen dem Bereich der wissenschaftlichen Selbstkontrolle zuzurechnen ist.

aa) Der objektive Gehalt der Forschungsfreiheit und seine Titelfunktion

Neben dem individuellen Freiheitsrecht enthält Art. 5 Abs. 3 S. 1 GG nach herrschender Auffassung auch – als objektive Komponente – eine institutionelle Garantie[469] sowie – in enger Verbindung mit dieser stehend, doch über sie hinausgehend – eine objektive Wertentscheidung der Verfassung[470], eine, wie es das Bundesverwaltungsgericht[471] formuliert, „objektive, das Verhältnis von Wissenschaft, Forschung und Lehre zum Staat regelnde wertentscheidende Grundsatznorm", der zufolge der Staat zum Schutz und zur Pflege von Wissenschaft, Forschung und Lehre verpflichtet ist[472].

Die objektive Dimension des Grundrechts aus Art. 5 Abs. 3 GG wird im Schrifttum vereinzelt als ein zur Einschränkung der Wissenschaftsfreiheit geeigneter Titel in Anschlag gebracht, und zwar für die Fälle, daß in die (individuelle) Forschungsfreiheit durch Regelungen der Selbstorganisation der Wissenschaft eingegriffen wird[473]

469 *Bethge* in: *Sachs* (Hrsg.), GG-Kommentar, Art. 5 Rn. 202.

470 *Oppermann* in: *Isensee/Kirchhof* (Hrsg.), Handbuch des Staatsrechts, Band VI, § 145 Rn. 18 ff.

471 BVerwGE 102, S. 304 ff. (310).

472 BVerfGE 35, S. 79 ff. (114 ff.).

473 Regelungen zur Überwachung der Einhaltung berufsethischer Standards werden als zulässig angesehen, wenn sie im Wege der Selbstkontrolle durch Berufsorganisationen der Forscher erfolgen, siehe *Hailbronner*, WissR 13 [1980], S. 212 ff. (233).

und diese Selbststeuerungsregelungen als staatliche Regelungen erlassen werden[474]. Damit Regelungen der Selbstorganisation nämlich als staatliche Regelungen erlassen werden könnten, bedürfe es eines eigenständigen verfassungsrechtlichen Titels, der allenfalls in den objektiv-rechtlichen Schichten der Wissenschaftsfreiheit selbst liegen könne[475].

Für Eingriffe in die individuelle Dimension der Forschungsfreiheit durch in Gestalt staatlicher Regelungen erlassene Selbststeuerungsmechanismen vermag dieser Auffassung zufolge also die objektiv-rechtliche Ausformung dieses Freiheitsgrundrechts einen verfassungsrechtlichen Titel zu bilden[476]. Diese Konstruktion setzt, bezogen auf die von den ablehnenden Voten der Ethik-Kommissionen ausgehenden faktischen Eingriffe in Art. 5 Abs. 3 GG, allerdings voraus, daß es sich bei den Ethik-Kommissionen tatsächlich um *wissenschaftliche* Selbstkontrolle betreibende Institute der Selbstverwaltung handelt.

bb) Ethik-Kommissionen im Lichte des objektiven Gehalts der Forschungsfreiheit

Aus dem Blickwinkel des objektiven Gehalts der Forschungsfreiheit werden in Ethik-Kommissionen rechtlich organisierte Instrumente ethischer (und ggf. rechtlicher) Selbststeuerung und Selbstkontrolle bis hin zu autonomer Selbstbeschränkung der Wissenschaft gesehen[477]. Der Sache nach handele es sich bei ihnen um Formen professioneller Selbstkontrolle der Folgen medizinischer Forschung am Menschen und somit um ein „autonomiesicherndes institutionelles Arrangement der Folgenkontrolle“, das auch der institutionellen Stützung individueller Verantwortlichkeit diene[478].

Für die Beantwortung der entscheidenden Frage, ob Ethik-Kommissionen *wissenschaftliche* Selbstkontrolle betreiben, können Entstehungsgeschichte und Kontrollmaßstab der Ethik-Kommissionen Aufschluß geben.

---

474 So etwa *Trute*, Forschung, S. 166 f., unter Hinweis auf *Hailbronner*, WissR 13 (1980), S. 212 ff. (233).

475 *Trute*, Forschung, S. 167.

476 Vgl. *Gramm*, WissR 32 (1999), S. 218.

477 *Pernice* in: *Dreier* (Hrsg.), GG-Kommentar Band I, Art. 5 III (Wissenschaft) Rn. 48; *Schulze-Fielitz* in: *Benda/Maihofer/Vogel* (Hrsg.), Handbuch des Verfassungsrechts, § 27 Rn.31; *Steigleder*, Kontrollierte Selbstregulierung, S.69 ff.; *Steigleder* in: *Wagner* (Hrsg.), Rechtliche Rahmenbedingungen für Wissenschaft und Forschung, Band 1, S. 125 ff. (130 f.); *Taupitz*, JZ 2003, S. 815 ff. (816).

478 *Trute*, Forschung, S. 166; ähnlich *Losch/Radau*, NVwZ 2003, S. 390 ff. (394).

(1) Entstehungsgeschichte der Ethik-Kommissionen

Auslösend für die Entstehung von Ethik-Kommissionen waren mißbräuchliche Experimente[479], die in der Geschichte immer wieder eine Rolle spielten. So entstanden in den USA[480] medizinische Forschungsvorhaben begutachtende Ausschüsse, welche dort den Namen „Institutional Review Boards“ tragen, schon in der zweiten Hälfte der sechziger Jahre[481] als Reaktion auf die Durchführung verschiedener unter ethischen Gesichtspunkten angreifbarer Experimente[482].

Nachdem in der Bundesrepublik Deutschland anfangs der siebziger Jahre die Deutsche Forschungsgemeinschaft die „Schrittmacherfunktion“ zur Einführung von Ethik-Kommissionen übernommen hatte[483], geht die eigentliche und verstärkte Etablierung von Ethik-Kommissionen, die vor allem in der Zeit zwischen 1979 und 1982 erfolgte, in erster Linie auf die Revidierte Deklaration von Helsinki zurück[484], die am 10. Oktober 1975 von der 29. Generalversammlung des Weltärztebundes in Tokio beschlossen wurde und – gleichsam als internationales Standesrecht[485] – Empfehlungen für Ärzte, die in der biomedizinischen Forschung am Menschen tätig sind, enthält. Unter den allgemeinen Grundsätzen ist dort u.a. ausgeführt, daß Planung und Durchführung eines jeden Versuches am Menschen eindeutig in einem Versuchsprotokoll niedergelegt und dieses Protokoll wiederum einem besonders berufenen unabhängigen Ausschuß zur Beratung, Stellungnahme und Orientierung zugeleitet werden sollte.

---

479 Vgl. *Jahrmärker*, MedKlinik 1990, S. 672 f. (672); *Phillip*, Behandlung ärztlich-ethischer Probleme, S. 75.

480 Zur Entwicklung in den USA ausführlich *Bork*, NJW 1983, S. 2056 ff., und zu den Ethik-Kommissionen in den USA heute *Rössler*, MedR 1998, S. 358 f.

481 *Deutsch*, Recht der klinischen Forschung, S. 99 ff.

482 Von diesen Experimenten wird im einzelnen berichtet bei *Deutsch*, VersR 1989, S. 429 ff. (429 f.).

483 *Oehmichen* in: *von Engelhardt* (Hrsg.), Ethik im Alltag der Medizin, S. 41 ff. (46). Die ersten als „Ethik-Kommissionen“ fungierenden, den Aktivitäten der Deutschen Forschungsgemeinschaft zu verdankenden Gremien in Deutschland wurden an den von ihr geförderten Sonderforschungsbereichen, nämlich 1971 in Ulm am Zentrum für Innere Medizin und Kinderheilkunde sowie 1973 in Göttingen am Sonderforschungsbereich Kardiologie gegründet (*Czwalinna*, MedR 1986, S. 305 ff. [305]).

484 *Phillip*, Behandlung ärztlich-ethischer Probleme, S. 71.

485 *Deutsch*, PharmR 2001, S. 202 ff. (205).

Die Revidierte Deklaration von Helsinki, das „Grundgesetz“ für die Ethik-Kommissionen in Deutschland[486], wurde im Bundesanzeiger im Wortlaut veröffentlicht[487], eine Maßnahme, welche die besondere Bedeutung der Deklaration auch in Deutschland unterstreicht[488]. Mag sie auch trotz der Publikation eine „von Ärzten für Ärzte verfaßte unverbindliche Leitlinie“ geblieben[489] sein, so ist ihre Bedeutung dennoch nicht zu unterschätzen in Anbetracht des Umstandes, daß die biomedizinische Forschung in Deutschland nicht umfassend geregelt, vielmehr nur für Teilbereiche eine gesetzliche Regelung der Zulässigkeitsvoraussetzungen erfolgt ist[490]. Die Revidierte Deklaration von Helsinki des Weltärztebundes gilt heute in der von der 52. Generalversammlung des Weltärztebundes im Oktober 2000 in Edinburg beschlossenen Fassung[491].

Im Januar 1979 verabschiedete die Bundesärztekammer eine an die Landesärztekammern gerichtete Empfehlung zur Errichtung von „Kommissionen zur Beratung und Beurteilung ethischer und rechtlicher Aspekte von Forschungen am Menschen“[492], und kurze Zeit darauf beschloß der Medizinische Fakultätentag eine entsprechende Empfehlung an die medizinischen Fakultäten und Fachbereiche[493]. Die so entstandenen Kommissionen gründeten 1983 den Arbeitskreis medizinischer Ethik-Kommissionen in der Bundesrepublik Deutschland[494]. 1985 hat der 88. Deutsche Ärztetag die

486 *Doppelfeld*, Jahrbuch, S. 121 ff. (128).

487 BAnz. Nr. 152 vom 14. August 1976, und in der Fassung von Venedig (Oktober 1983) BAnz. Nr. 108 vom 13. Juni 1987.

488 So auch *Rosenau* in: *Deutsch/Taupitz* (Hrsg.), Forschungsfreiheit, S. 63 ff. (65).

489 So *Stamer*, Die Ethik-Kommissionen in Baden-Württemberg, S. 16. Zwar wurde in die 1997 vom 100. Deutschen Ärztetag in Eisenach beschlossene Musterberufsordnung (MBO-Ä 1997, abgedruckt in NJW 1997, S. 3076 ff.) ein Verweis auf die Revidierte Deklaration aufgenommen, doch betraf diese in § 15 Abs. 2 der MBO-Ä 1997 enthaltene, vom 105. Deutschen Ärztetag in Rostock gestrichene Verweisung in erster Linie die Arbeitsgrundlage der Ethik-Kommissionen und stellte keine berufsrechtliche Verpflichtung der Ärzte im engeren Sinne dar, vgl. *Lippert*, MedR 2003, S. 681 ff. (682).

490 *Rosenau* in: *Deutsch/Taupitz* (Hrsg.), Forschungsfreiheit, S. 63 ff. (65).

491 Der Text der engl. Originalfassung ist abgedruckt bei *Feiden* (Hrsg.), Arzneimittelprüfrichtlinien, Band 8, Ziff. 9.1., sowie im Internet veröffentlicht z.B. unter www.wits.ac.za/bioethics/helsinki.htm. Zur jüngsten Revision der Deklaration siehe *Deutsch*, NJW 2001, S. 857 ff., *Taupitz*, MedR 2001, S. 277 ff., sowie den im Vorfeld der Revision erschienenen Beitrag von *Deutsch/Taupitz*, MedR 1999, S. 402 ff.

492 Empfehlung der Bundesärztekammer vom 12.01.1979 zur Errichtung von Ethik-Kommissionen, abgedruckt bei *Ratzel*, Ärztliches Standesrecht, S. 92.

493 *Czwalinna*, MedR 1986, S. 305 ff. (306).

494 *Wiesing* in: *Ach/Gaidt* (Hrsg.), Herausforderung der Bioethik, S. 235 ff. (237).

in der Musterberufsordnung für die deutschen Ärzte[495] niedergelegten ärztlichen Pflichten um eine Verpflichtung des Arztes zur Konsultation einer bei der Ärztekammer oder bei der medizinischen Fakultät gebildeten Ethik-Kommission ergänzt[496], während in der 1987 erfolgten „Bekanntmachung von Grundsätzen für die ordnungsgemäße Durchführung der klinischen Prüfung von Arzneimitteln" des Bundesministeriums für Jugend, Familie, Frauen und Gesundheit[497] lediglich bestimmt wurde, daß eine „unabhängige und sachkundige Ethik-Kommission" gehört werden solle.

Erblickt man in der Revidierten Deklaration von Helsinki aus dem Jahr 1975 die erste „quasirechtliche" Grundlage für die Etablierung von Ethik-Kommissionen in der Bundesrepublik Deutschland, so erfolgte – nach der standesrechtlichen Verankerung von Ethik-Kommissionen in den Berufsordnungen der Ärzte Mitte der 80er Jahre – erst fast 20 Jahre später (im Jahr 1994) eine Verankerung der Ethik-Kommissionen in zwei bundesrechtlichen Parlamentsgesetzen, dem Arzneimittelgesetz und dem Medizinproduktegesetz, sowie in nahezu sämtlichen Kammer- und Heilberufsgesetzen der Länder.

Die Entstehungsgeschichte der Ethik-Kommissionen zeigt deutlich ihre Herkunft aus dem medizinischen und nicht dem juristischen Bereich. Sie wurden mit dem Ziel der Kontrolle und Überwachung des forschenden Arztes bei der Durchführung von Humanexperimenten etabliert und stellen daher – nach wie vor satzungsrechtlich, heute teilweise auch in Parlamentsgesetzen und Rechtsverordnungen geregelte – Institute der Selbstkontrolle dar.

---

495 Die auf dem 91. Deutschen Ärztetag am 11./12.05.1988 in Frankfurt beschlossene Fassung ist abgedruckt bei *Ratzel*, Ärztliches Standesrecht, S. 61 ff.; die Musterberufsordnung für die deutschen Ärztinnen und Ärzte gilt heute in der vom 100. Deutschen Ärztetag 1997 in Eisenach beschlossenen Fassung (geändert durch die Beschlüsse des 103. Deutschen Ärztetages 2000 in Köln und durch die Beschlüsse des 105. Deutschen Ärztetages 2002 in Rostock).

496 Die Bestimmung war zunächst als „Soll-Vorschrift" gefaßt. 1988 wurde die Formulierung „soll" in die Formulierung „muß" umgewandelt, siehe dazu *Deutsch* in: *Toellner* (Hrsg.), Die Ethik-Kommission in der Medizin, S. 67 ff. (70). Der heute einschlägige § 15 Abs. 1 der MBO-Ä 1997 lautet: „Der Arzt muß sich vor der Durchführung biomedizinischer Forschung am Menschen – ausgenommen bei ausschließlich epidemiologischen Forschungsvorhaben – durch eine bei der Ärztekammer oder bei einer Medizinischen Fakultät gebildeten Ethik-Kommission über die mit seinem Vorhaben verbundenen berufsethischen und berufsrechtlichen Fragen beraten lassen. Dasselbe gilt vor der Durchführung gesetzlich zugelassener Forschung mit vitalen menschlichen Gameten und lebendem embryonalen Gewebe."

497 Vom 9. Dezember 1987 (BAnz. 1987, S. 16617).

(2) Kontrollmaßstab der Ethik-Kommissionen

Inhaltlich betrachtet betreiben Ethik-Kommissionen dann *wissenschaftliche* Selbstkontrolle, wenn ihr Kontrollmaßstab ein wissenschaftsspezifischer ist. Dann aber dürfte die Aufgabe der Ethik-Kommissionen nur in der Reflexion der Wissenschaftlichkeit der Wissenschaft, d.h. im Ringen um wahre oder falsche Wissenschaft, um Methoden, um Wahrheit und Unwahrheit von Ergebnissen bestehen[498]. Dies gilt es im folgenden näher zu beleuchten.

Das Arzneimittelgesetz knüpft in § 40 Abs. 1 S. 2, 2. HS die zustimmende Bewertung der Ethik-Kommission an die Beachtung der Vorschriften in Satz 1 Nr. 1 bis 5, Nr. 6 (soweit Unterlagen über Prüfplan und pharmakologisch-toxikologische Prüfung betreffend) sowie Nr. 7 und 8. Die Ethik-Kommission hat das Vorliegen der dort aufgestellten Erfordernisse wie eine „Checkliste" durchzugehen[499]. Soweit sie das Vorliegen der in § 40 Abs. 1 S. 1 Nr. 2 bis 8 AMG genannten Voraussetzungen überprüft, ist der Kontrollmaßstab der Ethik-Kommissionen ein rein rechtlicher. Für (auch) ethische Wertungen ist „Einfallstor" demgegenüber § 40 Abs. 1 S. 1 Nr. 1 AMG mit seiner Maßgabe, daß die mit der klinischen Arzneimittelprüfung für den Probanden verbundenen Risiken, gemessen an der voraussichtlichen Bedeutung des Arzneimittels für die Heilkunde, ärztlich vertretbar sein müssen[500]. Dabei sind es sowohl der – an den in § 7 Abs. 3 S. 1 TierSchG verwendeten Parallelbegriff der „ethischen Vertretbarkeit" erinnernde – Begriff der „ärztlichen Vertretbarkeit" als auch die vorzunehmende Abwägung („gemessen an"), welche – ebenso für sich wie im Zusammenspiel – Raum dafür schaffen, neben medizinischen und rechtlichen auch ethische Aspekte in den Entscheidungsprozeß einfließen zu lassen.

498 Vgl. *Gramm*, WissR 32 (1999), S. 209 ff. (219).

499 Zur Frage, ob und inwieweit der Ethik-Kommission hierbei ein Beurteilungsspielraum zusteht, siehe unter B.III.1.b)bb)(2)(cc), S. 78 ff.

500 Die Voraussetzung der ärztlichen Vertretbarkeit der Versuchsrisiken und das Erfordernis der Einwilligung des aufgeklärten Versuchsteilnehmers stellen zusammen die ganz zentralen Zulässigkeitsvoraussetzungen, die beiden „Grundprinzipien" dar, welche die Durchführung biomedizinischer Experimente am Menschen bestimmen, siehe hierzu – sowie zum Verhältnis dieser Prinzipien zueinander – etwa *Rosenau* in: *Deutsch/Taupitz* (Hrsg.), Forschungsfreiheit, S. 63 ff. (68 f.).

Der Kontrollmaßstab der Ethik-Kommissionen ist mithin kein rein wissenschaftsspezifischer[501]. Vielmehr sind es ganz überwiegend rechtlich klar definierte Vorgaben, aber auch ethische Fragen, die von Gesetzes wegen den Kontrollmaßstab der Ethik-Kommissionen bilden.

cc) Die objektive Dimension der Wissenschaftsfreiheit als verfassungsrechtliche Grundlage ethischer und rechtlicher Selbstkontrolle?

In der Überwachung der Wahrung (berufs)ethischer Standards oder der Einhaltung (berufs)rechtlicher Normen, wie sie die Ethik-Kommissionen vornehmen, kann zwar eine Selbstkontrolle erblickt werden[502]. Diese Form der Selbstkontrolle indes in der objektiven Dimension der Wissenschaftsfreiheit eine verfassungsrechtliche Grundlage im Sinne eines verfassungsrechtlichen Titels zur Einschränkung der Forschungsfreiheit finden zu lassen, könnte angesichts des weiten Schutzbereichs dieses Grundrechts Bedenken begegnen. So ist das Patientenwohl gerade kein Bestandteil des Schutzbereichs von Art. 5 Abs. 3 GG in dem Sinne, daß sich der Schutzbereich dieses Grundrechts nur auf ethisch korrekte Forschung erstreckt. Vielmehr wird jede wissenschaftliche Tätigkeit – ob ethisch vertretbar oder nicht – von Art. 5 Abs. 3 GG geschützt[503].

Allerdings ist es auch Wissenschaftlern nicht verwehrt, ethische Anforderungen im Hinblick auf die Folgen von Wissenschaft für Dritte zu formulieren[504], und es kön-

501 Deutlich *Deutsch/Lippert*, Ethikkommission und klinische Prüfung, S.43: Es sei schon von Beginn her zu betonen, daß es sich bei den Ethikkommissionen nicht um Forschungskommissionen in dem Sinn handele, daß sie eine umfassende Prüfung des wissenschaftlichen Designs vornähmen, und a.a.O. S. 45: Die am meisten befolgte Praxis sei diejenige, nicht Einzelfragen des wissenschaftlichen Designs aufzuwerfen, sondern Fragen von grundsätzlicher Natur und statistische Probleme. Siehe auch *Schreiber*, Transfusionsgesetz, S. 159.

502 So allgemein *Hailbronner*, WissR 13 (1980), S. 212 ff. (233), allerdings nur in Bezug auf berufs*ethische* Standards; bezogen auf die Tätigkeit der Ethik-Kommissionen *Schulze-Fielitz*, in: *Benda/Maihofer/Vogel* (Hrsg.), Handbuch des Verfassungsrechts, § 27 Rn. 31: Der Gesetzgeber könne mit dem Verfahren vor den Ethik-Kommissionen die „ethische (und ggf. rechtliche) Selbstkontrolle und Selbststeuerung der Wissenschaft" rechtlich organisieren.

503 Vgl. *Hailbronner*, WissR 13 (1980), S. 212 ff. (233): Forschung ist ohne Rücksicht auf ihre Zielrichtung geschützt. *Gramm*, WissR 32 (1999), S. 209 ff. (220), stellt fest: „Mit häßlichen Methoden lassen sich wahrscheinlich regelmäßig viel müheloser wichtige Erkenntnisse für die Menschheit gewinnen." Siehe im übrigen bereits die Ausführungen im Rahmen des Schutzbereiches der Forschungsfreiheit unter B.II.1.c) auf S. 51 ff.

504 *Gramm*, WissR 32 (1999), S. 209 ff. (219).

nen auch das Patientenwohl und ähnliche Gesichtspunkte Bestandteil des ärztlichen Berufsethos sein[505]. Ein Zusammenhang zwischen wissenschaftlicher und ethischer Qualität eines Forschungsvorhabens läßt sich ohnehin nicht in Abrede stellen[506]. Auch wird durch die Mitwirkung von Ethik-Kommissionen im Rahmen der Durchführung von medizischen Forschungsprojekten zweifellos eine Erhöhung der Selbstreflexion erreicht. Kann die Überwachung ethischer Standards insofern zwar begrifflich zur Selbstkontrolle gerechnet werden, so vermag sie jedoch die Forschungsfreiheit des einzelnen Wissenschaftlers nicht einzuschränken. Denn aus der objektivrechtlichen Dimension des Art. 5 Abs. 3 GG läßt sich ein verfassungsrechtlicher Titel zur Einschränkung dieses Grundrechts allenfalls insoweit herleiten, als es um die rein *wissenschaftliche* Selbstkontrolle geht. Dies ergibt sich aus folgender Überlegung: Die objektive Seite von Art. 5 Abs. 3 GG kann nur das Korrelat zur subjektiven Seite sein. Schutzgut des Art. 5 Abs. 3 GG ist die wissenschaftliche Betätigung ungeachtet ihrer ethischen Qualität. Diesem durch die subjektive Seite gewährleisteten Schutz der *wissenschaftlichen* Betätigung entspricht auf der objektiven Seite die Kontrolle eben dieser *Wissenschaftlichkeit* der Tätigkeit, also lediglich *ein* Aspekt der Selbstkontrolle. Nur für diejenigen Grundrechtseingriffe, die in der Kontrolle der Wissenschaftlichkeit der Tätigkeit eines Forschers bestehen, ist die objektive Dimension des Grundrechts aus Art. 5 Abs. 3 GG daher geeignet, einen verfassungsrechtlichen Titel zu bilden.

Es läßt sich damit festhalten, daß die Kontrolle (berufs)ethischer und (berufs)rechtlicher Standards zwar zur Selbstkontrolle gehört, daß aber nur im Zusammenhang mit der eigentlichen wissenschaftlichen Selbstkontrolle einhergehende Grundrechtseingriffe in der objektiven Dimension des Art. 5 Abs. 3 GG ihre verfassungsrechtliche Grundlage finden können.

c) Ergebnis

Als zur Beschränkung des Art. 5 Abs. 3 GG geeignete Rechte kommen allein die Grundrechte der Probanden und Patienten in Betracht. Die objektive Dimension des Grundrechts aus Art. 5 Abs. 3 GG kann ein verfassungsrechtlicher Titel zur Beschränkung dieses Grundrechts nur für Grundrechtseingriffe durch Maßnahmen im

505 *Gramm*, WissR 32 (1999), S. 209 ff. (220).

506 Sehr vorsichtig formuliert *Deutsch*, VersR 1999, S. 1 ff. (5): „Man wird wohl annehmen dürfen, daß wissenschaftlich nicht haltbare Studien auch unethisch sind. Hier wird es regelmäßig schon an der medizinischen Vertretbarkeit fehlen".

Rahmen der *wissenschaftlichen* Selbstkontrolle, nicht aber im Rahmen der ethischen oder rechtlichen Selbstkontrolle sein.

2. Weitere Voraussetzungen

Sollen Eingriffe in Grundrechte auch dort möglich sein, wo das Grundgesetz ihre Notwendigkeit nicht gesehen und daher ihre Möglichkeit nicht geschaffen hat, dann darf dies nicht unter geringeren Voraussetzungen geschehen als dort, wo es die Notwendigkeit gesehen und die Möglichkeit geschaffen hat[507]. Vorbehaltlose Grundrechte unterliegen daher, mag sich auch die inhaltliche Legitimation für den Eingriff in ein vorbehaltloses Grundrecht aus der Verfassung ergeben, in Bezug auf Grundrechtseingriffe nicht weniger strengen rechtlichen Sicherungen als unter einem Gesetzesvorbehalt stehende Grundrechte[508]. Allein die Existenz von zur Begrenzung des Art. 5 Abs. 3 GG tauglichen (Grund-)Rechten rechtfertigt Eingriffe in die Forschungsfreiheit daher nicht[509]. Vielmehr bedürfen auch Eingriffe in vorbehaltlos gewährte Grundrechte weiterer Voraussetzungen, um verfassungsrechtlich legitimiert zu sein. Das bedeutet insbesondere, daß auch die Eingriffsrechtfertigung durch kollidierendes Verfassungsrecht dem Vorbehalt des Gesetzes unterliegt[510], mithin nur durch Gesetz oder aufgrund eines Gesetzes erfolgen darf, sowie unter den Schranken-Schranken des Verhältnismäßigkeitsprinzips[511] und der Wesensgehaltsgarantie steht.

Daran ändert auch die Tatsache nichts, daß den Staat mit Blick auf die Grundrechte der Versuchsteilnehmer eine grundrechtliche Schutzpflicht trifft. Der Umstand, daß

---

507 *Pieroth/Schlink*, Grundrechte, Rn. 333.

508 *Schoch*, DVBl. 1991, S. 667 ff. (672).

509 Wie überhaupt und allgemein *unmittelbar* aus den Grundrechten keine Eingriffsermächtigung hergeleitet werden kann, denn Grundrechte sind, wie *Ossenbühl*, Umweltpflege, S. 34, unter Hinweis auf BVerfGE 7, S. 198 ff. (204) und 21, S. 362 ff. (369), zutreffend bemerkt, Anspruchsnormen des Bürgers gegen den Staat, nicht umgekehrt Handlungsermächtigungen des Staates gegenüber den Bürgern.

510 *Jarass* in: *Jarass/Pieroth*, Grundgesetz, Vorb. vor Art. 1, Rn. 48; v*on Münch*, Staatsrecht II, Rn. 273 („Immanente Schranken ersetzen zwar den Gesetzesvorbehalt, aber nicht den Vorbehalt des Gesetzes"), *Schoch*, DVBl. 1991, S. 667 ff. (672); mit Blick auf einen Eingriff in das ebenfalls vorbehaltlos gewährleistete Grundrecht aus Art. 4 GG siehe BVerwGE 90, S. 112 ff. (122): „Da die Beklagte mit der Förderung des Beigeladenen in die Grundrechte der Kläger aus Art. 4 GG eingreift, bedarf sie hierfür einer gesetzlichen Grundlage. Das folgt aus dem Rechtsstaatsprinzip in Verbindung mit den berührten Grundrechten."

511 *Jarass* in: *Jarass/Pieroth*, Grundgesetz, Vorb. vor Art. 1, Rn. 49.

der Staat auf der einen Seite eine verfassungsrechtliche Aufgabe erfüllt, entbindet ihn auf der anderen Seite nicht von der Pflicht, allen verfassungsrechtlichen Anforderungen zu genügen[512]. Dies folgt aus der Ambivalenz des Schutzeingriffs, der den einen begünstigt, indem er den anderen belastet. Soweit dabei ein Abwehrgrundrecht tatbestandlich betroffen wird, muß sich der Schutzeingriff nach dem entsprechenden Schrankenregime rechtfertigen als das Mittel zu dem Zweck, das grundrechtliche Gut eines anderen zu sichern[513]. Ziel der Grundrechtsbegrenzung ist dabei die Herstellung praktischer Konkordanz: Das bestehende Spannungsverhältnis ist dadurch aufzulösen, daß ein verhältnismäßiger Ausgleich zwischen den in Widerstreit geratenen, gleichermaßen verfassungsrechtlich geschützten Interessen mit dem Ziel ihrer Optimierung gefunden wird[514].

a) Vorbehalt des Gesetzes, Parlamentsvorbehalt, Wesentlichkeitstheorie

Der Vorbehalt des Gesetzes, abgeleitet aus dem in Art. 20 Abs. 3 GG statuierten Grundsatz der Gesetzmäßigkeit der Verwaltung[515], bezeichnet das Erfordernis einer besonderen gesetzlichen Grundlage (Ermächtigungsgrundlage) für bestimmte Entscheidungen und Regelungen der vollziehenden Gewalt[516]. Insbesondere Einwirkungen auf grundrechtliche Schutzgüter sind grundsätzlich nur zulässig, wenn sie auf einer gesetzlichen Grundlage beruhen; sie bleiben hinsichtlich ihrer Zulässigkeit also einem Gesetz „vorbehalten“[517]. Den Anforderungen des Vorbehalts des Gesetzes genügt zunächst jedes formelle, d.h. vom Parlament erlassene Gesetz, das seinem Inhalt nach entweder selbst die Ausübung einer Freiheit beschränkt oder die Verwaltungsbehörden oder Gerichte zu einer Beschränkung ermächtigt. Da das Grundgesetz Eingriffe jedoch nicht nur „durch Gesetz“, sondern auch „auf Grund eines Gesetzes“ erlaubt, können Grundrechtseingriffe ihre Grundlage auch im Zwischenglied einer Rechtsverordnung oder Satzung finden, sofern die untergesetzlichen Rechtsnormen ihrerseits ihre Grundlage in einem Parlamentsgesetz haben[518]. Für Rechtsverordnun-

512 *Isensee* in: *Isensee/Kirchhof* (Hrsg.), Handbuch des Staatsrechts Band V, § 111 Rn. 168.

513 *Isensee* in: *Isensee/Kirchhof* (Hrsg.), Handbuch des Staatsrechts Band V, § 111 Rn. 91.

514 BVerfGE 87, S. 37 ff. (45 f.); siehe auch *Pernice* in: *Dreier* (Hrsg.), GG-Kommentar Band I, Art. 5 III (Wissenschaft), Rn. 42.

515 Vgl. nur BVerfGE 40, S. 237 ff. (248); 49, S. 89 ff. (126); 77, S. 170 ff. (230).

516 BVerfGE 98, S. 218 ff. (251); *Jarass* in: *Jarass/Pieroth*, Grundgesetz, Art. 20 Rn. 44; *Kraatz*, Parlamentsvorbehalt im Gentechnikrecht, S. 112.

517 *Ipsen*, Staatsrecht II, Rn. 159.

518 *Pieroth/Schlink*, Grundrechte, Rn. 263.

gen folgt dies explizit aus Art. 80 Abs. 1 GG. Aber auch Satzungen, auf die Art. 80 Abs. 1 GG keine Anwendung findet[519], beruhen jedenfalls insoweit auf einer parlamentsgesetzlichen Grundlage, als die Gründung einer autonomen Körperschaft und die Übertragung von Satzungsgewalt auf sie regelmäßig nur durch ein Parlamentsgesetz erfolgen kann[520].

Während der Vorbehalt des Gesetzes in seiner traditionellen Prägung die Möglichkeit einer umfassenden Rechtsetzungsdelegation auf der Grundlage einer gesetzlichen Ermächtigung vorsah und eine solche Rechtsetzungsdelegation in die Entscheidungsfreiheit des Gesetzgebers stellte, führte das Bundesverfassungsgericht mit seiner Rechtsprechung eine „sensationelle Innovation"[521] herbei: Es fordert für Entscheidungen, die „wesentlich für die Verwirklichung der Grundrechte sind", wozu Maßnahmen gehören, „ohne die der Grundrechtsgebrauch unmöglich ist oder beträchtlich erschwert wird, oder von denen eine erhebliche Gefahr für die grundrechtlich gesicherte Freiheit ausgeht"[522], eine parlamentsgesetzliche Ermächtigungsgrundlage. Der Gesetzesvorbehalt erstarkt hier zum Parlamentsvorbehalt: Der parlamentarische Gesetzgeber ist verpflichtet, „in grundlegenden normativen Bereichen, zumal im Bereich der Grundrechtsausübung, soweit diese staatlicher Regelung zugänglich ist, alle wesentlichen Entscheidungen selbst zu treffen"[523]. Das „Wesentliche" gehört folglich zum Entscheidungsmonopol des parlamentarischen Gesetzgebers und verpflichtet ihn zur eigenen, mehr oder weniger detaillierten Regelung[524].

Gemäß dieser vom Bundesverfassungsgericht entwickelten[525] und gemeinhin als „Wesentlichkeitstheorie" bezeichneten[526] Lehre wird der Grundsatz vom Vorbehalt

---

519 BVerfGE 12, S. 319 ff. (325); *Bryde* in: *von Münch/Kunig* (Hrsg.), GG-Kommentar, Band 3, Art. 80 Rn. 10; *Schmidt-Bleibtreu/Klein*, GG-Kommentar, Art. 80 Rn. 21.

520 *Kloepfer*, JZ 1984, S. 685 ff. (690).

521 So *Kloepfer*, JZ 1984, S. 685 ff. (690).

522 BVerfGE 80, S. 124 ff. (132).

523 BVerfGE 49, S. 89 ff. (126 f. m.w.N.); 61, S. 260 ff. (275); 80, S. 124 ff. (132); 88, S. 103 ff. (116).

524 Vgl. *Kraatz*, Parlamentsvorbehalt im Gentechnikrecht, S. 118.

525 Kritisch zum hierin zum Ausdruck kommenden „Theorienehrgeiz" des Bundesverfassungsgerichts *Kloepfer*, JZ 1984, S. 685 ff. (689): „Was der Wissenschaft insoweit recht ist, muß (...) der Verfassungsgerichtsbarkeit keineswegs billig sein."

526 So (sow. ers.) erstmals *Oppermann*, Verhandlungen des 51. Deutschen Juristentages, Band 1, Gutachten C, S. 48 ff.; siehe auch *Sodan*, Kollegiale Funktionsträger, S. 452 Fn. 534 m.w.N.; *Taupitz*, Die Standesordnungen der freien Berufe, S. 804.

des Gesetzes über seinen herkömmlichen Anwendungsbereich der Grundrechtseingriffe auf grundsätzliche Entscheidungen in grundrechtswesentlichen Bereichen ausgedehnt und auf diese Weise das Kriterium der „Wesentlichkeit" zum Dreh- und Angelpunkt der Vorbehaltslehre[527]. Dabei weist das Wesentlichkeitsmerkmal zwei Aspekte auf: Zum einen bestimmt es, unter welchen Voraussetzungen der parlamentarische Gesetzgeber eine Regelung selbst zu treffen hat („Tatbestandsseite"); zum anderen gibt es an, welche inhaltliche Dichte und Bestimmtheit die gesetzliche Regelung aufweisen muß („Rechtsfolgenseite")[528]. Die Wesentlichkeitstheorie dient somit nicht nur der Beantwortung der Frage, ob überhaupt die Notwendigkeit einer formell-gesetzlichen Rechtsgrundlage besteht, sondern zudem der Lösung der Problematik, wie detailliert der parlamentarische Gesetzgeber im Falle des Erfordernisses einer formell-gesetzlichen Grundlage Regelungen zu treffen hat und nicht zur näheren Ausgestaltung delegieren darf[529].

Im Hinblick auf die Verfassungsmäßigkeitskriterien „Vorbehalt des Gesetzes" und „Parlamentsvorbehalt" ist zwischen den festgestellten Eingriffen zu differenzieren:

aa) Der Eingriff durch § 40 Abs. 1 S. 2 AMG

Die unmittelbar als solche in die Forschungsfreiheit eingreifende Bestimmung des § 40 Abs. 1 S. 2 AMG wirft als parlamentsgesetzliche Vorschrift unter dem Gesichtspunkt des Vorbehalts des Gesetzes in Gestalt des Parlamentsvorbehalts keine Probleme auf, da ein eingreifendes Gesetz seine Ermächtigungsgrundlage quasi in sich trägt[530].

Was die Regelungsdichte der Vorschrift im Sinne der Wesentlichkeitstheorie betrifft, so wird hierauf im Zusammenhang mit den (auf ihr basierenden) Eingriffen durch Ethik-Kommission und Bundesinstitut eingegangen.

527 *Kraatz*, Parlamentsvorbehalt im Gentechnikrecht, S. 116.

528 *Kraatz*, Parlamentsvorbehalt im Gentechnikrecht, S. 127 (m.w.N.); siehe auch *Kloepfer*, JZ 1984, S. 685 ff. (691 f.).

529 Vgl. *Sodan*, Kollegiale Funktionsträger, S. 457.

530 *Roth*, Faktische Eingriffe in Freiheit und Eigentum, S. 600 f.

bb) Der Eingriff durch das ablehnende Kommissionsvotum: § 40 Abs. 1 S. 2 AMG und das Landesrecht als Rechtsgrundlage für das ablehnende Kommissionsvotum

Als mittelbar-faktischer Eingriff bedarf auch die ablehnende Bewertung der Ethik-Kommission einer rechtlichen Grundlage[531].

Rechtsgrundlage für die Mitwirkung von Ethik-Kommissionen im Rahmen klinischer Arzneimittelprüfungen ist § 40 Abs. 1 S. 1 Nr. 6, Abs. 1 S. 2 AMG in Verbindung mit den – da § 40 Abs. 1 S. 2 AMG auf das Landesrecht verweist – einschlägigen landesrechtlichen Vorschriften in Form von satzungsrechtlichen Bestimmungen der Ärztekammern und Universitäten sowie ggf. – je nach Bundesland – von parlamentsgesetzlichen Normen.

(1) Vorbehalt des Gesetzes

Dem Erfordernis des Vorbehalts des Gesetzes ist damit Genüge getan. Denn dieser verlangt nur, daß für das Handeln der Verwaltung ein Gesetz im materiellen Sinne als rechtliche Grundlage vorliegen muß. Materiell-gesetzliche Bestimmungen zu den Ethik-Kommissionen liegen in sämtlichen Bundesländern vor. Allerdings sind auf Länderebene Regelungsqualität und Regelungsintensität bezüglich der Ethik-Kommissionen uneinheitlich: Der Bogen reicht von rein standesrechtlicher Regelung bis hin zu präziser Detailregelung durch die Legislative.

(2) Parlamentsvorbehalt im Sinne der Wesentlichkeitslehre: Aspekt der Regelungsebene

Die gesetzliche Verankerung der Ethik-Kommissionen als solche, das „Ob" ihrer Mitwirkung im Rahmen klinischer Arzneimittelprüfungen, ist in § 40 Abs. 1 S. 2 AMG erfolgt, und somit dem durch die Wesentlichkeitslehre konturierten Parlamentsvorbehalt mit Blick auf die Regelungsebene (= Tatbestandsseite der Wesentlichkeitstheorie) Rechnung getragen.

Offen ist jedoch die Frage, ob vorliegend ein Parlamentsvorbehalt auch dergestalt besteht, daß nicht nur das „Ob", sondern auch das „Wie" der Mitwirkung der Ethik-Kom-

531 Allgemein zum Vorbehalt des Gesetzes bei faktischen Grundrechtseingriffen *Roth*, Faktische Eingriffe in Freiheit und Eigentum, S. 598 ff.

missionen vom parlamentarischen Gesetzgeber geregelt werden muß, und ob demgemäß die Regelungsdichte des § 40 Abs. 1 S. 2 AMG mit Blick auf die Mitwirkung der Ethik-Kommissionen den Anforderungen der Wesentlichkeitslehre entspricht.

(3) Parlamentsvorbehalt im Sinne der Wesentlichkeitslehre: Aspekt der Regelungsdichte

§ 40 Abs. 1 AMG selbst enthält keinerlei Detailregelung zu den Ethik-Kommissionen (z.B. Aufgaben, Zusammensetzung, Verfahren). Da § 40 Abs. 1 S. 2 AMG aber auf das Landesrecht verweist[532], darf diese Bestimmung für die Frage der Regelungsdichte nicht isoliert betrachtet, sondern muß im Zusammenspiel mit den landesrechtlichen Bestimmungen gesehen werden. Denn die Bildung der Ethik-Kommissionen ist landesrechtlich erfolgt, und damit sind auch die Detailregelungen über die landesrechtlich gebildeten Ethik-Kommissionen – die nähere Ausgestaltung von Aufgaben, Zusammensetzung, Verfahren etc. – Sache des Landesgesetzgebers[533].

Die Frage lautet daher, ob im Landesrecht seinerseits dem Parlamentsvorbehalt Rechnung getragen wird, das jeweilige Landesrecht also den Vorgaben der Wesentlichkeitstheorie im Hinblick auf den Aspekt der Regelungsdichte entspricht.

Nach der jeweiligen landesrechtlichen Ausgestaltung lassen sich zwei Kategorien unterscheiden: Länder, in denen überhaupt keine parlamentsgesetzlichen Bestimmungen über Ethik-Kommissionen existieren auf der einen Seite, und Länder mit – mehr oder weniger „dichten" – parlamentsgesetzlichen Bestimmungen über Ethik-Kommissionen auf der anderen Seite.

---

532 Es handelt sich bei § 40 Abs. 1 S. 2 AMG, wie die Auslegung der Vorschrift unter B.I.4.b) aa)(2), S. 27 ff. (35) ergeben hat, um einen Verweis und nicht um eine bundesgesetzliche Ermächtigung der Länder zur Gesetzgebung.

533 Vgl. *Deutsch*, VersR 1995, S. 121 ff. (123): „Mit der Bildung von Ethik-Kommissionen nach Landesrecht ist verbunden, daß durch Gesetz und Satzung die Ethik-Kommission selbst geregelt wird. Zur Bildung gehören nicht nur die Errichtung, sondern auch die Arbeitsweise, die Zuständigkeit und die Äußerungen der Ethik-Kommission in den Regelungszusammenhang des Landesrechts".

Während in Bayern und Sachsen (noch) überhaupt keine parlamentsgesetzlichen Vorschriften über Ethik-Kommissionen existieren[534], Grundlage des Tätigwerdens der Ethik-Kommissionen vielmehr allein das Satzungsrecht der Ärztekammern und Universitäten darstellt, ist die rechtliche Situation in den übrigen Bundesländern so, daß sich in den betreffenden landesrechtlichen Parlamentsgesetzen zumeist eine allgemeine Aufgabenbeschreibung der Ethik-Kommission findet und darüber hinaus eine umfassende Ermächtigung an die Ärztekammern zum Erlaß einer Satzung, in welche der in dem betreffenden Parlamentsgesetz aufgeführte Regelungskatalog Eingang zu finden hat[535]. Es sind folglich die Detailfragen in den Parlamentsgesetzen zwar angesprochen, jedoch nicht dort selbst, sondern in den jeweiligen Berufsordnungen geregelt. Eine gewisse Sonderstellung nehmen Hamburg, Berlin und Thüringen ein. So findet sich im Hamburgischen Ärztegesetz, im Berliner Kammergesetz und im Thüringer Heilberufsgesetz zwar auch eine Delegierung an den Satzungsgeber, doch ist in den Parlamentsgesetzen selbst immerhin die Zusammensetzung der

534 Sowohl im bayer. Heilberufe-Kammergesetz (Art. 19 Nr. 13) als auch im SächsHKaG (§ 17 Abs. 1 Nr. 16) findet sich lediglich die sehr allgemein gehaltene Bestimmung, daß die Berufsordnung weitere Regelungen über Berufspflichten enthalten könne über die Beratung in berufsethischen und berufsrechtlichen Fragen vor der Durchführung u.a. klinischer Versuche am Menschen.

535 Siehe statt vieler z.B. § 10 des niedersächs. HKG:

(1) Die Ärztekammer richtet zur Beratung ihrer Mitglieder und anderer Stellen in berufsethischen Fragen und zur Wahrnehmung der bundesrechtlich einer Ethikkommission zugewiesenen Aufgaben eine Ethikkommission ein.

(2) Die Ärztekammer regelt durch Satzung insbesondere

1. die Aufgaben der Ethikkommission,
2. die Voraussetzungen für deren Tätigkeit,
3. deren Zusammensetzung,
4. die Anforderungen an die Sachkunde, die Unabhängigkeit und die Pflichten der Mitglieder,
5. das Verfahren,
6. die Geschäftsführung,
7. die Aufgaben des vorsitzenden Mitgliedes,
8. die Berichterstattung im Rahmen des Jahresberichts der Kammer,
9. die Kosten des Verfahrens,
10. die Entschädigung der Mitglieder.

(3) Die an medizinischen Fachbereichen der Hochschulen errichteten Ethikkommissionen treten für den Hochschulbereich an die Stelle der Ethikkommission der Ärztekammer.

Kommission[536] und die Stellung der Kommissionsmitglieder[537] geregelt. In Bremen besteht die Besonderheit, daß neben § 11 a des bremischen Heilberufsgesetzes, in dem sich ebenfalls ein durch die Ärztekammer zu normierender Regelungskatalog findet, zudem eine auf § 30 Abs. 2 des Gesundheitsdienstgesetzes[538] gestützte „Verordnung über die Ethikkommission des Landes Bremen“[539] existiert, also eine Rechtsverordnung, in der u.a. Aufgaben, Zusammensetzung und Verfahren der unabhängigen Ethik-Kommission, die neben den Ethik-Kommissionen der Heilberufskammern besteht[540], geregelt sind.

Es stellt sich die Frage, ob diese Rechtslage, die sich entweder durch das gänzliche Fehlen einer parlamentsgesetzlichen Verankerung der Ethik-Kommissionen oder aber durch eine zwar parlamentsgesetzliche Verankerung und präzise Benennung, dabei aber weitreichende Delegierung von Regelungsgegenständen bezüglich der Ethik-Kommissionen an die Ärztekammern auszeichnet, verfassungsrechtlich – gemessen an den Maßstäben der Wesentlichkeitstheorie – unbedenklich ist. Dafür ist Voraussetzung, daß die landesrechtlichen Parlamentsgesetze eine im Sinne der Wesentlichkeitstheorie ausreichende Regelungsdichte aufweisen.

536 So heißt es dazu etwa in § 17 c des Thür. Heilberufsgesetzes:
(1) Die Ethik-Kommission besteht aus neun Mitgliedern. Frauen und Männer sollen etwa in gleicher Zahl vertreten sein.
(2) Der Ethik-Kommission gehören an:
1. fünf Ärzte verschiedener Fachrichtungen, davon ein in der klinischen Grundlagenforschung tätiger Arzt für Pharmakologie und Toxikologie,
2. ein Medizintechniker oder ein Mitglied mit vergleichbarem technischem Hochschulabschluß,
3. ein Jurist mit der Befähigung zum Richteramt oder dem Abschluß als Diplom-Jurist,
4. ein Geistes- oder Sozialwissenschaftler und
5. eine Pflegekraft.

537 Vgl. etwa § 15 f des hamburg. Ärztegesetzes:
(1) Die Mitglieder der Kommission sind bei der Wahrnehmung ihrer Aufgaben unabhängig, an keinerlei Weisungen gebunden und nur ihrem Gewissen verpflichtet.
(2) Mitglieder der Kommission dürfen bei eigenen Anträgen und bei solchen von Personen, denen gegenüber eine Befangenheit begründet sein kann, nicht mitwirken.“

538 Gesetz über den Öffentlichen Gesundheitsdienst im Lande Bremen vom 27. März 1995, Brem. GBl. S. 175 ff.

539 Vom 28. November 1996, Brem. GBl. S. 347 ff.

540 Zum Verhältnis zu den Ethik-Kommissionen der Heilberufskammern heißt es in § 30 Abs. 1 S.3 Gesundheitsdienstgesetz: „Die Aufgaben der unabhängigen Ethikkommission für das Land Bremen und der Ethikkommissionen der Heilberufskammern sollen so aufgeteilt sein, daß für jeden Bereich nur eine Ethikkommission zuständig ist.“

Der mit der Wesentlichkeitstheorie umschriebene Vorbehaltsbereich erstreckt sich auf alle „grundrechtsrelevanten“ staatlichen Maßnahmen. Wenn staatliches Handeln intensiv im Grundrechtsbereich wirkt, ist „Wesentlichkeit“ im Sinne der Wesentlichkeitslehre gegeben. Je stärker die Grundrechtsberührung ist, desto eher ist ein förmliches Gesetz erforderlich und umso höhere Anforderungen sind an dieses zu stellen.

Zum zentralen Anliegen der Grundrechte als personalen Freiheitsverbürgungen gehört keineswegs nur der Schutz des Individuums vor ungehemmtem staatlichem Zugriff, sondern auch der Schutz vor anderen Institutionen, welche die grundrechtlich geschützte Freiheit bedrohen, insbesondere dann, wenn diese Institutionen vom Staat selbst mit einer qualifizierten Rechtsetzungsmacht ausgestattet sind[541]. Letzteres trifft sowohl auf die Ärztekammern als auch auf die Universitäten zu.

(a) Die Rechtsprechung des Bundesverfassungsgerichts: Facharztbeschluß und Numerus-Clausus-Urteil

Richtungweisend sind insoweit zwei Entscheidungen des Bundesverfassungsgerichts, die Fragen der autonomen Rechtsetzung zum Gegenstand hatten. Sowohl im Facharztbeschluß[542] als auch im Numerus-Clausus-Urteil[543] hatte sich das Bundesverfassungsgericht u.a. mit der Frage von Umfang und Grenzen autonomer – berufsständischer bzw. universitärer – Satzungen zu befassen, die in beiden Fällen das Grundrecht aus Art. 12 Abs. 1 GG tangierten.

Im *Facharztbeschluß* äußerte sich das Gericht zunächst grundsätzlich zur Satzungsautonomie[544]: Die grundgesetzliche Ordnung setze der Verleihung von Satzungsgewalt bestimmte Grenzen. Selbst im Rahmen einer an sich zulässigen Autonomiegewährung bleibe der Grundsatz bestehen, daß der Gesetzgeber sich seiner Rechtsetzungsbefugnis nicht völlig entäußern und seinen Einfluß auf den Inhalt der von den körperschaftlichen Organen zu erlassenden Normen nicht gänzlich preisgeben dürfe. Dies folge sowohl aus dem Rechtsstaats- wie aus dem Demokratieprinzip und gelte besonders dann, wenn der Akt der Autonomieverleihung den autonomen Verband zu Eingriffen in den Grundrechtsbereich ermächtige. Da aber andererseits die ebenfalls im demokratischen Prinzip wurzelnden und dem freiheitlichen Charakter unserer so-

541 *Taupitz*, Die Standesordnungen der freien Berufe, S. 815.

542 BVerfGE 33, S. 125 ff.

543 BVerfGE 33, S. 303 ff.

544 BVerfGE 33, S. 125 ff. (157 ff.).

zialen Ordnung entsprechenden Grundsätze der Selbstverwaltung und Autonomie zu berücksichtigen seien, könne es dem Gesetzgeber auch im Bereich berufsrechtlicher Regelungen nicht verwehrt sein, Berufsverbände mit Satzungsgewalt auszustatten.

Das Bundesverfassungsgericht kam schließlich zu dem Ergebnis, daß es von der jeweiligen Intensität des Eingriffs abhänge, ob ein Berufsverband zu berufsregelnder Rechtsetzung ermächtigt werden darf und welche Anforderungen im Einzelfall an die Ermächtigung zu stellen sind[545].

Sodann traf das Gericht die Feststellung, daß im Bereich des Facharztwesens, welches de lege lata allein durch die Facharztordnungen geregelt wurde, jedenfalls die „statusbildenden" Normen in den Grundzügen durch ein förmliches Gesetz festgelegt werden müßten[546]. Darüber hinaus bedürften aber auch Bestimmungen über Berufspflichten, die sich von statusbildenden Normen unterschieden, jedoch in mehr oder minder starkem Maße die freie Berufsausübung einschränkten, einer gesetzlichen Grundlage. Dem Satzungsrecht der Ärztekammern könnten nach dem Ermessen des Gesetzgebers die dann noch erforderlichen ergänzenden Regelungen überlassen bleiben[547].

Im *Numerus-Clausus-Urteil*, in dem die absoluten Zulassungsbeschränkungen für Studienanfänger der Fachrichtung Medizin auf dem Prüfstand standen, hielt das Bundesverfassungsgericht u.a. eine Vorschrift des hamburgischen Universitätsgesetzes[548] insoweit für verfassungswidrig, als der Gesetzgeber für den Fall absoluter Zulassungsbeschränkungen keine Bestimmungen über Art und Rangverhältnis der Auswahlkriterien getroffen, sondern nur bestimmt hatte, daß in den von den Universitäten zu beschließenden Zulassungsordnungen „auch Bestimmungen über die Auswahl und die Zahl der zuzulassenden Bewerber zu treffen sind." In dieser Vorschrift er-

545 BVerfGE 33, S. 125 ff. (160).

546 BVerfGE 33, S. 125 ff. (163). Zu den statusbildenden Normen zählte das Gericht Regeln betreffend die Voraussetzungen der Facharztanerkennung, die zugelassenen Facharztrichtungen, die Mindestdauer der Ausbildung, das Verfahren der Anerkennung, die Gründe für eine Zurücknahme der Anerkennung sowie die allgemeine Stellung der Fachärzte innerhalb des gesamten Gesundheitswesens.

547 BVerfGE 33, S. 125 ff. (163).

548 Es handelte sich um § 17 Abs. 2 S. 1 des hamb. UniG vom 25. April 1969; daneben wurde Art. 3 Abs. 2 des bayerischen Zulassungsgesetzes vom 8. Juli 1970 für mit dem Grundgesetz unvereinbar erklärt.

blickte das Bundesverfassungsgericht eine Blankett-Ermächtigung, durch welche der Landesgesetzgeber seiner Verantwortung nicht gerecht werde[549].

In beiden Entscheidungen wurde wesentlich auf die Außenwirkung der Regelungsgegenstände bzw. der sie regelnden Normen abgestellt: Im Facharztbeschluß qualifizierte das Gericht das Facharztwesen als einen den Kreis eigener Angelegenheiten der Ärztekammern überschreitenden Bereich, weil es zum einen in der Entscheidung, sich der Facharzttätigkeit zu widmen, Elemente enthalten sah, die einer Berufswahl nahekommen, und zum anderen, weil auch die Allgemeinheit ein Interesse an einem verantwortungsvollen Einsatz der fachärztlichen Kenntnisse habe und des weiteren Probleme der Zusammenarbeit zwischen Facharzt und allgemein-praktischem Arzt sowie zwischen Facharzt und Krankenhaus für das gesamte Gesundheitswesen Bedeutung erlangten. Dies schließe es aus, in diesen Fragen lediglich interne Fragen des Berufsstandes zu sehen, deren Regelung allein den Standesorganen überlassen werden könnte[550]. Hierauf bezugnehmend bemerkt das Gericht im Numerus-Clausus-Urteil: „Selbst wenn der Regelungsspielraum für Universitäten im Bereich eigener Angelegenheiten weiter zu ziehen sein sollte als bei Berufsverbänden, so fällt im vorliegenden Zusammenhang doch entscheidend ins Gewicht, daß absolute Zulassungsbeschränkungen für Studienanfänger ausschließlich Außenstehende betreffen und einschneidend in deren verfassungskräftig verbürgte Rechte eingreifen“[551].

(b) Übertragbarkeit der Rechtsprechung auf Art. 5 Abs. 3 GG

In den vorgenannten Entscheidungen war das Grundrecht der Berufsfreiheit, Art. 12 Abs. 1 GG, tangiert. Es stellt sich die Frage, ob die verfassungsrechtliche Ausgestaltung des Art. 5 Abs. 3 GG als eines formal schrankenlosen Grundrechts detailliertere parlamentsgesetzliche Regelungen erforderlich macht, als dies bei Grundrechten mit Gesetzesvorbehalt wie Art. 12 Abs. 1 GG der Fall ist. So könnte der Umstand, daß Art. 5 Abs. 3 GG ebenso wie die anderen vorbehaltlosen Grundrechte nur unter strengeren Voraussetzungen einschränkbar ist als die Grundrechte, denen ein Gesetzesvorbehalt beigefügt ist, auch eine intensivere Regelungsdichte der gesetzlichen Ermächtigungsgrundlage gebieten.

---

549 BVerfGE 33, S. 303 ff. (346 f.).

550 BVerfGE 33, S. 125 ff. (161 f.).

551 BVerfGE 33, S. 303 ff. (346 f.).

Indes ist zu bedenken, daß die strengeren Anforderungen an die Einschränkbarkeit letztlich nur bedeuten, daß eben nur bestimmte – nämlich verfassungsunmittelbare – Schranken geeignet sind, die Forschungsfreiheit zu begrenzen. Werden durch einfachgesetzliche Vorschriften jedoch nicht solche verfassungsunmittelbaren Schranken der Forschungsfreiheit konkretisiert, sondern Einschränkungen überhaupt erst konstitutiv begründet, so sind diese Vorschriften allein schon deswegen verfassungswidrig, so daß es auf ihre Regelungsdichte überhaupt nicht mehr ankommt.

Dienen die unterverfassungsrechtlichen Normen aber dazu, just die – allein zur Begrenzung vorbehaltloser Grundrechte tauglichen – verfassungsunmittelbaren Schranken zu aktualisieren und zu konkretisieren, so liegt letztlich auch keine andere Situation vor, als wenn sonst ein Gesetz einem mit Gesetzesvorbehalt versehenen Grundrecht Schranken zieht. Es kann daher für die vorbehaltlos gewährleisteten Grundrechte, soweit es um die Frage des Parlamentsvorbehalts bzw. der Regelungsdichte der parlamentsgesetzlichen Rechtsgrundlage geht, im Ergebnis nichts anderes gelten als für Grundrechte mit Gesetzesvorbehalt.

(c) Anwendung der Rechtsprechung auf die Mitwirkung von Ethik-Kommissionen

Legt man sodann die Ausführungen des Bundesverfassungsgerichts in der Facharzt- und der Numerus-Clausus-Entscheidung zugrunde und wendet sie entsprechend auf die vorliegende Situation an, so gilt folgendes: Zwar ist die Mitwirkung von Ethik-Kommissionen nur eine von mehreren Voraussetzungen, die kumulativ erfüllt sein müssen, damit der Arzt eine klinische Arzneimittelprüfung durchführen kann. Da jedoch mit der Bewertung der Ethik-Kommission das jeweilige Forschungsvorhaben aus rechtlichen (so beim zustimmenden Votum) bzw. faktischen Gründen (so beim ablehnenden Votum) „steht oder fällt", aktualisieren die Ethik-Kommissionen, wenn sie sich zur ärztlichen bzw. ethischen Vertretbarkeit des Forschungsprojektes äußern, die Schranken der Wissenschaftsfreiheit[552]. Die – im einen Fall rechtlich, im anderen Fall faktisch über die Durchführbarkeit des Vorhabens entscheidende – Begutachtung und Bewertung eines auf dem Gebiet der Arzneimittelforschung geplanten Forschungsvorhabens seitens der Ethik-Kommission stellt somit eine grundrechtsrelevante Tätigkeit dar.

Da Grundrechtsberührung durch die Mitwirkung einer Ethik-Kommission nach alledem für den forschenden Arzt mit Blick auf dessen Grundrecht aus Art. 5 Abs. 3 GG

---

552 Vgl. *Starck* in: *von Mangoldt/Klein/Starck*, Bonner GG, Band 1, Art. 5 Abs. 3, Rn. 384.

zu bejahen ist, bedurfte das „Ob" der Mitwirkung von Ethik-Kommissionen im Rahmen humanmedizinischer Forschungsvorhaben als eine wesentliche Entscheidung der Verankerung in einem Parlamentsgesetz[553], wie im Arzneimittel- und Medizinproduktegesetz geschehen.

Weiter ist zu überlegen, ob und inwieweit auch Außenstehende durch die Mitwirkung einer Ethik-Kommission und deren Entscheidung in Grundrechten berührt werden können. Außer Frage steht die Drittbetroffenheit bei humanmedizinischen Forschungsvorhaben als solchen, so daß zum Schutz der Probanden und Patienten die Voraussetzungen für die rechtliche Zulässigkeit klinischer Arzneimittelprüfungen selbst enumerativ Eingang in das Arzneimittelgesetz finden mußten. Berührt sind die Menschenwürde der Studienteilnehmer sowie ihre Grundrechte auf Leben und körperliche Unversehrtheit. Dementsprechend sind auch sämtliche Zulässigkeitserfordernisse einschließlich der Mitwirkung von Ethik-Kommissionen – dem Parlamentsvorbehalt insoweit Rechnung tragend – im Arzneimittelgesetz detailliert aufgelistet[554].

Doch auch die obligatorische Mitwirkung von Ethik-Kommissionen als eine von mehreren rechtlichen Schutzvorkehrungen ist für sich genommen eine wesentliche Frage, nicht minder wesentlich als die übrigen in § 40 Abs. 1 AMG genannten Voraussetzungen. Es berührt die Versuchsteilnehmer, an denen ein Arzneimittelversuch durchgeführt wird, unmittelbar, ob eine Ethik-Kommission in die Prüfung eingeschaltet ist oder nicht, welche Personen ihr angehören, nach welchem Verfahren und nach welchen Maßstäben sie entscheidet.

Zudem ist denkbar, daß die Entscheidung der Ethik-Kommission selbst in Rechte der Probanden und Patienten eingreift. Zwar ist die Bewertung der Kommission zuvörderst am Schutz der Probandenrechte „Leben" und „Gesundheit" orientiert, doch ist

---

553 Zurecht kritisch zur Rechtslage vor Verankerung der Mitwirkung von Ethik-Kommissionen im AMG und MPG daher *Grupp* in: *Furkel/Jung* (Hrsg.), Bioethik und Menschenrechte, S. 125 ff. (135 ff.); *Laufs/Reiling*, MedR 1991, S. 1 ff. (4 ff.); *Rupp*, UTR 12 (1990), S. 23 ff. (46 ff.); *Schenke*, NJW 1991, S. 2313 ff. (2314 ff.); a.A. (keine ausdrückliche gesetzliche Ermächtigung notwendig) ersichtlich nur *Classen*, MedR 1995, S. 148 ff. (149 f.), und *Schröder*, Kommissionskontrolle, S. 198, u. VersR 1990, S. 243 ff. (250 ff./253); Zur Problematik des Parlamentsvorbehalts de lege lata siehe u.a. *Sobota*, AöR 121 (1996), S. 229 ff. (232 ff. u. 242 ff.); *Tettinger*, Kammerrecht, S. 99 u. 116 f.

554 Hätte der parlamentarische Gesetzgeber diese dem berufsständischen Satzungsgeber zur Regelung überantwortet, so läge eine eklatant verfassungswidrige Rechtslage vor.

auch der Fall denkbar, daß die Ablehnung eines Forschungsvorhabens durch eine Ethik-Kommission in das Recht eines „versuchswilligen" Probanden auf freie Entfaltung seiner Persönlichkeit (Art. 2 Abs. 1 GG) eingreift. Es ist sogar vorstellbar, daß dann, wenn der Arzt infolge der ablehnenden Kommissionsbewertung von der Durchführung eines *Heilversuches* Abstand nimmt, dem betroffenen Patienten der mögliche Vorteil einer neuartigen Therapie entgeht und dadurch in dessen Grundrecht auf Leben und körperliche Unversehrtheit (Art. 2 Abs. 2 S. 1 GG) eingegriffen wird.

An der Grundrechtsrelevanz der obligatorischen Mitwirkung von Ethik-Kommissionen besteht nach alledem mit Blick auf beide Personengruppen – Arzt wie Versuchsteilnehmer – kein Zweifel. Darüber hinaus sind die Forschungsfreiheit auf der einen Seite und die Würde, Integrität und Autonomie der Probanden und Patienten auf der anderen Seite geradezu ein Musterbeispiel miteinander konfligierender Grundrechte[555], so daß das Kommissionsvotum in der Situation einer Grundrechtskollision ergeht[556]. Stellt sich eine Maßnahme aber – wie hier – als Schutzeingriff dar, d.h. nimmt sie eine grundrechtliche Freiheitseinschränkung mit dem Ziel des Schutzes einer anderen grundrechtlichen Freiheit vor, so ist in diesen Fallkonstellationen von Grundrechtskonflikten die dann notwendige wechselseitige Zuordnung und Ausgleichung der kollidierenden grundrechtlich geschützten Rechtspositionen, kurz: die Herstellung praktischer Konkordanz, Aufgabe des parlamentarischen Gesetzgebers und damit eine weitere Zielsetzung des Parlamentsvorbehalts[557].

555 *Rupp*, UTR 12 (1990), S. 23 ff. (47).

556 *Grupp* in: *Furkel/Jung* (Hrsg.), Bioethik und Menschenrechte, S. 125 ff. (137).

557 *Classen*, MedR 1995, S.148 ff.(150); *Kraatz*, Parlamentsvorbehalt im Gentechnikrecht, S.123; eingehend *Rupp*, UTR 12 (1990), S. 23 ff. (47): „Forschungsvorhaben am Menschen liegen mitten im diffizilen Bereich eminent wichtiger grundrechtlicher Berührungs- und Verwerfungszonen. Sie verlangen nach der ordnenden Hand des Gesetzgebers, nach Sicherungen, Abgrenzungen, Verfahren und Organisation der Konfliktlösung. Die wissenschaftliche Forschung auf der einen Seite und die Würde, Integrität und Gesundheit der Probanden und Patienten auf der anderen Seite sind geradezu das Musterbeispiel einer solchen Grundrechtskonfligation. Die Verfassung gibt nicht von selbst die komplizierte und schwierige Tastatur zur Bewältigung der „praktischen Konkordanz" preis. Es ist vielmehr die Aufgabe des parlamentarischen Gesetzgebers, den erratischen Blöcken des Verfassungsrechts Kontur, Gestalt, Maß und Verträglichkeit abzugewinnen und die Freiheitsrechte aller zu einer Verfassung der Freiheit werden zu lassen. Dies gilt auch für die Regelung des Status, des Verfahrens und der Aufgaben der Ethik-Kommissionen (...)."

Da es sich nach alledem bei der in § 40 Abs. 1 S. 1 Nr. 1 AMG positivrechtlich normierten, extern wirkenden Risikoabschätzung und -abwägung der Ethik-Kommissionen – sie gehörte schon vor der Verankerung der Ethik-Kommissionen im Arzneimittelgesetz zu den Hauptaufgaben dieser Kommissionen – unter dem Gesichtspunkt des Gesetzesvorbehaltes nicht ausschließlich um eine Angelegenheit der Selbstverwaltung, sondern um eine tiefgreifende und weitreichende, die Forschungsfreiheit ebenso wie die (mit dieser ggf. kollidierenden) Grundrechte breitester Bevölkerungskreise tangierende Tätigkeit handelt[558], ist für ihr Tätigwerden eine parlamentsgesetzliche Grundlage erforderlich[559]. Daran ändert auch der Umstand nichts, daß § 40 Abs.1 S.2 AMG nur von nach „Landes*recht*" gebildeten Ethik-Kommissionen spricht und folglich die Voten der bei den Ärztekammern und medizinischen Fakultäten errichteten Kommissionen unabhängig davon anerkennt, ob diese in formellem Landesrecht (Parlamentsgesetzen von hinreichender Regelungsintensität) oder lediglich in materiellem Landesrecht (hier: Satzungen) ihre Rechtsgrundlage haben. Der Landesgesetzgeber hat vielmehr von sich aus – ungeachtet der Offenheit der Formulierung im Arzneimittelgesetz – dem Parlamentsvorbehalt und den Kriterien der Wesentlichkeitslehre Rechnung zu tragen.

In den Bundesländern Bayern und Sachsen, in denen überhaupt keine parlamentsgesetzlichen Bestimmungen über Ethik-Kommissionen existieren, entspricht die rechtliche Situation den Maßgaben der Wesentlichkeitslehre nicht. Die im jeweiligen Heilberufe-Kammergesetz dieser Länder[560] enthaltene Bestimmung, daß die Berufsordnung Regelungen hinsichtlich der Beratung in berufsethischen und berufsrechtlichen Fragen, insbesondere vor klinischen Versuchen am Menschen, enthalten könne, kann, da keine nähere Aussage über das „Wie" dieser Beratung getroffen wird, als reine Blankett-Ermächtigung qualifiziert werden, mit welcher der Landesgesetzgeber seiner Verantwortung nicht Rechnung trägt. Die Rechtslage in diesen Ländern kann daher als offenkundig verfassungswidrig bezeichnet werden.

Damit steht indes noch nicht zugleich fest, daß die Rechtslage in den übrigen Bundesländern, die sich durch eine parlamentsgesetzliche Verankerung der Ethik-Kommissionen auszeichnet, verfassungsgemäß ist. Verlangt nämlich der durch die Wesentlichkeitslehre konturierte Parlamentsvorbehalt auf der „Tatbestandsseite", daß

558 *Di Fabio*, Risikoentscheidungen im Rechtsstaat, S. 222 m.w.N.; ähnlich auch *Pfeiffer*, VersR 1990, S. 685 ff. (686) u. *Pfeiffer/Tiedemann*, MedKlinik 84 (1989), S. 557 ff. (559).

559 Vgl. *Tettinger*, Kammerrecht, S. 116 f.

560 Siehe Fn. 534.

die als wesentlich qualifizierten Entscheidungen vom Gesetzgeber selbst zu treffen sind, dann kann er auf der „Rechtsfolgenseite“ hinsichtlich der inhaltlichen Dichte und Bestimmtheit des Gesetzes nicht indifferent bleiben, soll das Erfordernis parlamentsgesetzlicher Regelung nicht zu einer bloßen Formalität werden[561].

Beansprucht die Wesentlichkeitslehre mithin nicht nur eine Entscheidung über das „Ob“ des gesetzgeberischen Handelns, sondern auch über das „Wie“[562], so stellt sich nunmehr die Frage, was für das „Wie“ der Mitwirkung der Ethik-Kommissionen im einzelnen zu gelten hat, ob es insbesondere ausreichend ist, wenn – wie es der Rechtslage in den meisten Bundesländern entspricht – die Regelung der Modalitäten dieser Mitwirkung dem Satzungsgeber im Wege eines umfangreichen Regelungskataloges übertragen[563] und mit diesem gesetzlichen Regelungskatalog ein nachprüfbarer tatbestandlicher Rahmen geschaffen wird.

Da einerseits Grundrechtsrelevanz und Grundrechtsintensität in den verschiedenen Regelungsmaterien durchaus variieren können, und andererseits dem Wortlaut der Vorbehaltsformel nicht zu entnehmen ist, was die gesetzliche Eingriffsermächtigung enthalten muß, um dem Vorbehalt des Gesetzes zu genügen[564], vermag nur eine für eine wertende Betrachtungsweise offene Einzelfallprüfung anhand der Wesentlichkeitsmerkmale Aufschluß darüber zu geben, was dem parlamentarischen Gesetzgeber vorbehalten ist und was durch gesetzliche Ermächtigung an den Verordnungs- oder Satzungsgeber delegiert werden kann[565].

Vorliegend sind den Ethik-Kommissionen im Arzneimittelgesetz bestimmte inhaltliche Kontrollkriterien an die Hand gegeben worden; sie haben das Vorliegen der Voraussetzungen in § 40 Abs. 1 S. 1 Nr. 1 bis 8 AMG zu überprüfen. Unter formellen Gesichtspunkten ist ihre parlamentsgesetzliche Ausgestaltung dagegen eher dürftig: Zwar hat die Legislative in den meisten landesrechtlichen Kammer- und Heilberufsgesetzen einen Regelungskatalog erstellt, der die vom Satzungsgeber zu regelnden Punkte präzise benennt, und folglich nicht nur bestimmt, „daß“ zu regeln ist, sondern auch normiert, „was“ zu regeln ist. Gleichwohl ermangelt es diesen tatbestandlichen

561 Vgl. *Kraatz*, Parlamentsvorbehalt im Gentechnikrecht, S. 127.

562 *Kloepfer*, JZ 1984, S. 691.

563 Siehe am Beispiel des in Fn. 535 genannten § 10 Abs. 2 des niedersächs. HKG.

564 *Roth*, Faktische Eingriffe in Freiheit und Eigentum, S. 601.

565 BVerfGE 58, S. 257 ff. (274); 48, S. 210 ff. (221 f.).

Rahmenvorgaben an hinreichender Konturierung[566]; sie sind unter dem Gesichtspunkt der Regelungsdichte unzulänglich. Denn in den Parlamentsgesetzen selbst geregelt werden müßten zumindest Aufgaben, Zusammensetzung, Stellung der Mitglieder und Verfahren der Ethik-Kommissionen[567] als wesentliche Fragen. Es kann beispielsweise nicht dem Satzungsgeber überlassen bleiben, ob die Ethik-Kommission ausschließlich oder überwiegend (intradisziplinär) mit Medizinern oder auch (interdisziplinär) mit Vertretern anderer Fachrichtungen besetzt ist, ob der forschende Arzt im Verfahren Gelegenheit zur Stellungnahme erhält, und ob er schließlich die Möglichkeit hat, gegen ihn beeinträchtigende willkürliche Beurteilungen vorzugehen. Die obligatorische Mitwirkung der Ethik-Kommissionen ist zwar nur eine von mehreren Voraussetzungen, die erfüllt sein müssen, damit eine klinische Arzneimittelprüfung durchgeführt werden kann. Jedoch kommt auch innerhalb dieser Voraussetzungen ihrer Entscheidung selbst ein Gewicht zu, das es notwendig macht, nicht nur das „Ob", sondern auch das „Wie" ihrer Mitwirkung zwar nicht in vollem Umfang, jedoch in den Grundzügen parlamentsgesetzlich zu regeln.

In sämtlichen Bundesländern bis auf Hamburg, Berlin und Thüringen[568] entspricht die parlamentsgesetzliche Regelung der Ethik-Kommissionen dem Parlamentsvorbehalt in seinem ihm durch die Wesentlichkeitslehre verliehenen Gepräge nicht. Die gesetzliche Ausgestaltung der Mitwirkung von Ethik-Kommissionen im Rahmen der Arzneimittelprüfung muß daher unter dem Blickwinkel des Vorbehalts des Gesetzes und der Wesentlichkeitslehre in allen Bundesländern außer Hamburg, Berlin und Thüringen als verfassungswidrig qualifiziert werden. Konkret bedeutet dies, daß die ablehnenden Voten der Ethik-Kommissionen in allen Bundesländern mit Ausnahme der drei genannten in verfassungsrechtlich nicht gerechtfertigter Weise in die For-

566 Vgl. *Tettinger*, Kammerrecht, S. 99 u. 117; mit Blick auf die Bestimmung des § 7 Heilberufsgesetz Meckl.-Vorp. schon *Grupp* in: *Furkel/Jung* (Hrsg.), Bioethik und Menschenrechte, S. 125 ff. (142 Fn. 66).

567 Vgl. *Grupp* in: *Furkel/Jung* (Hrsg.), Bioethik und Menschenrechte, S. 125 ff. (137 u. 139); *Rupp*, UTR 12 (1990), S. 23 ff. (47). Demgegenüber hält es *Deutsch*, VersR 1995, S. 121 ff. (123) – im, wie unschwer erkennbar ist, Interesse einer Etablierung des Systems der öffentlich-rechtlichen Ethik-Kommissionen – für eher angebracht, wenn sich der Landesgesetzgeber darauf beschränke festzuschreiben, daß Ethik-Kommissionen an Ärztekammern und Universitäten errichtet werden können bzw. müssen, und das Gesetz einzelne Vorgaben hinsichtlich der Satzung treffe, selbst aber von Einzelregelungen freigehalten werde.

568 Siehe zu diesen S. 146 f. Auch in Bremen weist lediglich die Verordnung über die Ethikkommission des Landes Bremen, nicht hingegen die (die bei den Ärztekammern gebildeten Ethik-Kommissionen betreffende) Bestimmung des § 11 a HeilBerG Bremen eine ausreichende Regelungsdichte auf.

schungsfreiheit des Arztes eingreifen, da sie entweder auf der Grundlage ausschließlich satzungsrechtlicher (Bayern und Sachsen) oder aber auf der Grundlage unter dem Gesichtspunkt der Regelungsdichte unzureichender parlamentsgesetzlicher (übrige Bundesländer) Bestimmungen ergehen.

cc) Der Eingriff durch den bundesoberbehördlichen Widerspruch: § 40 Abs. 1 S. 3 AMG als Ermächtigungsgrundlage für den bundesoberbehördlichen Widerspruch

Der Widerspruch des Bundesinstituts für Arzneimittel und Medizinprodukte findet in der parlamentsgesetzlichen Bestimmung des § 40 Abs. 1 S. 3 AMG seine Ermächtigungsgrundlage. Im Hinblick auf die Eigenschaft des § 40 Abs. 1 S. 3 AMG als Ermächtigungsgrundlage für den bundesoberbehördlichen Widerspruch stellt sich die Frage, ob diese Norm eine gesetzliche Bestimmung von hinreichender Regelungsdichte im Sinne der Wesentlichkeitslehre darstellt.

Zur Regelungsdichte von Vorschriften, welche ein Genehmigungsverfahren statuieren, hat das Bundesverfassungsgericht ausgeführt, daß sich aus der Rechtsvorschrift selbst zu ergeben habe, welche Voraussetzungen für die Erteilung der Genehmigung gegeben sein müssen und aus welchen Gründen die Genehmigung versagt werden darf[569].

Der Sache nach handelt es sich bei dem in § 40 Abs. 1 S. 2 i.V.m. S. 3 AMG festgelegten Procedere um ein Genehmigungsverfahren[570]. Als belastender, in die Forschungsfreiheit des Arztes eingreifender Verwaltungsakt kommt der Widerspruch des Bundesinstituts in seinen rechtlichen Wirkungen der Versagung einer Genehmigung gleich. Unter dem Gesichtspunkt des Parlamentsvorbehalts hat daher für den bundesoberbehördlichen Widerspruch nichts anderes zu gelten als für die Versagung einer Genehmigung. Hier wie dort muß der parlamentarische Gesetzgeber selbst festlegen, aus welchen Gründen eine Genehmigung versagt bzw. einem Forschungsvorhaben widersprochen werden darf.

Nun ergibt sich die Entscheidungsgrundlage des Bundesinstituts nicht direkt aus § 40 Abs. 1 S. 3 AMG, sondern erst über eine systematische Interpretation des § 40

569 BVerfGE 20, S. 150 ff. (158); 52, S. 1 ff. (41).

570 Siehe zur Qualität des zustimmenden Kommissionsvotums als Genehmigung und der bundesoberbehördlichen Widerspruchsabsenz als Genehmigungsfiktion oben B.III.1.b)bb)(2)(b), S. 87 ff. bzw. B.IV.2., S. 107 ff.

AMG: Daraus, daß gemäß § 40 Abs. 1 S. 1 Nr. 6 AMG auch das Votum der Ethik-Kommission dem Bundesinstitut vorzulegen ist, und das Votum wiederum auf dem Vorliegen oder Nichtvorliegen der in § 40 Abs. 1 S. 1 Nr. 1 bis 8 AMG genannten Voraussetzungen basiert, folgt, daß das Bundesinstitut die seitens der Ethik-Kommission zu überprüfenden Punkte auch zur Grundlage seiner eigenen Entscheidung zu machen hat. Es ist indes, wie die Ausführungen zur Rechtsnatur des bundesoberbehördlichen Widerspruchs[571] gezeigt haben, für die Qualifizierung einer Vorschrift als Ermächtigungsgrundlage unschädlich und auch unter verfassungsrechtlichen Gesichtspunkten – mit Blick auf die Regelungsdichte – unbedenklich, wenn sich aus einer Rechtsvorschrift lediglich mittelbar, d.h. hier über eine Zusammenschau der drei Sätze des § 40 Abs.1 AMG, ergibt, unter welchen Voraussetzungen die Behörde einen – begünstigenden oder belastenden – Verwaltungsakt erlassen darf.

Als Ermächtigungsgrundlage für den bundesoberbehördlichen Widerspruch begegnet die Bestimmung des § 40 Abs. 1 S. 3 AMG daher bezüglich ihrer Regelungsdichte keinen verfassungsrechtlichen Bedenken.

dd) Ergebnis

Die gesetzliche Grundlage für die Mitwirkung von Ethik-Kommissionen auf dem Gebiet der Arzneimittelprüfung – § 40 Abs. 1 S. 2 AMG in Verbindung mit den parlamentsgesetzlichen Bestimmungen der Länder – weist in sämtlichen Bundesländern bis auf Hamburg, Berlin und Thüringen nicht die (gemessen am Maßstab der Wesentlichkeitslehre) erforderliche Regelungsintensität auf. Die Ermächtigungsgrundlage für den bundesoberbehördlichen Widerspruch (§ 40 Abs. 1 S. 3 AMG) hingegen genügt den Anforderungen, die an eine gesetzliche Bestimmung gestellt werden, soweit sie die Exekutive zu belastenden Grundrechtseingriffen ermächtigt.

b) Beachtung des Verhältnismäßigkeitsprinzips

Es stellt sich ferner die Frage, ob die festgestellten Eingriffe in die Forschungsfreiheit dem Verhältnismäßigkeitsprinzip zuwiderlaufen. Der Grundsatz der Verhältnismäßigkeit[572] verlangt eine bestimmte Mittel-Zweck-Beziehung. Unter der Prämisse,

571 Oben B.IV.1., S. 102 ff.

572 Im Schrifttum gebräuchlich ist auch der Terminus „Übermaßverbot", den etwa *Stern*, Staatsrecht III/2, § 84 I 1, S. 763, als Oberbegriff für sinnvoller hält, damit der Begriff Verhältnis-

daß sowohl der verfolgte Zweck als solcher als auch das eingesetzte Mittel als solches legitim sind, gebietet das Verhältnismäßigkeitsprinzip ein vernünftiges Verhältnis zwischen dem eingesetzten Mittel und dem damit verfolgten Zweck, welches sich im einzelnen darin ausdrückt, daß der Einsatz des Mittels zur Erreichung des Zwecks geeignet und erforderlich ist und darüber hinaus Mittel und Zweck in einem recht gewichteten und wohl abgewogenen Verhältnis zueinander stehen.

Auch die Existenz von staatlicherseits zu schützenden Grundrechten Dritter rechtfertigt keine „unverhältnismäßigen" Eingriffe in Grundrechte des Störers[573]. Es müssen im Gegenteil die kollidierenden Grundrechte im Sinne der Herstellung einer praktischen Konkordanz einander „verhältnismäßig" zugeordnet werden[574]. Bei der Interpretation verfassungsmäßiger Begrenzungen muß es Ziel sein, die Grundrechte beider betroffener Seiten zu optimaler Wirksamkeit gelangen zu lassen. Da die Grundrechte zu den Wesensbestandteilen der verfassungsmäßigen Ordnung gehören, darf die Verhältnisbestimmung nie in einer Weise erfolgen, die eine grundrechtliche Gewährleistung mehr als notwendig oder sogar vollständig ihrer Wirksamkeit im Leben des Gemeinwesens beraubt[575].

Im Lebenssachverhalt „klinische Arzneimittelprüfung" stehen auf der einen Seite die grundrechtlichen Belange des Forschers, die durch das abwehrrechtliche Prinzip des Übermaßverbotes geschützt werden, und auf der anderen Seite die Grundrechte der Versuchsteilnehmer, die durch das schutzrechtliche Prinzip des Untermaßverbotes gewahrt werden[576]. Die Begrenzung der ärztlichen Forschungsfreiheit durch den in § 40 Abs. 1 S. 2 i.V.m. S. 3 AMG festgelegten Kontrollmechanismus für klinische Arzneimittelprüfungen muß demnach geeignet sein, den Schutz der Rechtsgüter der

mäßigkeit für das neben Geeignetheit und Erforderlichkeit stehende dritte Inhaltselement freigehalten werden könne.

573 Als „Störer" wird in der grundrechtlichen Terminologie derjenige bezeichnet, von dem ein Übergriff in die Grundrechte anderer Personen ausgeht oder droht, vgl. *Isensee* in: *Isensee/Kirchhof* (Hrsg.), Handbuch des Staatsrecht Band V, § 111, Rn. 5. Da auch dieser grundrechtsberechtigt ist, stehen der Staatsgewalt in der Person des „Störers" und der Person des „Opfers" zwei Grundrechtsträger mit gegensätzlichen Interessen gegenüber.

574 *Hesse*, Grundzüge des Verfassungsrechts, Rn. 318; siehe auch BVerfGE 87, S. 37 ff. (45 f.): „verhältnismäßiger Ausgleich der gegenläufigen, gleichermaßen verfassungsrechtlich geschützten Interessen".

575 *Hesse*, Grundzüge des Verfassungsrechts, Rn. 318.

576 Allgemein zu diesen Prinzipien *Isensee* in: *Isensee/Kirchhof* (Hrsg.), Handbuch des Staatsrechts Band V § 111, Rn. 91.

Studienteilnehmer zu bewirken. Er muß des weiteren hierzu erforderlich sein, was nicht der Fall ist, wenn ein ebenso wirksames, jedoch weniger eingriffsintensives („milderes“) Mittel zur Verfügung steht, und er muß schließlich verhältnismäßig i.e.S. sein, d.h. der Eingriff in die Forschungsfreiheit muß in einem angemessenen Verhältnis zu Gewicht und Bedeutung der Probanden- und Patientenrechte stehen.

aa) Geeignetheit der Eingriffe durch § 40 Abs. 1 S. 2 i.V.m. S. 3 AMG

Geeignet ist eine Maßnahme, wenn sie den verfolgten Zweck erreicht oder wenigstens fördert[577]. Sowohl das präventive, unter Billigungsvorbehalt stehende Verbot der Vorschrift des § 40 Abs. 1 S. 2 i.V.m. S. 3 AMG als auch die durch § 40 Abs. 1 S. 3 AMG eröffnete Möglichkeit der endgültigen Untersagung der klinischen Prüfung durch das Bundesinstitut sind (abstrakt) taugliche Mittel, die Studienteilnehmer vor der Durchführung einer den Anforderungen des § 40 Abs. 1 S. 1 AMG nicht entsprechenden Arzneimittelstudie zu bewahren und damit für den Schutz der Rechtsgüter der Versuchsteilnehmer Sorge zu tragen[578].

bb) Erforderlichkeit der Eingriffe durch § 40 Abs. 1 S. 2 i.V.m. S. 3 AMG

Eine Maßnahme ist erforderlich, wenn ein zur Erreichung des verfolgten Zweckes ebenso geeignetes, aber weniger belastendes Mittel nicht zur Verfügung steht[579].

Mit Blick auf den in § 40 Abs. 1 S. 2 i.V.m. S. 3 AMG festgelegten, dem Schutz des Menschen bei der klinischen Arzneimittelprüfung dienenden Kontrollmechanismus sind folgende alternativ denkbare gesetzliche Ausgestaltungen daraufhin zu untersuchen, ob sie im Vergleich zur Rechtslage de lege lata mildere, jedoch zum Schutz

577 BVerfGE 30, S. 292 ff. (316); 90, S. 145 ff. (172); *Ipsen*, Staatsrecht II, Rn. 176; *Manssen*, Staatsrecht II, Rn. 178.

578 Ob zum Schutz der Grundrechte der Studienteilnehmer *besser geeignete* Mittel denkbar sind, ist für die Frage der Eignung des konkret zu untersuchenden Mittels ohne Bedeutung. Aus diesem Grund muß an dieser Stelle unerörtert bleiben, ob der – denkbare – Vorbehalt einer Billigung der klinischen Prüfung durch eine öffentlich-rechtliche *oder* eine freie Ethik-Kommission zum Schutz der Probanden- und Patientenrechte möglicherweise besser geeignet wäre als der – de lege lata bestehende – Vorbehalt der Billigung der klinischen Prüfung durch eine *nach Landesrecht gebildete* Ethik-Kommission.

579 BVerfGE 30, S. 292 ff. (316); 67, S. 157 ff. (176); *Ipsen*, Staatsrecht II, Rn. 178; *Manssen*, Staatsrecht II, Rn. 180.

von Leben, Gesundheit und Autonomie der Probanden ebenso geeignete Mittel darstellen:

(1) Bloße Beratung durch die Ethik-Kommission

Da § 40 Abs. 1 S. 2 i.V.m. S. 3 AMG mehrere Eingriffsaspekte unterschiedlicher Eingriffsintensität („Behinderung", „Verbot" und „Verhinderung" der Arzneimittelstudie) aufweist, könnte ein milderes Mittel darin bestehen, die verschiedenen Eingriffsmodalitäten auf einen, und zwar den am wenigsten belastenden Eingriffsaspekt zu reduzieren.

Das (die *vorläufige* Unzulässigkeit des Forschungsprojekts bewirkende) präventive Verbot mit Billigungsvorbehalt, unter das § 40 Abs. 1 S. 2 i.V.m. S. 3 AMG die Durchführung klinischer Arzneimittelprüfungen stellt, sowie der (die *endgültige* Unzulässigkeit des Versuchsvorhabens nach sich ziehende) Widerspruch, zu dem § 40 Abs. 1 S. 3 AMG das Bundesinstitut ermächtigt, scheinen in stärkerem Maße in die Forschungsfreiheit des Arztes einzugreifen als das (die Durchführung der Studie behindernde) gesetzliche Erfordernis der Mitwirkung einer nach Landesrecht gebildeten Ethik-Kommission im Vorfeld der Arzneimittelprüfung. Ein weniger eingriffsintensives, dabei aber zum Schutz der Studienteilnehmer ebenso geeignetes Mittel könnte folglich darstellen, wenn im Arzneimittelgesetz statt des Erfordernisses der Billigung von Arzneimittelstudien durch Ethik-Kommission oder Bundesinstitut lediglich die Verpflichtung des Arztes festgelegt wäre, sich von einer Ethik-Kommission beraten zu lassen. Eine solche Regelung der Zulässigkeit klinischer Arzneimittelprüfungen entspräche den rechtlichen Anforderungen, die an die Zulässigkeit humanmedizinischer Versuche gestellt werden, die weder Arzneimittelprüfungen noch Erprobungen von Medizinprodukten sind. Denn für deren Zulässigkeit sieht das jeweilige – mangels bundesgesetzlicher Regelung allein einschlägige – Landesrecht die Mitwirkung von Ethik-Kommissionen lediglich in Form der Beratung des Arztes, nicht aber die Bewertung des Forschungsprojekts durch eine solche Kommission vor[580].

Bei einer Reduzierung der Eingriffsaspekte des § 40 Abs. 1 AMG auf den (einzigen) Eingriffsaspekt der Behinderung des Forschungsvorhabens ist die Voraussetzung der

580 Siehe z.B. § 30 Abs. 4 bad.-württ. KammerG (Fn. 202), § 32 Ziff. 3 HeilBerG Meckl.-Vorp. (Fn. 202) sowie § 15 Abs.1 der 1997 beschlossenen MBO (Fn. 496), der sich in den jeweiligen landesrechtlichen Berufsordnungen zumeist wortgleich wiederfindet.

geringeren Eingriffsintensität zu bejahen, da § 40 Abs. 1 AMG in einem solchen Fall nicht mehr (wie de lege lata) *auch*, sondern *nur* noch unter dem Gesichtspunkt in die Forschungsfreiheit des Arztes eingreifen würde, daß er die Zulässigkeit klinischer Arzneimittelprüfungen davon abhängig macht, daß im Vorfeld der Studie eine nach Landesrecht gebildete Ethik-Kommission zwecks Beratung des Arztes eingeschaltet wurde.

Fraglich ist jedoch, ob auch die weitere Voraussetzung der gleichen Eignung des milderen Mittels erfüllt ist, ob also über eine bloße Beratung ohne eine (Rechtsfolgen auslösende) Bewertung der Schutz der Probanden- und Patientengrundrechte ebenso effektiv erreicht wird. Dies ist zu verneinen: Zwar hat – angesichts der kontinuierlich gewachsenen Bedeutung der Ethik-Kommissionen, ihrer Stellung als inzwischen fest etablierte, nicht mehr hinweg zu denkende Einrichtungen in der humanmedizinischen Forschung sowie der von ihnen ausgehenden Autorität – die Begutachtung durch eine Ethik-Kommission ganz unabhängig davon, ob rechtlich (wie im Arzneimittelgesetz) eine Bewertung des Forschungsvorhabens durch die Kommission gefordert oder (wie im Landesrecht) eine bloße Beratung angeordnet wird, stets Einfluß auf die Durchführung des Vorhabens. So zeitigt auch eine rein interne, allein dem Forscher gegenüber kundgetane Äußerung der Ethik-Kommission, daß gegen das Forschungsprojekt Bedenken bestehen, faktische Wirkungen dahin, daß der Forscher von der Durchführung der Studie Abstand nehmen wird[581]. Es ist jedoch zu bedenken, daß ein bloßes Vertrauen auf zwar in aller Regel, gleichwohl aber nicht zwingend und ausnahmslos eintretende faktische, den Arzt von der Durchführung des geplanten Forschungsprojekts abhaltende Umstände den Schutzbedürfnissen Drittbetroffener nicht gerecht wird. Es muß vielmehr auch die Möglichkeit bestehen, dem Arzt die Versuchsdurchführung von Rechts wegen verbindlich – wie hier im Wege des bundesoberbehördlichen Widerspruchs – zu untersagen. Die Anordnung einer bloßen Kommissionsberatung ist folglich zum Schutz der Probanden- und Patientengrundrechte weniger effektiv als die Regelung de lege lata, und die Erforderlichkeit einer zustimmenden Kommissionsbewertung bzw. einer bundesoberbehördlichen Entscheidung somit gegeben.

(2) Einstufiges Genehmigungsverfahren

Die Erforderlichkeit der derzeitigen rechtlichen Ausgestaltung des Kontrollmechanismus bei Arzneimittelstudien als einem zweistufigen Genehmigungsverfahren könnte

581 Vgl. oben unter B.III.2.a), S. 95 ff.

jedoch fraglich sein angesichts der ebenso denkbaren Ausgestaltung als einem – möglicherweise weniger belastenden, die Probandenrechte jedoch ebenso effektiv schützenden – einstufigen Genehmigungsverfahren. Dieses sähe konkret so aus, daß dem Bundesinstitut für Arzneimittel und Medizinprodukte die alleinige Entscheidung über die Genehmigung der Arzneimittelstudie zustünde, während die Ethik-Kommission intern und mit lediglich die Bundesoberbehörde unterstützender Funktion – ähnlich wie die Tierversuchs-Ethikkommissionen gemäß der tierschutzgesetzlichen Maßgabe – in den Entscheidungsprozeß des Bundesinstituts integriert wäre.

Vergleicht man eine solche rechtliche Regelung mit der Situation de lege lata, so ergibt sich: Der für den Arzt verbundene bürokratische und zeitliche Aufwand mag bei der derzeitigen gesetzlichen Regelung insgesamt betrachtet ähnlich sein wie bei einem einstufigen Genehmigungsverfahren. Allein auf den mit der jeweiligen Verfahrensausgestaltung verbundenen Aufwand abzustellen führt somit nicht weiter. Zu berücksichtigen ist vielmehr der Umstand, daß nach dem noch bestehenden zweistufigen Kontrollmechanismus für einen bundesoberbehördlichen Widerspruch überhaupt nur dann Raum bleibt, der Arzt also dem Risiko des Widerspruchs seitens des Bundesinstituts *nur dann* ausgesetzt ist, wenn das Vorhaben bereits der „Vorprüfung“ durch die Ethik-Kommission nicht standgehalten hat, während einem einstufigen Genehmigungsverfahren *immer* das Risiko der Genehmigungsversagung immanent ist. Dieser Umstand läßt die gesetzliche zweistufige Regelung als die gegenüber einem einstufigen Genehmigungsverfahren weniger eingriffsintensive Maßnahme erscheinen.

Es läßt sich daher festhalten, daß in Gestalt eines einstufigen Genehmigungsverfahrens kein milderes Mittel zur Verfügung stünde.

<u>(3) „Modifiziertes“ zweistufiges Genehmigungsverfahren</u>

Anders könnte der Fall bei einem „modifizierten“ zweistufigen Genehmigungsverfahren liegen, bei einem Verfahren nämlich, in welches – im Unterschied zum einstufigen Genehmigungsverfahren – mit der Ethik-Kommission eine weitere Kontrollinstanz eingeschaltet wäre bzw. bliebe und bei dem – in Abweichung vom bestehenden Kontrollmechanismus – im Falle einer ablehnenden Kommissionsbewertung eine Befugnis des Bundesinstituts geschaffen würde, die Versuchsdurchführung ausdrücklich zu genehmigen oder die Genehmigung zu versagen.

Die Modifikation der *gegenwärtigen* rechtlichen Situation bestünde also allein im Hinblick auf die Entscheidungsbefugnis des Bundesinstituts und wäre rechtstechnisch nicht erheblich. Sie läge konkret darin, daß gesetzlich die Rechtsfolge der Durchführbarkeit der klinischen Prüfung – im Falle eines ablehnenden Kommissionsvotums – nicht, wie de lege lata, an das Unterbleiben des bundesoberbehördlichen Widerspruchs geknüpft würde, sondern diese Rechtsfolge nur durch eine ausdrückliche positive Entscheidung in Form einer Genehmigung des Bundesinstituts herbeigeführt werden könnte.

Ein auf diese Weise ausgestaltetes Genehmigungsverfahren stellte zwar kein milderes Mittel dar, was die *rechtliche* Zulässigkeit der geplanten Arzneimittelstudie betrifft. Denn der bundesoberbehördliche Widerspruchsverzicht berechtigt de lege lata den Arzt in gleicher Weise zur Durchführung der klinischen Prüfung wie ihn eine ausdrückliche bundesoberbehördliche Genehmigung de lege ferenda dazu berechtigen würde[582]. Es könnte sich aber dann als eine gegenüber dem bestehenden Rechtszustand mildere Maßnahme erweisen, wenn eine ausdrückliche Entscheidung der Bundesoberbehörde in der Lage wäre, die *mittelbar-faktischen* Wirkungen der ablehnenden Kommissionsbewertung zu entkräften oder gar zu beseitigen. So wäre immerhin vorstellbar, daß einer schlichten Nichtäußerung, die nach außen verschleiert, ob sich die Untätigkeit der Behörde noch im Rahmen der Gesetzesbindung bewegt (etwa Folge eines geplanten Unterlassens ist) oder aber einem allgemeinen Vollzugsdefizit entspringt[583], von Seiten Dritter ein geringeres Gewicht beigemessen wird als einer positiven Entscheidung, etwa in Gestalt einer ausdrücklichen bundesoberbehördlichen Genehmigung der geplanten Studie.

582 Aus diesem Grund scheint auf den ersten Blick die Modifikation auch ein in Hinsicht auf den Schutz der Grundrechte der Versuchsteilnehmer unerheblicher Umstand zu sein. Allerdings ist folgendes zu bedenken: Wäre (im Falle einer ablehnenden Kommissionsbewertung) eine ausdrückliche Genehmigung durch das Bundesinstitut gesetzliche Voraussetzung für die Durchführbarkeit der klinischen Prüfung, so würde dem Schutz der Probandengrundrechte sogar noch besser Rechnung getragen als nach der gegenwärtigen Rechtslage, weil dann eine Zulässigkeit der Versuchsdurchführung infolge eines versehentlichen Verstreichenlassens der Widerspruchsfrist durch das Bundesinstitut ausgeschlossen wäre. Für die hier zu prüfende Frage muß diese Überlegung indes außer Betracht bleiben. Denn im Rahmen der Erforderlichkeitsprüfung kommt es nicht darauf an, ob das auf seine möglicherweise geringere Eingriffsintensität untersuchte Eingriffsmittel zur Erreichung des erstrebten Zwecks (hier: Schutz der Probandenrechte) *besser geeignet* ist als das tatsächlich gewählte Eingriffsmittel; es darf nur *nicht weniger geeignet* sein als dieses.

583 So zutreffend *Caspar*, AöR 125 (2000), S. 131 ff. (149), im Hinblick auf gesetzliche Fiktionsregelungen.

Die insoweit denkbare Schlußfolgerung, einer ausdrücklichen bundesoberbehördlichen Entscheidung käme ein solches Gewicht zu, daß sie die faktischen Wirkungen der ablehnenden Kommissionsbewertung beseitigen könnte, wird allerdings de facto widerlegt durch den Umstand, daß das Bundesinstitut den die Rechtsfolge der Durchführbarkeit des Versuchs herbeiführenden Nicht-Widerspruch nicht mittels „Stillschweigens", also bloßer Untätigkeit zum Ausdruck bringt, sondern dem Forscher im Regelfall in einem schriftlichen und zudem mit einer Begründung versehenen Bescheid[584] mitteilt, daß kein Widerspruch erhoben wird, und daß gleichwohl die ablehnende Kommissionsbewertung die oben aufgezeigten negativen faktischen Wirkungen – insbesondere die fehlende Möglichkeit, eine finanzielle Förderung für das Forschungsprojekt zu erhalten – zeitigt[585].

Ist somit selbst der „formalisierte" Widerspruchsverzicht nicht in der Lage, die faktischen Wirkungen eines ablehnenden Kommissionsvotums auszuräumen, so vermag dies auch eine explizite bundesoberbehördliche Genehmigung nicht zu tun. Sie stellt demzufolge gegenüber der gesetzlichen Regelung de lege lata kein milderes Mittel dar[586].

(4) Der im Entwurf des zwölften Gesetzes zur Änderung des Arzneimittelgesetzes vorgesehene Kontrollmechanismus

In Anbetracht der bevorstehenden grundlegenden Änderung des Arzneimittelgesetzes durch das – noch im Entwurf vorliegende – Zwölfte Gesetz zur Änderung des Arzneimittelgesetzes[587] ist auch zu prüfen, ob sich der Kontrollmechanismus, wie ihn diese Novelle für die Durchführung klinischer Arzneimittelprüfungen vorsieht, gegenüber den noch geltenden Anforderungen als eine weniger eingriffsintensive Maßnahme erweist.

Der zentrale Unterschied zur Situation de lege lata besteht darin, daß de lege ferenda die zustimmende Bewertung der Ethik-Kommission und die Genehmigung des Bun-

---

584 So eine Auskunft des Bundesinstituts für Arzneimittel und Medizinprodukte.

585 Siehe unter B.III.2.a), S. 95 ff.

586 Im übrigen hat – und dies spricht ebenfalls für die geringere Eingriffsintensität der gegenwärtigen Regelung – der Forscher nach der Rechtslage de lege lata zudem die Chance, durch bloße Untätigkeit seitens des Bundesinstituts (z.B. durch versehentliches Verstreichenlassen der gesetzlichen Frist) zur Rechtmäßigkeit der Versuchsdurchführung zu gelangen.

587 Siehe S. 1 Fn. 3.

desinstituts *kumulativ* – und nicht, wie bisher, alternativ – vorliegen müssen: Gemäß § 40 Abs. 1 S. 2 AMG n.F. darf die klinische Prüfung eines Arzneimittels nur begonnen werden, „wenn die zuständige Ethik-Kommission diese (...) zustimmend bewertet und die zuständige Bundesoberbehörde diese (...) genehmigt hat". Ohne eine zustimmende Kommissionsbewertung ist die Durchführung einer klinischen Arzneimittelprüfung nicht (mehr) zulässig, ein ablehnendes Kommissionsvotum kann demnach nicht mehr durch eine Entscheidung des Bundesinstituts für Arzneimittel und Medizinprodukte „geheilt" werden[588]. Umgekehrt reicht jedoch auch die zustimmende Kommissionsbewertung allein nicht (mehr) aus. Vielmehr muß stets eine Entscheidung des Bundesinstituts in Gestalt einer Genehmigung hinzutreten, die nach § 42 Abs. 2 S. 1 AMG n.F. beim Bundesinstitut beantragt werden muß, allerdings gemäß § 42 Abs. 2 S. 4 AMG n.F. grundsätzlich als Genehmigungsfiktion („gilt als erteilt") ausgestaltet ist und sich damit ihrer Rechtsnatur nach dem Widerspruchsverzicht nähert. In bestimmten Fällen bedarf es jedoch sogar zwingend einer schriftlichen Genehmigung (vgl. § 42 Abs. 2 S. 7 AMG n.F.). Darüber hinaus wird dem Bundesinstitut die Verpflichtung zur Rücknahme der Genehmigung bei Vorliegen der Voraussetzungen des § 42 a Abs. 1 AMG n.F. übertragen bzw. das Recht zum Widerruf der Genehmigung bei Vorliegen der Voraussetzungen des § 42 a Abs. 2 AMG n.F. eingeräumt.

Es liegt damit auf der Hand, daß der neue Kontrollmechanismus keine mildere, sondern im Gegenteil eine Maßnahme mit höherer Eingriffsintensität darstellt. Zu bedenken ist aber, daß die Änderungen den Vorgaben der gemeinschaftsrechtlichen Richtlinie 2001/20/EG des Europäischen Parlaments und des Rates vom 4. April 2001 zur Angleichung der Rechts- und Verwaltungsvorschriften der Mitgliedstaaten über die Anwendung der guten klinischen Praxis bei der Durchführung von klinischen Prüfungen mit Humanarzneimitteln[589] Rechnung tragen, so daß dem deutschen Gesetzgeber insoweit kein Spielraum verbleibt.

Nicht von der Richtlinie vorgegeben ist hingegen die Beschränkung auf öffentlich-rechtliche Ethik-Kommissionen. Vor diesem Hintergrund ist von besonderer Bedeu-

---

588 Laut der Begründung zum Entwurf eines Zwölften Gesetzes zur Änderung des Arzneimittelgesetzes (BT-Drs. 15/2109, S. 24 ff. [32]) bringt diese Änderung mit sich, daß sich „die Rolle der Ethik-Kommission vom berufsrechtlichen Beratungsgremium zu einer Patientenschutzinstitution mit Behördencharakter wandelt". Dieser Qualifizierung kann vor dem Hintergrund, daß andererseits das zustimmende Votum allein nicht mehr genügt, nicht uneingeschränkt gefolgt werden.

589 ABl. EG Nr. L 121 vom 01.05.2001, S. 34 ff.

tung, ob diese Beschränkung – wie im folgenden untersucht wird – zum Schutz der Probandenrechte erforderlich und damit beizubehalten ist:

(5) Einbeziehung der freien Ethik-Kommissionen in den Kreis der zur Abgabe rechtserheblicher Voten berechtigten Ethik-Kommissionen

Die Auslegung des Passus „nach Landesrecht gebildet" im Rahmen der Prüfung des Eingriffs in die Berufsfreiheit der freien Ethik-Kommissionen hat zu dem Ergebnis geführt, daß unter „nach Landesrecht gebildeten" Ethik-Kommissionen nur die bei den Ärztekammern und Universitäten gebildeten Kommissionen zu verstehen sind, nicht aber die freien Ethik-Kommissionen, selbst wenn letztere einer landesrechtlichen Regelung zugeführt worden wären oder würden[590].

War im Rahmen der Eingriffsprüfung, d.h. für die konkrete Fragestellung, *ob* § 40 Abs. 1 S. 2 AMG mit seinem Erfordernis der Bewertung durch eine nach Landesrecht gebildete Ethik-Kommission in die Forschungsfreiheit des Arztes eingreift (Prüfung des „Ob" des Eingriffs), die hypothetische Überlegung irrelevant, ob § 40 Abs. 1 S. 2 AMG auch dann in die Forschungsfreiheit eingriffe, wenn er nicht das Votum einer nach Landesrecht gebildeten Ethik-Kommission verlangen, sondern die Voten auch freier Ethik-Kommissionen anerkennen würde, so gewinnt diese Erwägung bei der Frage nach dem „Wie" des Eingriffs, wie sie im Rahmen der Untersuchung der Erforderlichkeit zu stellen ist, durchaus an Bedeutung. Denn mit der Aufnahme der privaten Ethik-Kommissionen in den Kreis der zur Abgabe rechtlich relevanter Stellungnahmen befugten Kommissionen könnte ein milderes, doch zum Schutz der Probandengrundrechte ebenso wirksames Mittel zur Verfügung stehen mit der Folge, daß die Erforderlichkeit der tatsächlichen Regelung verneint werden müßte.

Die Einbeziehung der freien Ethik-Kommissionen in den Kreis der zur Abgabe rechtserheblicher Voten befugten Institutionen wäre ein Mittel, das den Forscher weniger belastet. Ihm stünde eine größere Auswahl an Ethik-Kommissionen zur Verfügung, die er zu Rate ziehen und um eine Begutachtung seines Forschungsvorhabens ersuchen könnte. Mit der Erweiterung des Kreises der zur Abgabe rechtlich relevanter Stellungnahmen befugten Ethik-Kommissionen wäre als entscheidender

590 Siehe oben unter B.I.4.b)aa)(5), S. 40 ff.

Vorteil eine geringere zeitliche Verzögerung des Forschungsvorhabens[591] verbunden, da dann die permanent wachsende Zahl der Anträge[592] auch im Bereich der klinischen Arzneimittelprüfung auf die öffentlich-rechtlichen und die freien Ethik-Kommissionen „verteilt" und so einer Überlastung der öffentlich-rechtlichen Kommissionen vorgebeugt würde. Mit der steigenden Zahl der Anträge geht eine wachsende Arbeitsbelastung der Ethik-Kommissionen einher, welche sie zur Steigerung der Effizienz ihrer Verfahrensweisen zwingt[593]. So wurde der Antragsflut bei den öffentlich-rechtlichen Kommissionen bereits durch die Einrichtung mehrerer parallel arbeitender Gremien oder durch die Aufspaltung in mehrere Unterkommissionen zu begegnen versucht[594], ein Umstand, der die Notwendigkeit der Zulassung freier Ethik-Kommissionen mehr als deutlich macht.

Die Verhinderung einer Überlastung der Ethik-Kommissionen ist zunächst im Interesse des Forschers sowie der Arzneimittelforschung insgesamt geboten[595]. Bei einer

---

591 Da Arzneimittelentwicklung unter hohem Zeitdruck erfolgt (vgl. *Schwendler-Haffke et al.*, Pharm.Ind. 1999, S. 11 ff. [17]) gewinnt, worauf *Yzer/Bruns* in: *Wiesing* (Hrsg.), Die Ethik-Kommissionen, S. 77 ff. (86) zutreffend hinweisen, der Zeitfaktor bei der klinischen Entwicklung von Arzneimitteln – auch im Rahmen von Standortvorteilen bzw. -nachteilen – immer mehr an Bedeutung.

592 Vgl. *Wilkening*, MedR 2001, S. 301 ff. (304 f.), die von einer „rasanten Steigerung der Anträge" spricht; vgl. auch speziell für die Ethik-Kommission am Fachbereich Humanmedizin der Universität Marburg *Freund*, MedR 2001, S. 65 ff. (66): 1997 Vorlage von knapp 160 Forschungsprojekten, vier Jahre zuvor nur halb so viele.

593 *Wilkening*, MedR 2001, S. 301 ff. (304 f).

594 *Wilkening*, MedR 2001, S. 301 ff. (305).

595 Vgl. *Arndt*, PharmR 1996, S. 72 ff. (76): Nur durch die Existenz vieler Ethik-Kommissionen könne verhindert werden, daß sich bei einigen wenigen Kommissionen die Anträge mit langen Bearbeitungszeiten stauen, ein Umstand, der wiederum die so wichtige Arzneimittelforschung und -entwicklung in unserem Land behindern würde. Befürchtungen gegenüber einer Einengung der Forschung in unangemessener Weise dadurch, daß über Anträge nicht oder nur mit großem Zeitverlust für die forschende Industrie entschieden wird, äußern auch *Kloesel/Cyran*, Arzneimittelrecht, Teil A 1, § 40 Anm. 4 b a.E.; ähnlich auch *Pfeiffer* in: liber amicorum für Volhard, S. 130 ff. (139), der darauf hinweist, daß nur das Unternehmen mit dem raschen Marktzugang das Ertragspotential voll ausschöpfen kann, da Verzögerungen bei der Einführung eines neuen Medikamentes oder Medizinproduktes aufgrund zuvorkommender Konkurrenten bereits drastische Gewinneinbußen bedeuteten. Sogar *Deutsch*, VersR 2002, S. 781 ff. (785), der in den Versuchen von heute die Behandlung von morgen sieht, äußert die Sorge, ob „nicht der Individualschutz die medizinische Forschung zu sehr hintanhält". Allgemein zur Bedeutung von Ethik-Kommissionen aus Sicht der forschenden Arzneimittelindustrie siehe *Schwendler-Haffke et al.*, Pharm.Ind. 1999, S. 11 ff. sowie *Yzer/Bruns* in: *Wiesing* (Hrsg.), Die Ethik-Kommissionen, S. 77 ff.

Anpassung der arzneimittelgesetzlichen Regelung an diejenige im Medizinproduktegesetz kann der Auftraggeber unter den registrierten zuständigen Ethik-Kommissionen diejenige Kommission mit der erforderlichen Begutachtung und Bewertung seines Forschungsprojekts betrauen, die für die konkrete Studie die beste Sachkompetenz besitzt und die sein Vertrauen für eine zügige Bearbeitung hat.

Einer Überlastung der Ethik-Kommissionen ist indes nicht nur im Hinblick auf das Grundrecht des Forschers aus Art. 5 Abs. 3 GG, sondern auch in Hinsicht auf die Grundrechte der Studienteilnehmer aus Art. 1 Abs. 1, Art. 2 Abs. 1 u. Abs. 2 S. 1 GG vorzubeugen.

Zunächst ist festzuhalten, daß auch bei Vorliegen einer staatlichen Schutzpflicht der Eingriff, welcher zur Wahrung der zu schützenden Grundrechte erfolgt, seinerseits dem Verhältnismäßigkeitsgrundsatz Rechnung tragen, also geeignet, notwendig und angemessen sein muß, um das Ziel der Abwehr des nichtstaatlichen Übergriffs zu erreichen.

Die Beschränkung des Kreises der zur rechtlich relevanten Begutachtung berechtigten Ethik-Kommissionen auf die öffentlich-rechtlichen Kommissionen ist, wie die Verhältnismäßigkeitsprüfung bei Art. 12 Abs. 1 GG ergeben hat[596], zur Wahrung der Rechte der Versuchsteilnehmer nicht erforderlich, da deren Rechte durch die bewertenden Gutachten freier Ethik-Kommissionen, zu deren Aufgaben auch der Schutz dieser Rechte gehört[597], nicht minder als durch Begutachtungen nach Landesrecht gebildeter Ethik-Kommissionen geschützt werden. Es steht im Gegenteil zu befürchten, daß bei einem weiteren Ausschluß der freien Kommissionen die aus der stetig wachsenden Arbeitsbelastung[598] resultierende Überlastung der Ethik-Kommissionen bei den Ärztekammern und Universitäten dazu führt, daß die Qualität der Kommis-

596 Unter Punkt C.I.2.b), S. 115 ff.

597 Gemäß Kap.3 (Aufgabenbereich) Ziff. 3 der Verfahrensordnung der freiburger ethik-kommission international (www.feki.com/d/satzung/index.html) sollen mit dem Gutachten dieser Kommission „die Rechte, die Integrität und die Menschenwürde aller am Prüfungsvorhaben beteiligten Personen geschützt werden." Das vorrangige Ziel der International Medical & Dental Ethics Commission besteht gemäß Abschnitt I (Zielsetzung) ihrer Verfahrensordnung (www.imdec.org/ProceduralRules.htm#_I_Purpose) darin, „die Rechte und die Würde jener zu schützen, die freiwillig an klinischen Studien teilnehmen."

598 Einen weiteren Zuwachs an Aufgaben für die Ethik-Kommissionen wird zudem die 12. Novelle des AMG mit sich bringen.

sionsbewertungen darunter leidet[599], wenn nämlich Forschungsprojekte nicht mehr mit der gebotenen Gründlichkeit und Genauigkeit einer medizinischen, rechtlichen und ethischen Würdigung unterzogen werden. Eine solche Folge wäre in der Tat dem Schutz der Rechte der Studienteilnehmer abträglich.

Nach alledem ist die Verhinderung einer arbeitsmäßigen Überlastung der Ethik-Kommissionen sowohl im Interesse des Forschers bzw. des hinter ihm stehenden pharmazeutischen Unternehmens als auch im Interesse der Studienteilnehmer geboten.

Mit Blick auf die im Grundgesetz verbürgte Forschungsfreiheit gilt, daß die arzneimittelgesetzliche Beschränkung auf die nach Landesrecht gebildeten Ethik-Kommissionen den Arzt seiner früher bestehenden Wahlmöglichkeit zwischen öffentlich-rechtlichen und freien Ethik-Kommissionen beraubt[600], ohne daß diese Maßnahme erforderlich ist. Daraus folgt, daß mit der Anerkennung auch der seitens der freien Ethik-Kommissionen abgegebenen Bewertungen ein mit Blick auf Art. 5 Abs. 3 GG weniger eingriffsintensives und damit milderes, zum Schutz der Probanden- und Patientenrechte aber mindestens ebenso geeignetes Mittel zur Verfügung stünde.

Von der Erweiterung des Kreises der zur Abgabe rechtserheblicher Voten berechtigten Ethik-Kommissionen sollte auch vor dem Hintergrund Gebrauch gemacht werden, daß eine gemeinschaftsrechtskonforme Umsetzung der Richtlinie 2001/20/EG des Europäischen Parlaments und des Rates vom 4. April 2001 zur Angleichung der Rechts- und Verwaltungsvorschriften der Mitgliedstaaten über die Anwendung der guten klinischen Praxis bei der Durchführung von klinischen Prüfungen mit Humanarzneimitteln einen eingriffsintensiveren Kontrollmechanismus zur Folge haben wird, während das Gemeinschaftsrecht zur gleichen Zeit unter einem anderen nicht unwesentlichen Gesichtspunkt die Möglichkeit der Schaffung einer den Forscher weniger belastenden Maßnahme eröffnet, indem es nämlich keine Beschränkung auf öffentlich-rechtliche Ethik-Kommissionen vorsieht.

---

599 Die Qualität der Kommissionsbewertungen leidet zudem auch bei einer fehlenden oder zu geringen Konkurrenzsituation zwischen den Ethik-Kommissionen: Monopolistische Ethik-Kommissionen sind, worauf *Schwendler-Haffke et al.*, Pharm.Ind. 1999, S. 11 ff. (18), zutreffend hinweisen, einem Qualitätsdruck entzogen und eher versucht, persönliche Interessen zu verfolgen.

600 So auch *Becker-Platen*, Die Kammern der freien Heilberufe, S. 164.

(6) Ergebnis

Die bestehende rechtliche Ausgestaltung der Durchführbarkeit klinischer Arzneimittelprüfungen ist in der gegenwärtigen Form zum Schutz der Probanden- und Patientenrechte nicht erforderlich. Die Erforderlichkeit der bestehenden rechtlichen Regelung ist insoweit zu verneinen, als die zwingend notwendige Mitwirkung von Ethik-Kommissionen in Form der bewertenden Begutachtung des Forschungsprojektes auf nach Landesrecht bei den Ärztekammern und Universitäten errichtete Ethik-Kommissionen beschränkt ist, ohne daß hierfür – zum Schutz der Rechte der Studienteilnehmer – eine Notwendigkeit besteht.

Bei Einbeziehung der freien Kommissionen in den Kreis der zur Abgabe rechtserheblicher Stellungnahmen berechtigten Ethik-Kommissionen ist der (noch) als präventives Verbot mit Billigungsvorbehalt ausgestaltete arzneimittelgesetzliche Kontrollmechanismus im übrigen ein zum Schutz der Probanden- und Patientenrechte erforderliches Mittel.

cc) Verhältnismäßigkeit i.e.S.

Grundrechtseinschränkende Maßnahmen dürfen schließlich den Betroffenen nicht übermäßig belasten[601]; sie müssen vielmehr in einem angemessenen, d.h. recht gewichteten und wohl abgewogenen Verhältnis zu dem verfolgten Ziel stehen[602].

Die Frage der Verhältnismäßigkeit im engen Sinne stellt sich vorliegend zwar nur mit Blick auf den Eingriffsaspekt der endgültigen Verhinderung des Forschungsprojekts durch den bundesoberbehördlichen Widerspruch, da es den beiden anderen Eingriffsaspekten – dem präventiven, unter dem Vorbehalt der zustimmenden Bewertung einer nach Landesrecht gebildeten Ethik-Kommission stehenden Verbot sowie der Verpflichtung des Arztes, eine nach Landesrecht gebildete Ethik-Kommission im Vorfeld der Arneimittelstudie einzuschalten – bereits am Kriterium der Erforderlichkeit fehlt. Soweit nämlich, wie mit Blick auf die letztgenannten Eingriffsaspekte der Fall, ein Eingriff in die Forschungsfreiheit zum Schutz der Probanden- und Patientenrechte nicht erforderlich ist, vermag der Gesetzgeber gerade keinen „verhältnismäßigen Ausgleich der gegenläufigen, gleichermaßen verfassungsrechtlich ge-

601 BVerfGE 67, S. 157 ff. (178); 83, S. 1 ff. (19).

602 BVerfGE 93, S. 213 ff. (237); *Ipsen*, Staatsrecht II, Rn. 180.

schützten Interessen“[603] – der Forschungsfreiheit des Arztes auf der einen und den Grundrechten der Versuchsteilnehmer auf der anderen Seite – herzustellen, welcher die Grundrechte beider betroffener Seiten zu optimaler Wirksamkeit gelangen ließe. Ein nicht erforderlicher Eingriff ist also schon per se unverhältnismäßig und damit, weil gegen das Übermaßverbot verstoßend, verfassungswidrig.

Da im Rahmen der Verhältnismäßigkeitsprüfung der Kontrollmechanismus des § 40 Abs. 1 S. 2 i.V.m. S. 3 AMG jedoch einheitlich betrachtet werden sollte, ist die hypothetische Erwägung sinnvoll, ob der arzneimittelgesetzliche Kontrollmechanismus dann, wenn dem Arzt auch die Hinzuziehung einer freien Ethik-Kommission in rechtlich relevanter Weise möglich wäre, verhältnismäßig wäre. Dies ist zu bejahen: Das Erfordernis der Beratung des Arztes und anschließenden Billigung des Forschungsvorhabens durch eine Ethik-Kommission oder ggf. durch das Bundesinstitut für Arzneimittel und Medizinprodukte dient dem Schutz der Rechtsgüter Leben und Gesundheit der Versuchsteilnehmer. Gemessen an der Bedeutung dieser Rechtsgüter stellen die Erfordernisse der beratenden Mitwirkung einer (öffentlich-rechtlichen oder freien) Ethik-Kommission und der Bewertung der Arzneimittelstudie durch eine solche Kommission sowie die Widerspruchsbefugnis des Bundesinstituts keine unverhältnismäßigen Eingriffe in die Forschungsfreiheit des Arztes dar.

dd) Ergebnis

Bei der bestehenden gesetzlichen Regelung der Durchführbarkeit klinischer Arzneimittelstudien handelt es sich um ein zum Schutz der Grundrechte der Versuchsteilnehmer zwar geeignetes, jedoch insoweit, als die Zulässigkeit der klinischen Arzneimittelprüfung vom zustimmenden Votum einer *nach Landesrecht gebildeten* Ethik-Kommission abhängig gemacht und der Forscher dementsprechend auf die Hinzuziehung einer landesrechtlich gebildeten Ethik-Kommission beschränkt wird, zum Schutz der Probandenrechte nicht erforderliches und demnach auch unverhältnismäßiges Mittel.

c) Wesensgehaltsgarantie

Gemäß Art. 19 Abs. 2 GG darf schließlich ein Grundrecht keinesfalls in seinem Wesensgehalt angetastet werden. Allerdings hat Art. 19 Abs. 2 GG neben dem Prinzip

603 BVerfGE 87, S. 37 ff. (45 f.).

der Verhältnismäßigkeit keine eigenständige Bedeutung mehr[604], es sei denn, daß durch einen Eingriff ein Grundrecht im ganzen entwertet wird. Dies trifft auf die Reglementierung der Forschungsfreiheit durch § 40 Abs. 1 S. 2 i.V.m. S. 3 AMG jedoch nicht zu.

III. Ergebnis

Die Bestimmung des § 40 Abs. 1 S. 2 AMG sowie die auf dem Gebiet der Arzneimittelprüfung ergehenden ablehnenden Kommissionsvoten, soweit es sich nicht um Bewertungen der Ethik-Kommissionen an den Ärztekammern und Universitäten der Bundesländer Berlin, Hamburg und Thüringen handelt, sind verfassungswidrig und greifen daher in verfassungsrechtlich nicht gerechtfertigter Weise in die Forschungsfreiheit des Arztes bzw. (nur mit Blick auf die arzneimittelgesetzliche Bestimmung) in die Berufsfreiheit der freien Ethik-Kommissionen ein:

Die Vorschrift des § 40 Abs. 1 S. 2 AMG greift insoweit in verfassungswidriger Weise in die Berufsfreiheit der freien Ethik-Kommissionen ein, als sie den Kreis der zur Abgabe rechtlich relevanter Voten befugten Ethik-Kommissionen auf „nach Landesrecht gebildete" Ethik-Kommissionen begrenzt, dadurch zugleich die freien Ethik-Kommissionen von der rechtserheblichen Mitwirkung auf dem Gebiet der klinischen Arzneimittelprüfung ausschließt und damit diesen Kommissionen ein großes und zentrales Anwendungsfeld ihrer ursprünglichen Begutachtungstätigkeit raubt. Da der Ausschluß der freien Ethik-Kommissionen zudem den forschenden Arzt in seinem Grundrecht aus Art. 5 Abs. 3 GG tangiert, dabei aber zum Schutz der Grundrechte der Studienteilnehmer nicht erforderlich ist, stellt die von § 40 Abs. 1 S. 2 AMG ausgehende Beeinträchtigung der Forschungsfreiheit zugleich einen i.w.S. unverhältnismäßigen und somit verfassungswidrigen Eingriff in die Forschungsfreiheit des Arztes dar.

Die in das Grundrecht des Arztes aus Art. 5 Abs. 3 GG mittelbar-faktisch eingreifenden ablehnenden Kommissionsvoten sind verfassungswidrig, weil sie ihre rechtliche Grundlage in landesrechtlichen Bestimmungen haben, die – bis auf die parlamentsgesetzlichen Regelungen in den drei o.g. Ländern – keine im Sinne der Wesentlichkeitstheorie ausreichende Regelungsdichte aufweisen.

604 Vgl. *Jarass* in: *Jarass/Pieroth*, Grundgesetz, Art. 19 Rn. 7; das Bundesverfassungsgericht hat nur einmal eine Verletzung des Art. 19 Abs. 2 GG angenommen (siehe BVerfGE 22, S. 180 [219 f.]).

D. Gesamtergebnis und Ausblick

Die de lege lata bestehende Regelung der Mitwirkung von Ethik-Kommissionen auf dem Gebiet der klinischen Arzneimittelprüfung (§ 40 Abs. 1 S. 2 i.V.m. S. 3 AMG) ist unvereinbar mit dem Grundrecht der freien Ethik-Kommissionen aus Art. 12 Abs. 1 GG sowie dem Grundrecht des Arztes aus Art. 5 Abs. 3 GG und insoweit verfassungswidrig.

Zur Herstellung eines verfassungskonformen Zustandes ist dem Novellengesetzgeber anzuraten, die arzneimittelgesetzliche Bestimmung in Orientierung an § 20 Abs. 7 u. 8 MPG dahin zu ändern, daß nicht mehr ausschließlich den Bewertungen nach Landesrecht gebildeter Ethik-Kommissionen rechtliche Relevanz beigemessen, sondern statt dessen für die rechtserhebliche Begutachtungstätigkeit der Ethik-Kommissionen ein „Registrierungsmodell" gewählt wird[605], wie es in § 20 Abs. 7 u. 8 MPG[606] sowie in den §§ 28 g RöV, 92 StrlSchV vorgesehen ist.

Die Regelung im Medizinproduktegesetz ist, verglichen mit der arzneimittelgesetzlichen, die sachgemäßere Regelung: Zum einen geht der Gesetzgeber hier mehr ins einzelne[607]: Aufgaben der Ethik-Kommission, Anzahl ihrer Mitglieder sowie die Voraussetzungen, unter denen eine Registrierung bei der zuständigen Bundesoberbehörde erfolgen kann, sind in dieser Vorschrift selbst in detaillierter Form festgelegt. Zum anderen unterscheidet das Medizinproduktegesetz nicht zwischen öffentlich-rechtlichen und freien Ethik-Kommissionen[608]. Letztere sind somit im Gegensatz zum Arzneimittelgesetz nicht von der Abgabe rechtlich relevanter Voten ausgeschlossen, soweit sie den gesetzlichen Voraussetzungen entsprechen. In einer Zeit, die ohnehin eine Tendenz zur Erfüllung öffentlicher Aufgaben durch Private aufweist, mutet die Bestimmung des § 40 Abs. 1 S. 2 AMG mit ihrem Erfordernis, daß eine „nach Landesrecht gebildete" Ethik-Kommission die klinische Arzneimit-

---

605 Die Übernahme des Ethikkommissions-Modells des Medizinproduktegesetzes in das Arzneimittelrecht wird im Schrifttum von *Hasskarl* in: Festschrift für Deutsch, S. 577 ff. (588), sowie von *Pfeiffer*, ZRP 1998, S. 43 ff. (43) und in: liber amicorum für Volhard, S. 130 ff. (139) vorgeschlagen.

606 Wie bereits in der vor dem 2. MPG-ÄndG geltenden „Vorgängernorm" (§ 17 Abs. 6 u. 7 MPG).

607 Hierüber ist (mit Blick auf den früheren § 17 Abs. 6 u. 7 MPG) *Deutsch*, NJW 1995, S. 752 ff. (754), erstaunt: „Der Gesetzgeber geht dann, ganz anders als sonst, in diesem Gesetz ins einzelne. (...). Man ist erstaunt, daß der Gesetzgeber diese Regelung selbst getroffen hat."

608 Dies erachtet auch *Hasskarl* in: Festschrift für Deutsch, S. 577 ff. (588), für einen Vorteil.

telprüfung zustimmend bewertet haben muß, fast wie ein Anachronismus an[609]. Dies trifft umso mehr zu, als in den Vorschriften der §§ 20 Abs. 7 u. 8 MPG, 28 g RöV und 92 StrlSchV gegenteilige Bestimmungen mit guten, zeitgemäßen und vorbildlichen Regelungen existieren, welche sowohl den schutzwürdigen Rechten der Teilnehmer an klinischen Studien als auch den Belangen des Forschers Rechnung tragen.

Die Aufnahme der freien Ethik-Kommissionen in den Kreis der auf dem Gebiet der Arzneimittelprüfung zur Abgabe rechtlich relevanter Stellungnahmen berechtigten Kommissionen durch die Anwendung des medizinproduktegesetzlichen Registrierungsmodells und die damit einhergehende Aufhebung des de lege lata bestehenden Gegensatzes zwischen § 40 Abs. 1 S. 2 AMG auf der einen und § 20 Abs. 7 MPG auf der anderen Seite stünde auch auf einer Linie[610] mit der gemeinschaftsrechtlichen Richtlinie 2001/20/EG des Europäischen Parlaments und des Rates vom 4. April 2001 zur Angleichung der Rechts- und Verwaltungsvorschriften der Mitgliedstaaten über die Anwendung der guten klinischen Praxis bei der Durchführung von klinischen Prüfungen mit Humanarzneimitteln[611]. Denn zum einen fallen ihren definitorischen Vorgaben zufolge auch freie Ethik-Kommissionen zweifellos unter den Begriff der Ethik-Kommission[612], und zum anderen sind auch freie Ethik-Kommissionen ebenso gut wie an den Ärztekammern und Universitäten gebildete Kommissionen in der Lage, die den Ethik-Kommissionen gemäß der Richtlinie zugedachte Aufgabe, „den Schutz der Rechte, die Sicherheit und das Wohlergehen von an einer klinischen Prüfung teilnehmenden Personen zu sichern und diesbezüglich Vertrauen der Öffentlichkeit zu schaffen“[613], zu erfüllen.

---

609 Vgl. auch *Böse*, MedR 2002, S. 244 ff. (249), der es vor dem Hintergrund der zunehmenden Privatisierung öffentlicher Aufgaben und der Forderung nach einem „schlanken Staat“ für angebracht hält, das Monopol der öffentlich-rechtlichen Ethik-Kommissionen rechtspolitisch zu überdenken. *Schwendler-Haffke et al.*, Pharm.Ind. 1999, S. 11 ff. (17) weisen auf den Fortschritt im Hinblick auf die internationale Akzeptanz hin, den eine Änderung des Arzneimittelgesetzes in Richtung Anerkennung der Voten freier Ethik-Kommissionen, die heute schon den internationalen Anforderungen genügen, mit sich brächte.

610 So vertritt sogar *Deutsch*, NJW 2001, S. 3361 ff. (3366), u. in *Deutsch/Spickhoff*, Medizinrecht, Rn. 1003, angesichts der Entwicklung im Gemeinschaftsrecht neuerdings die Auffassung, daß die freien Ethik-Kommissionen für Stellungnahmen zu Arzneimittelprüfungen zugelassen werden könnten. Zwar seien sie zur Prüfung vor Ort wenig geeignet, könnten aber die Koordination von multizentrischen Studien übernehmen. Ähnlich *Böse*, MedR 2002, S. 244 ff. (249).

611 ABl. EG Nr. L 121 vom 01.05.2001, S. 34 ff.

612 Vgl. Saame, PharmR 2003, S. 184 ff. (189).

613 Art. 2 Buchst. k der Richtlinie.

Vor diesem Hintergrund ist es zu bedauern, daß der Entwurf eines Zwölften Gesetzes zur Änderung des Arzneimittelgesetzes[614], dessen Ziel im Wesentlichen die Umsetzung europäischen Rechts, insbesondere die o.g. Richtlinie in das Arzneimittelrecht ist, in Bezug auf die Mitwirkung von Ethik-Kommissionen keine Angleichung der arzneimittelgesetzlichen Vorschrift an die Bestimmungen im Medizinproduktegesetz, der Röntgen- und der Strahlenschutzverordnung vorsieht. Zwar ist nach dem Entwurf nicht mehr die zustimmende Bewertung einer „nach Landesrecht gebildeten" Ethik-Kommission, sondern gemäß § 42 Abs. 1 S. 1 des Entwurfs die zustimmende Bewertung der „nach Landesrecht für den Prüfer zuständigen" Ethik-Kommission Voraussetzung. Wenngleich nunmehr die Formulierung etwas offener gehalten ist, so hat die Regelung auch in ihrer geänderten Fassung weiterhin die an den Ärztekammern und medizinischen Fakultäten gebildeten Ethik-Kommissionen im Auge, wie sich daraus ergibt, daß das Nähere zur Bildung, Zusammensetzung und Finanzierung der Ethik-Kommission durch das Landesrecht zu bestimmen ist (§ 42 Abs. 1 S. 3 des Entwurfs)[615]. Dessen ungeachtet eröffnet die Regelung aber dem jeweiligen Landesgesetzgeber immerhin die *Möglichkeit*, durch entsprechende landesrechtliche Vorschriften auch freie und private Ethik-Kommissionen als für den Prüfer zuständige Ethik-Kommissionen vorzusehen. Mit Inkrafttreten der zwölften AMG-Novelle obliegt es daher den Ländern, das verfassungswidrige, gegen das Grundrecht der freien Ethik-Kommissionen aus Art. 12 Abs. 1 GG verstoßende Monopol der öffentlich-rechtlichen Ethik-Kommissionen zu beseitigen und so de lege ferenda einen verfassungskonformen Zustand herzustellen.

614 (BT-Drs. 15/2109 vom 01.12.2003, im Internet veröffentlicht unter www.bmgs.bund.de/download/gesetze/entwuerfe/AenderungArzneimittelgesetz.pdf; siehe zu diesem Entwurf auch die Stellungnahme des Bundesrates und die Gegenäußerung der Bundesregierung, BT-Drs. 15/2360).

615 Mit Blick auf die privaten Ethik-Kommissionen sind landesrechtliche Bestimmungen allenfalls zur Zusammensetzung, schwerlich aber zur „Bildung" und „Finanzierung" derselben vorstellbar oder sinnvoll.

Anlage

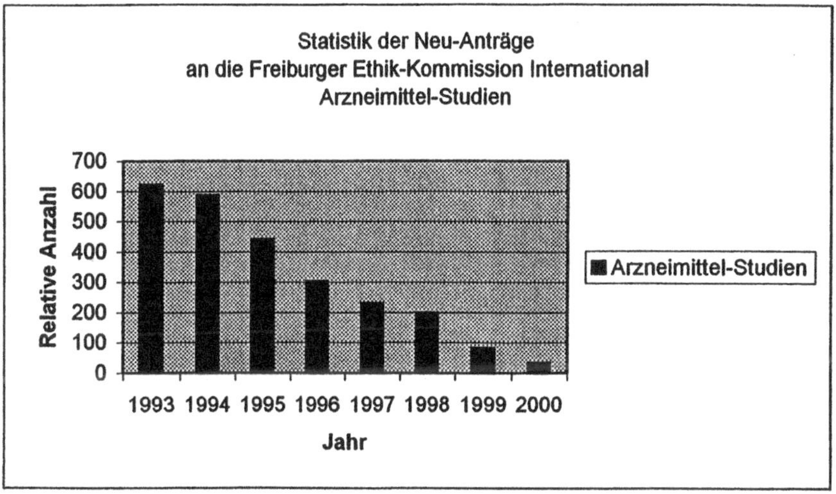

Quelle: Freiburger Ethik-Kommission International, Mozartstraße 21, D-79104 Freiburg

Literaturverzeichnis

Achterberg, Norbert
Allgemeines Verwaltungsrecht, 2. Auflage
Heidelberg 1986

Agena, Carl-August
Die Tierversuchs-Kommission nach § 15 Tierschutzgesetz: Rechtssystematische Einordnung und Zweck der Kommissionstätigkeit
Deutsches Tierärzteblatt 1988, S. 573 ff.

Alber-Malchow, Christine
Ein Plädoyer für ein Leben in Partnerschaft mit Gott
Aachen 2003
(zitiert: Alber-Malchow, Plädoyer)

Alber-Malchow, Christine
Tierversuche in der Forschung, in: Hellmut Wagner (Hrsg.), Rechtliche Rahmenbedingungen für Wissenschaft und Forschung, Band 3, § 24, S. 259 ff.
Baden-Baden 2000

Alber-Malchow, Christine/Steigleder, Thomas
Definition der Begriffe Wissenschaft und Forschung – Eigengesetzlichkeit von Wissenschaft und Forschung, in: Hellmut Wagner (Hrsg.), Rechtliche Rahmenbedingungen für Wissenschaft und Forschung, Band 1, § 2, S. 23 ff.
Baden-Baden 2000

Albers, Marion
Die Institutionalisierung von Ethik-Kommissionen: Zur Renaissance der Ethik im Recht
KritV 2003, S. 419 ff.

Altner, Günter
Ethik-Kommissionen, in: Wilhelm Korff (Hrsg.), Lexikon der Bioethik, Band 1 (A – F), S. 682 ff.
Gütersloh 1998

Ankermann, Ernst
Ärztliches Handeln im Dialog zwischen Ethik und Recht, in: Udo Schlaudraff (Hrsg.), Ethik in der Medizin, S. 93 ff.
Berlin, Heidelberg, New York, 1987

Appel, Ivo/Melchinger, Hansjörg
Rechtsanwendung und feststellender Verwaltungsakt – Zur Konkretisierung der Merkmale Regelung und Außenwirkung beim Verwaltungsakt
VerwArchiv 84 (1993), S. 349 ff.

Arndt, Melanie
Klinische Prüfungen am Menschen – Bedeutung und Aufgaben der Ethik-Kommissionen nach der Neufassung des § 40 AMG mit der 5. AMG-Novelle
PharmR 1996, S. 72 ff.

von Auer, Friedger/Seitz, Rainer
Gesetz zur Regelung des Transfusionswesens (Transfusionsgesetz), Kommentar (Loseblatt), 5. Lieferung (Stand: August 2001)
Stuttgart, Berlin, Köln 1998/2002
(zitiert: von Auer/Seitz, Transfusionsgesetz)

Becker-Platen, Jens
Die Kammern der freien Heilberufe – Berufsordnung, Rechte und Pflichten der Mitglieder
Dissertation München, 1998
(zitiert: Becker-Platen, Die Kammern der freien Heilberufe)

Bettermann, Karl August
Grenzen der Grundrechte, 2. Auflage
Berlin, New York 1976

Bettermann, Karl-August
Zur Verfassungsbeschwerde gegen Gesetze und zum Rechtsschutz des Bürgers gegen Rechtssetzungsakte der öffentlichen Gewalt
AöR 86 (1961), S. 129 ff.

Blasius, Helga/Müller-Römer, Dietrich/Fischer, Jürgen
Arzneimittel und Recht in Deutschland
Stuttgart 1998

Bleckmann, Albert
Staatsrecht II – Die Grundrechte, 4. Auflage
Köln, Berlin, Bonn, München 1997
(zitiert: Bleckmann, Staatsrecht II)

Bleckmann, Albert/Eckhoff, Rolf
Der „mittelbare" Grundrechtseingriff
DVBl. 1988, S. 373 ff.

Böckenförde, Ernst-Wolfgang
Die Organisationsgewalt im Bereich der Regierung
Berlin 1964
(zitiert: Böckenförde, Organisationsgewalt)

Böse, Martin
Das Beratungsmonopol der öffentlich-rechtlichen Ethik-Kommissionen
MedR 2002, S. 244 ff.

Bork, Reinhard
Das Verfahren vor den Ethik-Kommissionen der medizinischen Fachbereiche
Berlin 1984
(zitiert: Bork, Verfahren vor den Ethik-Kommissionen)

Bork, Reinhard
Ethik-Kommissionen in den USA
NJW 1983, S. 2056 ff.

Breuer, Rüdiger
Die staatliche Berufsregelung und Wirtschaftslenkung, in: Josef Isensee/Paul Kirchhof (Hrsg.) Handbuch des Staatsrechts, Band VI (Freiheitsrechte), § 148, S. 957 ff.
Heidelberg 1989

Bruns, Insa/Sickmüller, Barbara/von Schorlemer, Gloria
Europäische Richtlinie zur klinischen Prüfung: Vorschläge zur Implementierung in deutsches Recht
PharmR 2002, S. 201 ff.

Bull, Hans-Peter
Allgemeines Verwaltungsrecht, 6. Auflage
Heidelberg 2000

Bundesministerium der Justiz (Hrsg.)
Das Übereinkommen zum Schutz der Menschenrechte und der Menschenwürde im Hinblick auf die Anwendung von Biologie und Medizin – Übereinkommen über Menschenrechte und Biomedizin – des Europarats vom 4. April 1997, Informationen zu Entstehungsgeschichte, Zielsetzung und Inhalt
Februar 1998

Caspar, Johannes
Der fiktive Verwaltungsakt
AöR 125 (2000), S. 131 ff.

Chotjewitz, Iwan
Die Organisationsgewalt nach den Verfassungen der deutschen Bundesländer
Frankfurt am Main 1995
(zitiert: Chotjewitz, Die Organisationsgewalt)

Classen, Claus Dieter
Ethikkommissionen zur Beurteilung von Versuchen am Menschen: Neuer Rahmen, neue Rolle
MedR 1995, S. 148 ff.

Crowell, Kathleen M.
Die Arbeit der Tierversuchskommission aus Sicht der Beteiligten, in: Johannes Caspar/Hans-Joachim Koch (Hrsg.), Tierschutz für Versuchstiere – Ein Widerspruch in sich?, S. 163 ff.
Baden-Baden 1998

Czwalinna, Joachim
Ethik-Kommissionen – Forschungslegitimation durch Verfahren
Frankfurt am Main, 1987
(zitiert: Czwalinna, Forschungslegitimation)

Czwalinna, Joachim
Ethik-Kommissionen für medizinische Forschung am Menschen: Bestand, Struktur und Vorgehensweise
MedR 1986, S. 305 ff.

Dähne, Harald
Erneut: Die Doppelfunktion öffentlich-rechtlicher Ethik-Kommissionen
MedR 2003, S. 164 ff.

van den Daele, Wolfgang/Müller-Salomon, Heribert
Die Kontrolle der Forschung am Menschen durch Ethikkommissionen
Stuttgart 1990
(zitiert: van den Daele/Müller-Salomon, Kontrolle der Forschung)

Däubler, Wolfgang
Privatisierung als Rechtsproblem
Neuwied und Darmstadt 1980

Deckert, Martina R.
Die Methodik der Gesetzesauslegung
JA 1994, S. 412 ff.

Denninger, Erhard/Hoffmann-Riem, Wolfgang/Schneider, Hans-Peter/Stein, Ekkehard (Hrsg.)
Kommentar zum Grundgesetz für die Bundesrepublik Deutschland (Reihe Alternativkommentare, Gesamthrsg. Rudolf Wassermann), 3. Auflage (Loseblatt)
Neuwied und Kriftel 2001
(zitiert: AK-GG-Bearbeiter)

Deutsch, Erwin
Das Gesetz über Medizinprodukte von 1994
NJW 1995, S. 752 ff.

Deutsch, Erwin
Das Recht der klinischen Forschung am Menschen – Zulässigkeit und Folgen der Versuche am Menschen dargestellt im Vergleich zu dem amerikanischen Beispiel und den internationalen Regelungen
Frankfurt a.M./München/Bern/Las Vegas 1979
(zitiert: Deutsch, Recht der klinischen Forschung)

Deutsch, Erwin
Die Bildung von Ethik-Kommissionen nach § 40 AMG
VersR 1995, S. 121 ff.

Deutsch, Erwin
Die fünfte Novelle zum Arzneimittelgesetz – Gesetzgebung im Vermittlungsausschuß
NJW 1994, S. 2381 ff.

Deutsch, Erwin
Die rechtlichen Grundlagen und die Funktion der Ethik-Kommissionen
VersR 1989, S. 429 ff.

Deutsch, Erwin
Die rechtlichen Grundlagen und die Funktion der Ethik-Kommissionen, in: Richard Toellner (Hrsg.), Die Ethik-Kommission in der Medizin, Problemgeschichte, Aufgabenstellung, Arbeitsweise, Rechtsstellung und Organisationsformen medizinischer Ethik-Kommissionen, S. 67 ff.
Stuttgart, New York 1990
(zitiert: Deutsch in: Toellner [Hrsg.], Die Ethik-Kommission in der Medizin)

Deutsch, Erwin
Eine Schlappe für die öffentlich-rechtlichen Ethik-Kommissionen
NJW 2003, S. 949 f.

Deutsch, Erwin
Ethik-Kommissionen für die klinische Forschung: Grundlagen und Funktionen, in: Helmut Koziol (Hrsg.), Im Dienste der Gerechtigkeit, Festschrift für Franz Bydlinski, S. 105 ff.
Wien, New York 2002
(zitiert: Deutsch in: Festschrift für Bydlinski)

Deutsch, Erwin
Ethik-Kommissionen und Freiheit der medizinischen Forschung
VersR 1999, S. 1 ff.

Deutsch, Erwin
Klinische Forschung International: Die Deklaration von Helsinki des Weltärztebundes in neuem Gewand
NJW 2001, S. 857 ff.

Deutsch, Erwin
Klinische Prüfung von Arzneimitteln: eine Europäische Richtlinie setzt Standards und vereinheitlicht Verfahren
NJW 2001, S. 3361 ff.

Deutsch, Erwin
Private und öffentlich-rechtliche Ethikkommissionen
NJW 2002, S. 491 f.

Deutsch, Erwin
Probleme des Verhältnisses von Recht und Ethik in der Medizin – insbesondere im Bereich der Ethik-Kommissionen
VersR 1987, S. 949 ff.

Deutsch, Erwin
Recht und Ethik der klinischen Forschung am Menschen: Entwicklung und gegenwärtiger Stand
VersR 2002, S. 781 ff.

Deutsch, Erwin
§ 40 AMG, die EU-Richtlinie über die Prüfung von Arzneimitteln und die neue Deklaration von Helsinki
PharmR 2001, S. 202 ff.

Deutsch, Erwin/Lippert, Hans-Dieter
Ethikkommission und klinische Prüfung
Berlin, Heidelberg, New York 1998

Deutsch, Erwin/Lippert, Hans-Dieter (Hrsg.)
Kommentar zum Arzneimittelgesetz (AMG)
Berlin, Heidelberg, New York 2001
(zitiert: Bearbeiter in Deutsch/Lippert [Hrsg.], Arzneimittelgesetz)

Deutsch, Erwin/Spickhoff, Andreas
Medizinrecht, 5. Auflage
Berlin, Heidelberg 2003

Deutsch, Erwin/Taupitz, Jochen
Forschungsfreiheit und Forschungskontrolle in der Medizin – zur geplanten Revision der Deklaration von Helsinki
MedR 1999, S. 402 ff.

Discher, Thomas
Mittelbarer Eingriff, Gesetzesvorbehalt, Verwaltungskompetenz: Die Jugendsektenentscheidungen - BVerwGE 82, 76; BVerwG, NJW 1991, 1770; 1992, 2496; BVerfG, NJW 1989, 3269
JuS 1993, S. 463 ff.

Doppelfeld, Elmar
Beratung und Begleitung biomedizinischer Forschung durch Ethik-Kommissionen, Jahrbuch für Wissenschaft und Ethik, Band 2, S. 121 ff.
Berlin 1997
(zitiert: Doppelfeld, Jahrbuch)

Doppelfeld, Elmar
Bericht über die 12. Jahresversammlung des Arbeitskreises Medizinischer Ethik-Kommissionen in der Bundesrepublik Deutschland am 16.11.1994 in Köln, in: Richard Toellner/Urban Wiesing (Hrsg.), Wissen-Handeln-Ethik, S. 79 ff.
Stuttgart, Jena, New York 1995

Doppelfeld, Elmar
Funktion und Arbeitsweise der Ethik-Kommission, in: Erwin Deutsch/Jochen Taupitz (Hrsg.), Forschungsfreiheit und Forschungskontrolle in der Medizin – Zur geplanten Revision der Deklaration von Helsinki, S. 341 ff.
Berlin, Heidelberg, New York 2000
(zitiert: Doppelfeld in: Deutsch/Taupitz [Hrsg.], Forschungsfreiheit)

Dreier, Horst (Hrsg.)
Grundgesetz-Kommentar, Band I, Art. 1 – 19, 2. Auflage
Tübingen 2004
(zitiert: Bearbeiter in: Dreier [Hrsg.], GG-Kommentar, Band I)

Eckhoff, Rolf
Der Grundrechtseingriff
Köln, Berlin, Bonn, München 1992

Ehlers, Dirk
Verwaltung in Privatrechtsform
Berlin 1984

Epping, Volker
Grundrechte
Berlin, Heidelberg 2004

Erbel, Günter
Das Sittengesetz als Schranke der Grundrechte
Berlin 1971

Erichsen, Hans-Uwe/Ehlers, Dirk (Hrsg.)
Allgemeines Verwaltungsrecht, 12. Auflage
Berlin, New York 2002
(zitiert: Bearbeiter in: Erichsen/Ehlers [Hrsg.], Allgemeines Verwaltungsrecht)

di Fabio, Udo
Risikoentscheidungen im Rechtsstaat
Tübingen 1994

Feiden, Karl (Hrsg.)
Arzneimittelprüfrichtlinien (Sammlung nationaler und internationaler Richtlinien)
Band 8 (Stand: 22. Erg.-Lfg. 2004)
Stuttgart 2004

Fluck, Jürgen
Die Sachgenehmigung
DVBl. 1999, S. 496 ff.

Freund, Georg
Aus der Arbeit einer Ethik-Kommission: Zur Steuerung von Wissenschaft durch Organisation
MedR 2001, S. 65 ff.

Gassner, Ulrich M.
Das Zweite Gesetz zur Änderung des Medizinproduktegesetzes
NJW 2002, S. 863 ff.

Gassner, Ulrich M.
Die Europäisierung des Arzneimittelrechts, in: Wilfried Bottke/Thomas M.J. Möllers/ Reiner Schmidt (Hrsg.), Recht in Europa, S. 113 ff.
Baden-Baden 2003

Giemulla, Elmar/Jaworsky, Nikolaus/Müller-Uri, Rolf
Verwaltungsrecht, 6. Auflage
Köln, Berlin, Bonn, München 1998

Graf, Hans-Peter
Das zustimmende Votum der freiburger ethik-kommission international ist für ganz Deutschland gültig. Eines weiteren Votums der Ethikkommission der Landesärztekammer bedarf es nicht.
MPR 2002, S. 77 ff.

Graf, Hans-Peter
Die klinische Prüfung von Medizinprodukten aus der Sicht einer Ethik-Kommission
PharmR 1998, S. 236 ff.

Graf, Hans-Peter
Ethik-Kommissionen in Deutschland: Monopol der Ärztekammern?
Krankenhausarzt 1992, S. 66 ff.

Graf, Hans-Peter
Nochmals: Privatrechtliche versus öffentlich-rechtliche Ethikkommissionen in der klinischen Forschung
NJW 2002, S. 1774 ff.

Gramm, Christof
Ethikkommissionen: Sicherung oder Begrenzung der Wissenschaftsfreiheit?
WissR 32 (1999), S. 209 ff.

Gross, Thomas
Das Kollegialprinzip in der Verwaltungsorganisation
Tübingen 1999

Gruber, F.P.
Die Tierversuchskommissionen nach § 15 Tierschutzgesetz in der Bundesrepublik Deutschland, in: H. Schöffl/H. Spielmann/H.A. Tritthart et al. (Hrsg.), Forschung ohne Tierversuche 1995, S. 233 ff.
Wien, New York 1995

Grupp, Klaus
Behördliche Beurteilungsspielräume im „schlanken Staat", in: Klaus Grupp/Michael Ronellenfitsch (Hrsg.), Planung – Recht – Rechtsschutz, Festschrift für Willi Blümel zum 70. Geburtstag am 6. Januar 1999, S. 139 ff.
Berlin 1999
(zitiert: Grupp in: Festschrift für Blümel)

Grupp, Klaus
Gerichtliche Kontrolle von Prüfungsnoten – VG Sigmaringen,BaWüVBl 1981,363
JuS 1983, S. 351 ff.

Grupp, Klaus
Rechtsschutz gegen Gremienentscheidungen, in: Karl-Peter Sommermann (Hrsg.), Gremienwesen und staatliche Gemeinwohlverantwortung (Beiträge zu einem Forschungssymposium des Forschungsinstituts für öffentliche Verwaltung am 27. und 28. April 2000 in Speyer), S. 133 ff.
Berlin 2001
(zitiert: Grupp in: Sommermann [Hrsg.], Gremienwesen)

Grupp, Klaus
Wirtschaftliche Betätigung der öffentlichen Hand unter dem Grundgesetz
ZHR 140 (1976), S. 367 ff.

Grupp, Klaus
Zur Stellung von Ethik-Kommissionen unter öffentlich-rechtlichen Aspekten, in: Françoise Furkel/Heike Jung (Hrsg.) Bioethik und Menschenrechte, S. 125 ff.
Köln, Berlin, Bonn, München 1993

Habermann, E.
Nutzen/Risiko-Abwägung in der humanmedizinischen Forschung unter ethischen Gesichtspunkten, in: T. Ott/F.-W. Hefendehl/P. Grosdanoff (Hrsg.), Arzneimittel und Medizinprodukte, Bewertung – Verfahren – Perspektiven, S. 17 ff.
Berlin 1998
(zitiert: Habermann in: Ott et al. [Hrsg.], Arzneimittel und Medizinprodukte)

Hailbronner, Kay
Forschungsreglementierung und Grundgesetz
WissR 13 (1980), S. 212 ff.

Hart, Dieter
Heilversuch, Entwicklung therapeutischer Strategien, klinische Prüfung und Humanexperiment
MedR 1994, S. 94 ff.

Hasskarl, Horst
Klinische Arzneimittelprüfung und Ethikkommissionen – rechtliche Probleme und Entwicklungen – , in: Hans-Jürgen Ahrens/Christian von Bar/Gerfried Fischer et al. (Hrsg.), Festschrift für Erwin Deutsch, S. 577 ff.
Köln, Berlin, Bonn, München 1999
(zitiert: Hasskarl in: Festschrift für Deutsch)

Helle, Jürgen/Frölich, Jürgen/Haindl, Hans
Der Heilversuch in der klinischen Prüfung von Arzneimitteln und Medizinprodukten
NJW 2002, S. 857 ff.

Hendler, Reinhard
Allgemeines Verwaltungsrecht, 3. Auflage
Stuttgart, München, Hannover, Berlin, Weimar, Dresden 2001

Herfarth, Christian
Probleme der experimentellen klinischen Chirurgie, in: W.Doerr/W.Jacob/A.Laufs (Hrsg.), Recht und Ethik in der Medizin, S. 151 ff.
Berlin, Heidelberg, New York 1982

Hesse, Konrad
Grundzüge des Verfassungsrechts der Bundesrepublik Deutschland, 20. Auflage
Heidelberg 1995
(zitiert: Hesse, Grundzüge des Verfassungsrechts)

Hill, Rainer/Schmitt, Joachim M.
WiKo, Kommentar zum Medizinprodukterecht
Köln 2003

Hoffmann, Josef
Kunstfreiheit und Sacheigentum
NJW 1985, S. 237 ff.

Hoffmann-Becking, Michael
Der feststellende Verwaltungsakt
DÖV 1972, S. 196 ff.

Huber, Peter-Michael
Allgemeines Verwaltungsrecht, 2. Auflage
Heidelberg 1997

Illhardt, Franz Josef
Ethik-Kommission, in: Albin Eser (Hrsg.), Lexikon Medizin-Ethik-Recht, S. 314 ff.
Freiburg 1992

Ipsen, Jörn
Staatsrecht II (Grundrechte), 7. Auflage
München/Unterschleißheim 2004

Ipsen, Jörn
„Stufentheorie" und Übermaßverbot – Zur Dogmatik des Art. 12 GG
JuS 1990, S. 634 ff.

Isensee, Josef
Das Grundrecht als Abwehrrecht und als staatliche Schutzpflicht, in: Josef Isensee/Paul Kirchhof (Hrsg.), Handbuch des Staatsrechts, Band V (Allgemeine Grundrechtslehren), 2. Auflage, § 111, S. 143 ff.
Heidelberg 2000

Jachmann, Monika
Allgemeines Verwaltungsrecht, 2. Auflage
München und Neuwied 2003

Jachmann, Monika
Die Fiktion im öffentlichen Recht
Berlin 1998

Jahrmärker, Hans
Aufgaben und Bedeutung der Ethik-Kommission
MedKlinik 1990, S. 672 ff.

Jarass, Hans D./Pieroth, Bodo
Grundgesetz für die Bundesrepublik Deutschland, 7. Auflage
München 2004
(zitiert: Bearbeiter in: Jarass/Pieroth, Grundgesetz)

Jellinek, Georg
Die socialethische Bedeutung von Recht, Unrecht und Strafe
Wien 1878

Jenke, Nina
Haftung für fehlerhafte Arzneimittel und Medizinprodukte
Berlin, Heidelberg, New York 2004

Jung, Heike
Zur Rolle von Ethikkommissionen bei medizin-ethischen Entscheidungsprozessen, in: Françoise Furkel/Heike Jung (Hrsg.) Bioethik und Menschenrechte, S. 145 ff.
Köln, Berlin, Bonn, München 1993

Kamp, Ilka
Die Europäische Bioethik-Konvention
Frankfurt a.M. 2000
(zitiert: Kamp, Bioethik-Konvention)

Kästner, Karl-Hermann
Das Grundrecht auf Religions- und Weltanschauungsfreiheit in der neueren höchstrichterlichen Rechtsprechung,
AöR 123 (1998), S. 408 ff.

Keller, Rolf
Das Recht und die medizinische Forschung
MedR 1991, S. 11 ff.

Kern, Bernd-Rüdiger
Die Bioethik-Konvention des Europarates – Bioethik versus Arztrecht?
MedR 1998, S. 485 ff.

Kisker, Gunter/Höfling, Wolfram
Fälle zum Staatsorganisationsrecht, 3. Auflage
München 2001

Kloepfer, Michael
Der Vorbehalt des Gesetzes im Wandel
JZ 1984, S. 685 ff.

Kloesel, Arno/Cyran, Walter
Arzneimittelrecht, Kommentar (Loseblatt), 3. Auflage mit 91. Erg.-Lfg. (Stand: 01.03.2004)
Stuttgart 2004

Knack, Hans Joachim
Verwaltungsverfahrensgesetz, Kommentar, 8. Auflage
Köln, Berlin, Bonn, München 2004
(zitiert: Bearbeiter in Knack, Verwaltungsverfahrensgesetz)

Koch, Hans-Georg
Humanexperiment/Heilversuch/Heilbehandlung, in: Wilhelm Korff (Hrsg.), Lexikon der Bioethik Band 2 (G – Pa), S. 238-243
Gütersloh 1998

Kollhosser, Helmut
Haftungs- und versicherungsrechtliche Fragen bei Ethik-Kommissionen, in: Richard Toellner (Hrsg.), Die Ethik-Kommission in der Medizin: Problemgeschichte, Aufgabenstellung, Arbeitsweise, Rechtsstellung und Organisationsformen medizinischer Ethik-Kommissionen, S. 79 ff.
Stuttgart, New York 1990
(zitiert: Kollhosser in: Toellner [Hrsg.], Die Ethik-Kommission in der Medizin)

Kopp, Ferdinand O./Ramsauer, Ulrich
Verwaltungsverfahrensgesetz, 8. Auflage
München 2003

Korzilius, Heike
12. Novelle zum Arzneimittelgesetz, Mehr oder weniger Ethik?
Dt. Ärztebl. 2004, S. A 309

Kraatz, Friederike
Parlamentsvorbehalt im Gentechnikrecht – Eine verfassungsrechtliche Untersuchung zum Regelungsumfang des Gentechnikgesetzes
Baden-Baden 1995
(zitiert: Kraatz, Parlamentsvorbehalt im Gentechnikrecht)

Kraft, Alfons/Kreutz, Peter
Gesellschaftsrecht. 11. Auflage
Neuwied und Kriftel 2000

Krause, Peter
Rechtsformen des Verwaltungshandelns
Berlin 1974

Kreß, Manfred
Die Ethik-Kommissionen im System der Haftung bei der Planung und Durchführung von medizinischen Forschungsvorhaben am Menschen
Karlsruhe 1990
(zitiert: Kreß, Die Ethik-Kommissionen im System der Haftung)

Kriele, Martin
Gesetzliche Regelung von Tierversuchen und Wissenschaftsfreiheit, in: Ursula M. Händel (Hrsg.), Tierschutz – Testfall unserer Menschlichkeit, S. 113 ff.
Frankfurt am Main 1984
(zitiert: Kriele in: Händel [Hrsg.], Tierschutz)

Kriele, Martin
Vorbehaltlose Grundrechte und die Rechte anderer, in: Martin Kriele, Recht – Vernunft – Wirklichkeit, S. 604 ff.
Berlin 1990

Krüger, Hartmut
Forschung, in: Christian Flämig/Otto Kimminich/Hartmut Krüger et al. (Hrsg.), Handbuch des Wissenschaftsrechts, Band 1, 2. Auflage, S. 261 ff.
Berlin, Heidelberg, New York 1996

Langer, Thomas
Monopole als Handlungsinstrumente der öffentlichen Hand
Berlin 1998
(zitiert: Langer, Monopole)

Laufs, Adolf
Arztrecht, 5. Auflage
München 1993

Laufs, Adolf
Das Menschenrechtsübereinkommen zur Biomedizin und das deutsche Recht
NJW 1997, S. 776 ff.

Laufs, Adolf/Reiling, Emil
Ethik-Kommissionen – Vorrecht der Ärztekammern?
MedR 1991, S. 1 ff.

Laufs, Adolf/Uhlenbruck, Wilhelm
Handbuch des Arztrechts, 3. Auflage
München 2002

Lege, Joachim
Nochmals: Staatliche Warnungen – Zugleich zum Paradigmenwechsel in der Grundrechtsdogmatik und zur Abgrenzung von Regierung und Verwaltung –
DVBl. 1999, S. 569 ff.

Leidinger, Thomas
Hoheitliche Warnungen, Empfehlungen und Hinweise im Spektrum staatlichen Informationshandelns
DÖV 1993, S. 925 ff.

Lerche, Peter
Übermaß und Verfassungsrecht
Köln, Berlin, Bonn, München 1961

Lindemann, Marcus
Entwicklungstendenzen der Patientenrechte in Deutschland, in: Arbeitsgemeinschaft Rechtsanwälte im Medizinrecht e.V. (Hrsg.), „Waffen-Gleichheit“ – Das Recht in der Arzthaftung, S. 135 ff.
Berlin, Heidelberg, New York 2002
(zitiert: Lindemann in: „Waffen-Gleichheit“)

Lippert, Hans-Dieter
Achtes Gesetz zur Änderung des Arzneimittelgesetzes
NJW 1999, S. 837 ff.

Lippert, Hans-Dieter
Die Deklaration von Helsinki ist tot – es lebe die Deklaration von Helsinki
MedR 2003, S. 681 ff.

Lippert, Hans-Dieter
Die klinische Prüfung von Tierarzneimitteln
MedR 2003, S. 451 ff.

Lippert, Hans-Dieter
Die medizinische Dissertation mit Versuchen am Menschen – Beratung des Doktoranden durch eine Ethikkommission?
MedR 2002, S. 353 f.

Lippert, Hans-Dieter
Klinische Prüfungen von Arzneimitteln durch Professoren: Dienstaufgabe oder Nebentätigkeit?
NJW 1992, S. 2338 f.

Lippert, Hans-Dieter
Regelungen für klinische Prüfungen von Arzneimitteln und Medizinprodukten – ein Geniestreich des Gesetzgebers
DMW 1995, S. 1296 ff.

Lippert, Hans-Dieter/Adler, Katja
Forschung am Menschen – Der Proband/Patient im Dschungel der Haftungsnormen
VersR 1993, S. 277 ff.

Lorenz, Dieter
Wissenschaft darf nicht alles! – Zur Bedeutung der Rechte anderer als Grenze grundrechtlicher Gewährleistung, in: Peter Badura/Rupert Scholz (Hrsg.), Wege und Verfahren des Verfassungslebens, Festschrift für Peter Lerche, S. 267 ff.
München 1993
(zitiert: Lorenz in: Festschrift für Lerche)

Losch, Bernhard/Radau, Wiltrud Christine
Forschungsverantwortung als Verfahrensaufgabe
NVwZ 2003, S. 390 ff.

Löwer, Wolfgang
Die Zeugnisnote – ein Verwaltungsakt?
DVBl. 1980, S. 952 ff.

Löwer, Wolfgang
Funktion und Begriff des Verwaltungsakts
JuS 1980, S. 805 ff.

Lübbe-Wolff, Gertrude
Die Grundrechte als Eingriffsabwehrrechte
Baden-Baden 1988

Mädrich, Susanne
Forschungsfreiheit und Tierschutz im Spiegel des Verfassungsrechts
Frankfurt am Main, Bern, New York, Paris 1988

von Mangoldt/Klein/Starck
Das Bonner Grundgesetz,
Band 1 (Präambel, Art. 1 – 19), 4. Auflage
München 1999
Band 3 (Artikel 79 – 146), 4. Auflage
München 2001
(zitiert: Bearbeiter in: von Mangoldt/Klein/Starck, Bonner GG, Band)

Manssen, Gerrit
Staatsrecht II (Grundrechte), 3. Auflage
München 2004

Martens, Joachim
Die Praxis des Verwaltungsverfahrens
München 1985

Maunz, Theodor/Dürig, Günter
Kommentar zum Grundgesetz (Loseblatt),
Band 1: Art. 1 – 5 (Stand: 43. Erg.-Lfg., Februar 2004)
Band 2: Art. 6 – 16 a (Stand: 43. Erg.-Lfg., Februar 2004)
München 2004
(zitiert: Bearbeiter in: Maunz/Dürig, GG-Kommentar, Band)

Maurer, Hartmut
Allgemeines Verwaltungsrecht, 15. Auflage
München 2004

Mayer, Otto
Deutsches Verwaltungsrecht, Erster Band, 3. Auflage 1924
Berlin 1961 (Nachdruck)
(zitiert: Mayer, Deutsches Verwaltungsrecht I)

Morsey, Benedikt
Biomedizinische Forschung, in: Hellmut Wagner (Hrsg.), Rechtliche Rahmenbedingungen für Wissenschaft und Forschung, Band 3, § 21, S. 13 ff.
Baden-Baden 2000

Morsey, Benedikt
Die Regulierung der biomedizinischen Forschung
Dissertation Speyer, 2000

von Münch, Ingo
Staatsrecht II, 5. Auflage
Berlin, Köln 2002

von Münch, Ingo/Kunig, Philip (Hrsg.)
Grundgesetz-Kommentar,
Band 1 (Präambel bis Art. 20), 5. Auflage
München 2000
Band 3 (Art. 70 bis Art. 146), 5. Auflage
München 2003
(zitiert: Bearbeiter in: von Münch/Kunig [Hrsg], GG-Kommentar, Band)

Nöthlichs, Matthias/Weber, Horst Peter
Sicherheitsvorschriften für Medizinprodukte, Ergänzbarer Kommentar zum Medizinproduktegesetz und zur Medizingeräteverordnung (Stand: 21. Erg.-Lfg., August 2004)
Berlin 1994
(zitiert: Nöthlichs/Weber, Kommentar zum MPG)

Obermayer, Klaus
Die Bedeutung der „Regelung" im Rahmen der Begriffsbestimmung des Verwaltungsaktes nach § 35 VwVfG
RiA 1980, S. 121 ff.

Obermayer, Klaus
VwVfG, Kommentar zum Verwaltungsverfahrensgesetz, 3. Auflage
Neuwied und Kriftel 1999
(zitiert: Bearbeiter in: Obermayer, Verwaltungsverfahrensgesetz)

Oehmichen, Manfred
Die ethisch-rechtliche Basis der medizinischen Forschung am/mit Menschen: Ethik-Kommission, in: Dietrich von Engelhardt (Hrsg.), Ethik im Alltag der Medizin, 2. Auflage, S. 41 ff.
Basel, Boston, Berlin 1997

Oldiges, Martin
Der fiktive Verwaltungsakt – Bemerkungen auch zu § 15 Abs. 2 BimSchG, in: Jahrbuch des Umwelt- und Technikrechts Band 54, S. 41 ff.
Düsseldorf 2000
(zitiert: Oldiges, UTR 54 [2000])

Oppermann, Thomas
Freiheit von Forschung und Lehre, in: Josef Isensee/Paul Kirchhof (Hrsg.), Handbuch des Staatsrechts, Band VI (Freiheitsrechte), § 145, S. 809 ff.
Heidelberg 1989

Oppermann, Thomas
Nach welchen rechtlichen Grundsätzen sind das öffentliche Schulwesen und die Stellung der an ihm Beteiligten zu ordnen? in: Verhandlungen des 51. Deutschen Juristentages, Band I (Gutachten), Gutachten C
München 1976

Ossenbühl, Fritz
Umweltpflege durch behördliche Warnungen und Empfehlungen
Köln, Berlin, Bonn, München 1986
(zitiert: Ossenbühl, Umweltpflege)

Pabel, Hermann Josef
Arzneimittelgesetz, 9. Auflage
Stuttgart 2003

Papier, Hans-Jürgen
Grundgesetz und Wirtschaftsordnung, in: Ernst Benda/Werner Maihofer/Hans-Jochen Vogel (Hrsg.), Handbuch des Verfassungsrechts, 2. Auflage, § 18, S. 799 ff.
Berlin, New York 1994

Peine, Franz-Joseph
Allgemeines Verwaltungsrecht, 7. Auflage
Heidelberg 2004

Peine, Franz-Joseph
Grenzen der Privatisierung – verwaltungsrechtliche Aspekte
DÖV 1997, S. 353 ff.

Pfeiffer, Gerd
Die Bedeutung der Ethik-Kommissionen bei klinischen Prüfungen von Arzneimitteln am Menschen, in: Albin Eser et al. (Hrsg.), Straf- und Strafverfahrensrecht, Recht und Verkehr, Recht und Medizin, Festschrift für Hannskarl Salger
Köln, Berlin, Bonn, München 1995, S. 699 ff.
(zitiert: Pfeiffer in: Festschrift für Salger)

Pfeiffer, Gerd
Die gegenwärtige und künftige Problematik der Ethik-Kommissionen
VersR 1991, S. 613 ff.

Pfeiffer, Gerd
Ethik-Kommissionen, Embryonenschutz und In-vitro-Fertilisation: gültige Regelungen im ärztlichen Standesrecht?
VersR 1990, S. 685 ff.

Pfeiffer, Gerd
Ethische und rechtliche Gesichtspunkte bei Humanexperimenten mit Medizinprodukten, in: Klaus Reichert/Manfred Schiedermair/Albrecht Stockburger/Dolf Weber (Hrsg.), Recht, Geist und Kunst, liber amicorum für Rüdiger Volhard, S. 130 ff.
Baden-Baden 1996
(zitiert: Pfeiffer in: liber amicorum für Volhard)

Pfeiffer, Gerd
Fünftes Gesetz zur Änderung des Arzneimittelgesetzes
VersR 1994, S. 1377 ff.

Pfeiffer, Gerd
Zur gesetzwidrigen Regelung über die Einschaltung von Ethik-Kommissionen bei der Arzneimittelforschung
ZRP 1998, S. 43 ff.

Pfeiffer, Gerd/Tiedemann, Inge K.
Medizinische Forschung und Ethikkommissionen
MedKlinik 84 (1989), S. 557 ff.

Phillip, Michaela
Die Behandlung ärztlich-ethischer Probleme mit Hilfe von Kommissionen, besonders in der medizinisch-wissenschaftlichen Forschung
Erlangen-Nürnberg, Univ., Diss. med. 1983
(zitiert: Phillip, Behandlung ärztlich-ethischer Probleme)

Pichlmaier, Heinz/Wiesing, Urban
Die Zentrale Ethik-Kommission bei der Bundesärztekammer, in: Urban Wiesing (Hrsg.), Die Ethik-Kommissionen, S. 142 ff.
Köln 2003

Pieroth, Bodo/Schlink, Bernhard
Grundrechte (Staatsrecht II), 20. Auflage
Heidelberg 2004

Pietzcker, Jost
Drittwirkung – Schutzpflicht – Eingriff, in: Hartmut Maurer (Hrsg.), Das akzeptierte Grundgesetz, Festschrift für Günter Dürig zum 70. Geburtstag, S. 345 ff.
München 1990
(zitiert: Pietzker in: Festschrift für Dürig)

Pitschas, Rainer
Verwaltungsverantwortung und Verwaltungsverfahren – Strukturprobleme, Funktionsbedingungen und Entwicklungsperspektiven eines konsensualen Verwaltungsrechts
München 1990
(zitiert: Pitschas, Verwaltungsverantwortung)

Pribilla, Otto
Der Arzt zwischen Recht und Ethik, in: Dietrich von Engelhardt (Hrsg.), Ethik im Alltag der Medizin, 2. Auflage, S. 279 ff.
Basel, Boston, Berlin 1997

Radau, Wiltrud Christine/Losch, Bernhard
Biomedizinische Humanexperimente mit Einwilligungsunfähigen
ARSP Heft 3/2000, S. 423 ff.

Ramsauer, Martin
Die staatliche Ordnung der Arzneimittelversorgung
Stuttgart, München, Hannover 1988

Ratzel, Rudolf
Ärztliches Standesrecht
Neuwied und Frankfurt a.M. 1990

Ratzel, Rudolf/Lippert, Hans-Dieter
Kommentar zur Musterberufsordnung der deutschen Ärzte (MBO), 3. Auflage
Berlin, Heidelberg, New York 2002
(zitiert: Ratzel/Lippert, Musterberufsordnung)

Ratzel, Rudolf/Lippert, Hans-Dieter
Medizinproduktegesetz, 2. Auflage
Neuwied, Kriftel 2002

Rehmann, Wolfgang A.
Arzneimittelgesetz, 2. Auflage
München 2003

Rössler, Dietrich
Die Ethik-Kommissionen in den USA heute (Institutional Review Board, IRB)
MedR 1998, S. 358 f.

Rosenau, Henning
Landesbericht Deutschland, in: Erwin Deutsch/Jochen Taupitz (Hrsg.), Forschungsfreiheit und Forschungskontrolle in der Medizin – Zur geplanten Revision der Deklaration von Helsinki, S. 63 ff.
Berlin, Heidelberg, New York 2000
(zitiert: Rosenau in: Deutsch/Taupitz [Hrsg.], Forschungsfreiheit)

Roth, Wolfgang
Faktische Eingriffe in Freiheit und Eigentum
Berlin 1994

Rupp, Hans Heinrich
Ethik-Kommissionen und Verfassungsrecht, in: Jahrbuch des Umwelt- und Technikrechts, Band 12, S. 23 ff.
Düsseldorf 1990
(zitiert: Rupp, UTR 12 [1990])

Rupp, Hans Heinrich
Forschung und Ethik-Kommissionen
WissR, Beiheft 10 (Rechtsfragen der Forschung), 1993, S. 53 ff.

Rupp, Hans Heinrich
Sind Ethik-Kommissionen Rechtsausschüsse und ihre Voten Verwaltungsakte?, in: Karl-Hermann Kästner/Knut Wolfgang Nörr/Klaus Schlaich (Hrsg.), Festschrift für Martin Heckel zum 70. Geburtstag, S. 839 ff.
Tübingen 1999
(zitiert: Rupp in: Festschrift für Heckel)

Rupp, Hans Heinrich
Tierschutz ins Grundgesetz? – Erwiderung auf den Beitrag von Hobe
WissR 32 (1999), S. 177 ff.

Rüssel, Ulrike
Faktische Beeinträchtigungen der Berufsfreiheit
JA 1998, S. 406 ff.

Saame, Philipp
Der Entwurf der 12. AMG-Novelle, Anmerkungen zum Referentenentwurf für ein Zwölftes Gesetz zur Änderung des Arzneimittelgesetzes
PharmR 2003, S. 184 ff.

Sachs, Michael (Hrsg.)
Grundgesetz Kommentar, 3. Auflage
München 2003
(zitiert: Bearbeiter in Sachs, GG-Kommentar)

Sander, Axel
Arzneimittelrecht, Kommentar (Loseblatt) für die juristische und pharmazeutische Praxis zum neuen Gesetz über den Verkehr mit Arzneimitteln
Band 1: § 1 – § 46 AMG (41. Lieferung, Stand: Dezember 2003)
Band 3: Anh. I/25e – Anh. II/4m (41. Lieferung, Stand: Dezember 2003)
Band 4: Anh. II/5 – Anh. II/64 (41. Lieferung, Stand: Dezember 2003)
Band 5: Anh. II/67 – Anh. III/15 (41. Lieferung, Stand: Dezember 2003)
Stuttgart, Berlin, Köln 1977/2003

Sass, Hans-Martin
Die Aufgabe der Ethikkommission in der Forschung
Schlesw.-Holst. Ärzteblatt 1989, S. 714 ff.

Scheffold, Stefan
Haftungsfragen im Zusammenhang mit der Tätigkeit von institutional review boards und von Ethik-Kommissionen
Frankfurt am Main, Bern, New York, Paris 1992
(zitiert: Scheffold, Haftungsfragen)

Schenke, Wolf-Rüdiger
Rechtliche Grenzen der Rechtsetzungsbefugnisse von Ärztekammern
NJW 1991, S. 2313 ff.

Schenke, Wolf-Rüdiger
Verfassungsrechtliche Probleme einer öffentlichrechtlichen Monopolisierung der ethischen Beratung bei klinischen Versuchen am Menschen
NJW 1996, S. 745 ff.

Schildmann, Dirk
Die Aufhebbarkeit einer gaststättenrechtlichen Weiterführungsbefugnis
GewArch 1996, S. 366 ff.

Schiwy, Peter
Arzneimittelgesetz (Loseblatt-Kommentar)
Band I (Stand: 202. Erg.-Lfg., 01.08.2004)
Band IV (Stand: 202. Erg.-Lfg., 01.08.2004)
Band V (Stand: 202. Erg.-Lfg., 01.08.2004)
Starnberg 2004

Schiwy-Bochat, Karl-Heinz/Althoff, Helmut/Müller, Heike
Erfahrungsspektrum einer Ethik-Kommission an einer Medizinischen Fakultät
MedR 1997, S. 68 ff.

Schlacke, Sabine
Die Pflicht zur Anrufung von Ethik-Kommissionen bei multizentrischen Arzneimittelprüfungen nach der 8. AMG-Novelle
MedR 1999, S. 551 ff.

Schmalz, Dieter
Allgemeines Verwaltungsrecht und Grundlagen des Verwaltungsrechtsschutzes
3. Auflage
Baden-Baden 1998
(zitiert: Schmalz, Allgemeines Verwaltungsrecht)

Schmalz, Dieter
Zur Methode der Rechtsgewinnung – Übersicht und praktische Fälle
VR 1981, S. 95 ff.

Schmidt-Bleibtreu, Bruno/Klein, Franz
Kommentar zum Grundgesetz, 10. Auflage
München 2004
(zitiert: Schmidt-Bleibtreu/Klein, GG-Kommentar)

Schmidt-de Caluwe, Reimund
Verwaltungsorganisationsrecht
JA 1993, S. 77 – 86, 115 – 119, 143 – 145

Schoch, Friedrich
Staatliche Informationspolitik und Berufsfreiheit
DVBl. 1991, S. 667 ff.

Scholz, Rupert
Öffentliche und Privatversicherung unter der grundgesetzlichen Wirtschafts- und Sozialverfassung, in: Horst Baumann / Helmut Schirmer / Reimer Schmidt (Hrsg), Festschrift für Karl Sieg, S. 507 ff.
Karlsruhe 1976
(zitiert: Scholz in: Festschrift für Sieg)

Schorn, Gert
Medizinprodukte-Recht (Recht – Materialien – Kommentar), Band 3 (Stand: 15. Erg.-Lfg., März 2003)
Stuttgart 2003

Schreiber, Hans-Ludwig
Die Nutzen-Risiko-Abwägung in der medizinischen Forschung am Menschen, in: Erwin Deutsch/Jochen Taupitz (Hrsg.), Forschungsfreiheit und Forschungskontrolle in der Medizin – Zur geplanten Revision der Deklaration von Helsinki, S. 303 ff.
Berlin, Heidelberg, New York 2000
(zitiert: Schreiber in: Deutsch/Taupitz [Hrsg.], Forschungsfreiheit)

Schreiber, Hans-Ludwig
Recht und Ethik, in: W.Doerr/W.Jacob/A.Laufs (Hrsg.), Recht und Ethik in der Medizin, S. 15 ff.
Berlin, Heidelberg, New York 1982

Schreiber, Stephan
Das Transfusionsgesetz vom 1. Juli 1998
Frankfurt am Main 2001
(zitiert: Schreiber, Transfusionsgesetz)

Schröder, Michael
Ethik-Kommissionen, Embryonenschutz und In-vitro-Fertilisation: gültige Regelungen im ärztlichen Standesrecht?
VersR 1990, S. 243 ff.

Schröder, Michael
Kommissionskontrolle in Reproduktionsmedizin und Gentechnologie
Köln, Berlin, Bonn, München 1992
(zitiert: Schröder, Kommissionskontrolle)

Schütz, Erwin/Maiwald, Joachim
Beamtenrecht des Bundes und der Länder, Entscheidungssammlung (Loseblatt), Ordner 1, 5. Auflage
Heidelberg 1973/2004

Schulze-Fielitz, Helmuth
Freiheit der Wissenschaft, in: Ernst Benda/Werner Maihofer/Hans-Jochen Vogel (Hrsg.), Handbuch des Verfassungsrechts, 2. Auflage, § 27, S. 1339 ff.
Berlin, New York 1994

Schwabe, Jürgen
Probleme der Grundrechtsdogmatik
Darmstadt 1977

Schwarz, Joachim A.
Klinische Prüfung von Arzneimitteln und Medizinprodukten, 2. Auflage
Aulendorf 2000
(zitiert: Schwarz, Klinische Prüfung)

Schwarz, Joachim A./Wachenhausen, Heike
Klinische Prüfung von Medizinprodukten, in: Anhalt, Ehrhard/Dieners, Peter (Hrsg.), Handbuch des Medizinprodukterechts, § 6, S. 145 ff.
München 2003

Schwendler-Haffke, Edda/Reinken, Ursula/Hüttmann, Heidi/Schick, Karl
Ethikkommissionen in Deutschland aus Sicht der forschenden pharmazeutischen Industrie
Pharm.Ind. 1999, S. 11 ff.

Sickmüller, Barbara/Honold, Elmar/Becker, Susanne
Durchführung klinischer Prüfungen
Pharm.Ind. 2001, S. 793 ff.

Siekmann, Helmut/Duttge, Gunnar
Staatsrecht I: Grundrechte, 3. Auflage
Thüngersheim, Frankfurt am Main 2000
(zitiert: Siekmann/Duttge, Grundrechte)

Sobota, Katharina
Die Ethik-Kommission – Ein neues Institut des Verwaltungsrechts?
AöR 121 (1996), S. 229 ff.

Sodan, Helge
Kollegiale Funktionsträger als Verfassungsproblem
Frankfurt am Main 1987
(zitiert: Sodan, Kollegiale Funktionsträger)

Sodan, Helge
Leistungsausschlüsse im System der gesetzlichen Krankenversicherung und Grundrechtsschutz von Leistungsanbietern
SGb 1992, S. 200 ff.

Spaeth, Wiebke
Grundrechtseingriff durch Information
Frankfurt am Main 1995

Spickoff, Andreas
Die Entwicklung des Arztrechts 2002/2003
NJW 2003, S. 1701 ff.

Stamer, Katrin
Die Ethik-Kommissionen in Baden-Württemberg: Verfassung und Verfahren
Frankfurt am Main 1998
(zitiert: Stamer, Die Ethik-Kommissionen in Baden-Württemberg)

Steigleder, Thomas
Eigenverantwortung und Selbstregulierung unter staatlicher Kontrolle, in: Hellmut Wagner (Hrsg.), Rechtliche Rahmenbedingungen für Wissenschaft und Forschung, Band 1, § 7, S. 125 ff.
Baden-Baden 2000

Steigleder, Thomas
Kontrollierte Selbstregulierung in der naturwissenschaftlich-technischen Forschung
Baden-Baden 2002
(zitiert: Steigleder, Kontrollierte Selbstregulierung)

Stein, Ekkehart/Frank, Götz
Staatsrecht, 19. Auflage
Tübingen 2004

Steiner, Udo
Öffentliche Verwaltung durch Private
Hamburg 1975

Stelkens, Paul/Bonk, Heinz Joachim/Sachs, Michael (Hrsg.)
Verwaltungsverfahrensgesetz, 6. Auflage
München 2001
(zitiert: Bearbeiter in: Stelkens/Bonk/Sachs [Hrsg.], Verwaltungsverfahrensgesetz)

Stern, Klaus
Das Staatsrecht der Bundesrepublik Deutschland,
Band III/1 (Allgemeine Lehren der Grundrechte)
München 1988
Band III/2 (Allgemeine Lehren der Grundrechte)
München 1994
(zitiert: Stern, Staatsrecht III/1 bzw. Stern, Staatsrecht III/2)

Stock, Meike
Der Probandenschutz bei der medizinischen Forschung am Menschen: unter besonderer Berücksichtigung der gesetzlich nicht geregelten Bereiche
Frankfurt am Main, Berlin, Bern u.a. 1998
(zitiert: Stock, Probandenschutz)

Sträter, Burkhard
Klinische Prüfung von Arzneimitteln - Rechtliche Anforderungen nach dem AMG - Geplante Neuregelung nach der EU-Richtlinie, in: P.U.Witte/J.Schenk/J.A.Schwarz/C.Kori-Lindner (Hrsg.), Ordnungsgemäße Klinische Prüfung – Good Clinical Practice, 5. Auflage, S. 43 ff.
Berlin 2000

Sträter, Burkhard
Zur Mitwirkung lokaler Ethikkommissionen an multizentrischen Studien
PharmR 1997, S. 337 ff.

Taupitz, Jochen
Die Menschenrechtskonvention zur Biomedizin zwischen Kritik und Zustimmung, in: Jochen Taupitz (Hrsg.), Das Menschenrechtsübereinkommen zur Biomedizin des Europarates – taugliches Vorbild für eine weltweit geltende Regelung?
Berlin, Heidelberg, New York 2002
(zitiert: Taupitz in: Taupitz [Hrsg.], Menschenrechtskonvention zur Biomedizin)

Taupitz, Jochen
Die Neufassung der Deklaration von Helsinki des Weltärztebundes vom Oktober 2000
MedR 2001, S. 277 ff.

Taupitz, Jochen
Die Standesordnungen der freien Berufe
Berlin, New York 1991

Taupitz, Jochen
Die Stellung der Ethik-Kommissionen im Entwurf eines Forschungsprotokolls des Europarates, in: Urban Wiesing (Hrsg.), Die Ethik-Kommissionen, S. 35 ff.
Köln 2003

Taupitz, Jochen
Ethikkommissionen in der Politik: Bleibt die Ethik auf der Strecke?
JZ 2003, S. 815 ff.

Taupitz, Jochen
Privatrechtliche versus öffentlich-rechtliche Ethikkommissionen
MPR 2003, S. 9 ff.

Tettenborn, Sabine
Profil und Effizienz einer Ethik-Kommission
Freiburg 1998

Tettinger, Peter J.
Kammerrecht
München 1997

Tiedemann, Inge K.
Voraussetzungen und Grenzen rechtlicher Regelungen für die Tätigkeit von Ethik-Kommissionen bei Forschungsvorhaben am Menschen
ZRP 1991, S. 54 ff.

Traumann, Dodo
Die Organisationsgewalt im Bereich der bundeseigenen Verwaltung
Baden-Baden 1998

Troller, Alois
Juristische und metajuristische Determinanten der Rechtsprechung im Zivilprozeß, in: Norbert Achterberg (Hrsg.), Rechtsprechungslehre, S. 713 ff.
Köln, Berlin, Bonn, München 1986

Trute, Hans-Heinrich
Die Forschung zwischen grundrechtlicher Freiheit und staatlicher Institutionalisierung
Tübingen 1994
(zitiert: Trute, Forschung)

Ule, Carl Hermann/ Laubinger, Hans-Werner
Verwaltungsverfahrensrecht, 4. Auflage
Köln, Berlin, Bonn, München 1995

Waechter, Kay
Forschungsfreiheit und Fortschrittsvertrauen
Der Staat, 30. Band 1991, S. 19 ff.
(zitiert: Waechter, Staat 1991)

Walter-Sack, Ingeborg
Regularien der klinischen Prüfung – Innovationshemmer oder ethische Notwendigkeit?
MedR 1997, S. 504 ff.

Wehrhahn, Herbert
Systematische Vorfragen einer Auslegung des Art. 2 Abs. 1 des Grundgesetzes
AöR 82 (1957), S. 250 ff.

Widmann, Josef
Abgrenzung zwischen Verwaltungsakt und eingreifendem Realakt
Dissertation München, 1996

Wiesing, Urban
Zur Geschichte der Ethik-Kommissionen in Deutschland, in: Johann S.Ach/Andreas Gaidt (Hrsg.), Herausforderung der Bioethik, S. 235 ff.
Stuttgart-Bad Cannstatt, 1993

Wilkening, Almut
Zur aktuellen Praxis der Ethik-Kommissionen – Verbreitung, Besetzung und Beratungsinhalte
MedR 2001, S. 301 ff.

Wolff, Hans J./Bachof, Otto/Stober, Rolf
Verwaltungsrecht Band 2, 6. Auflage
München 2000

Wölk, Florian
Zwischen ethischer Beratung und rechtlicher Kontrolle – Aufgaben- und Funktionswandel der Ethikkommissionen in der medizinischen Forschung am Menschen
Ethik Med 2002, S. 252 ff.

Yzer, Cornelia/Bruns, Insa
Die Bedeutung von Ethik-Kommissionen aus Sicht der forschenden Arzneimittelhersteller, in: Urban Wiesing (Hrsg.), Die Ethik-Kommissionen, S. 77 ff.
Köln 2003

Peter Lang · Europäischer Verlag der Wissenschaften

Joachim Spalcke

Arzneimittelzulassungsverfahren in der Europäischen Union und den Vereinigten Staaten von Amerika

Entwicklung und Harmonisierung

Frankfurt am Main, Berlin, Bern, Bruxelles, New York, Oxford, Wien, 2004.
XXII, 115 S., 4 Abb.
Studien zum internationalen, europäischen und öffentlichen Recht.
Herausgegeben von Eibe Riedel. Bd. 16
ISBN 3-631-52309-2 · br. € 27.50*

Einheitliche Verfahren für die Zulassung von Arzneimitteln entwickelten sich in den USA seit 1906 unter der Ägide der *Food and Drug Administration (FDA)*. Moderne Techniken verbesserten im letzten Jahrzehnt die Effizienz der Kontrollen. Derzeit werden vereinfachte Verfahren für lebensrettende Arzneien diskutiert und eingeführt. In Europa wurde erst 1965 begonnen, die Arzneimittelkontrollen zu vereinheitlichen. 1995 entstand die *European Agency for the Evaluation of Medical Products (EMEA)*, und nahezu zeitgleich wurden das Zentrale sowie das Dezentrale Zulassungsverfahren in Kraft gesetzt. International trieben von 1991 an die *International Conferences on Harmonisation (IHS's)* die weltweite Kooperation der Zulassungsbehörden voran, gefördert von vitalen Interessen der Pharmaindustrien.

Aus dem Inhalt: Der historische Hintergrund der Zulassungsverfahren von Arzneimitteln · Die Zulassungsverfahren der Europäischen Union · Das Zulassungsverfahren in den Vereinigten Staaten · Vergleich und Wertung

FSC
www.fsc.org
MIX
Papier | Fördert
gute Waldnutzung
FSC® C083411

Kolibri 360 GmbH
Ferdinand-Jühlke-Straße 7
99095 Erfurt, Deutschland
produktsicherheit@kolibri360.de

Druck:
CPI Druckdienstleistungen GmbH
im Auftrag der
Kolibri 360 GmbH
Ferdinand-Jühlke-Str. 7
99095 Erfurt